أصول وطرائق تدريس اللغة العربية

أ. فتحي ذياب سبيتان

الجنادرية
للنشر والتوزيع
ALJANADRIA
2010م- 1431 هـ

٣٧١.٣

سبيتان، فتحي

أصول وطرائق تدريس اللغة العربية/ فتحي ذياب

سبيتان_ عمان: دار الجنادرية، ٢٠٠٩

( ) ص

ر.إ : ٢٠٠٩/١٢/٥٠٦١

الواصفات:/ التدريس/ / أساليب التدريس/ / طرق التعلم/ / اللغة العربية/

* تم إعداد بيانات الفهرسة الأولية من قبل دائرة المكتبة الوطنية

دار الجنادرية للنشر والتوزيع

الأردن- عمان - شارع الجمعية العلمية الملكية

مقابل البوابة الشمالية للجامعة الأردنية هاتف ٠٠٩٦٢ ٦ ٥٣٩٩٩٧٩

فاكس ٠٠٩٦٢ ٦ ٥٣٩٩٩٨٠ ص.ب ٥٢٠٦٥١ عمان ١١١٥٢ الأردن

Website: www.aljanadria.com

E-mail: dar_janadria@yahoo.com

- info@aljanadria.com

المقدمة

حمداً لله الذي ميّز الإنسان بالعقل واللسان، والصلاة والسلام على من بعثه رحمة للعالمين النبي الأمّي، أفصح من نطق بالضاد، سيدنا محمد عليه الصلاة والسلام وعلى آلة وصحبه ومن اتبع سبيلهم الى يوم الدين، مصابيح الهدى على مر العصور والدهور

ولا شك أن تعلم اللغة العربية أو اتقانها لا يختلف في جوهرة عن تعلم أو إتقان قيادة الحافلة أو ركوب الدراجة، أو السباحة أو إستخدام الحاسوب... ففي هذه الحالات كلها لابد من إتقان المهارات التي يفترض وجودها عند ممارسة هذه الانشطة.

والمهارات اللغوية فيما هو معروف أربع: التحدث والاستماع والقراءة والكتابة، وحيث أننا نعيش في عالم أصبح لزاماً على المرء أن يتقن هذه المهارات اللغوية، حتى يكون قادراً على الاتصال والتواصل مع الآخرين بفاعلية في مواقف ومجالات شتى، فاللغة بمهاراتها الأربع، مهمة لكل فرد من المجتمع مهما كانت طبيعة عمله.

وقد وجدت أن أجمع في كتابي هذا معظم هذه المهارات من القواعد النحوية والتعبير والإملاء والكتابة والقراءة والقصة والأناشيد والمحفوظات والشعر والخط.

ففي الفصل الاول تعرضت الى مفهوم تدريس النحو بين النظرية والتطبيق وأفضل الأساليب لتدريس القواعد النحوية والابتعاد عن الأساليب التقليدية الى الطرائق الحديثة الوظيفية في التدريس.

أما الفصل الثاني فقد ناقشت فيه أساليب وطرق تدريس التعبير، والأسس المختلفة التي تؤثر في تعبير الطلاب وأنواع التعبير المناسبة للطلاب.

أما الفصل الثالث فقد تطرقت فيه الى اساليب وطرق تدريس الإملاء والمهارات الإملائية، والى أنواع الإملاء المناسب لطلبة المرحلة الإبتدائية وشروط اختيار القطع الإملائية وطرق تصحيحها.

وفي الفصل الرابع تطرقت الى موضوع الضعف القرائي واسبابه المختلفة ثم أنواع القراءة وكيفية تدريسها.

أما الفصل الخامس فقد ناقشت فيه أساليب وطرائق تدريس الأناشيد والمحفوظات والشعر وأهم الفروق بين الاناشيد والشعر وتدريسها في الصفوف الإبتدائية الدنيا والعليا.

وفي الفصل السادس تطرقت الى الخط العربي من حيث أهداف وأسس تدريسية، ثم انواع الخط العربي ومراحل وظرق تدريسه.

أما الفصل السابع فقد ناقشت فيه الأهمية التربوية للقصة وشروط إلقائها وأسس اختيار القصة للأطفال ودور الطالب من القصة.

وفي الفصل الثامن تعرضت الى موضوع هام يتعلق في تدريس طلبة المرحلة الإبتدائية الدنيا وفق المنحنى الترابطي ومزايا هذا الأسلوب وكيفية التخطيط وفق هذا المنحنى.

اما الفصل التاسع فقد ناقشت فيه موضوع الأعمال الكتابية الطلابية الصفية واللاصفية (البيتية) لما له من علاقة وطيدة وارتباط كبير في تدريس اللغة العربية بكافة فروعها.

وفي الفصل العاشر حيث تطرقت الى مفهوم التقويم التربوي وأهدافه واستراتيجياته ومستوياته المختلفة ومفهوم التقويم التربوي الحديث.

وأخيراً تطرقت في الفصل الحادي عشر والأخير الى الاختبارات التحصيلية المدرسية من حيث أهميتها وأهدافها وأنواعها صفات الأسئلة الجيدة التي يجب أن تتصف بها حتى تحقق أهدافه، وأخيراً الملاحظات والإجراءات العملية لضبط إجراء هذه الإختبارات.

لقد كان هذا الكتاب محاولة متواضعة مني حيث وضعت فيه معلوماتي وخبراتي وتجربتي كمعلم ومدير مدرسة ومشرف تربوي، وأرجو أن أكون قد وفقت في تحقيق الاهداف المنشودة في هذا المجال، فإذا كنت قد قصرت، ووضع

بعض الزملاء أيديهم على بعض الثغرات هنا وهناك فهذا أمر طبيعي، لان أعمال البشرـ لا تصـل الى الكمال ولأن الكمال لله وحدة.

وسأكون من الشاكرين لمن يزودني بملاحظاته وأرائه واقتراحاته حول هـذا الكتـاب لأخـذها بعـين الاعتبار في الطبعات اللاحقة بعون اللـه.

و اللـه من وراء القصد

المؤلف

الفصل الأول

تدريس النحو بين النظرية والتطبيق

- طرق تدريس القواعد النحوية
- أفضل الطرق والأساليب في تدريس القواعد النحوية

تدريس النحو بين النظرية والتطبيق

أساليب مقترحة لمعالجة النحو

إن الأصل في نشأة اللغة أنها كمسميات للأشياء، بدأت محسوسة، ثم تدرجت إلى الناحية الذهنية غير المحسوسة، فأصبحت تجمع بين مفرداتها الاثنين معاً.

وهي في بداياتها نقلت من السلف إلى الخلف بدون قواعد نحوية أو صرفية أو دلالات متنوعة، ثم جاءت مرحلة التقعيد نتيجة ظروف وعوامل معينة من أجل حفظ اللغة من الضياع، ومن أجل أن لا تتفرع العاميات منها إلى لغات جديدة.

لذلك عندما سأل سيبويه الفتى الذي رآه نازلاً عن الجبل، من أين أتيت يا فتى ؟ قال الفتى: نزلت من الجبل. قال: لم قلت من الجبل ؟ ضحك الفتى وكأنه استغرب " أن يُسأل عن حركات الكلمات "، قائلاً: هكذا قالها أبي. وفي هذا خير دليل على أن الهدف من دراسة اللغة هو أن نجيد التخاطب بها دون لحن، وهذه إضاءة على أن دراسة النحو والصرف ما هي إلاّ للتخاطب بلغة سليمة، فإن حصل ذلك فلا داعي لإضاعة العمر في دراسة هذه القواعد الموجودة في عشرات بل مئات الكتب، ومن ذلك دراسة اللغة كمفاهيم لا كقواعد جامدة ضمن تفرعات عديدة، مثل مفهوم الفاعلية والمفعولية والجملة وشبه الجملة والظروف وأدوات الربط ومعاني الحروف والمشتقات والمصادر... وهكذا، ثم بعد أن تترسخ في الذهن يأتي دور التفريعات النحوية والصرفية، ويتبع هذه الدراسة الخطوط العامة والعريضة للدلالات مثل الدلالات اللغوية والدلالات الشرعية والاصطلاحية والتاريخية والواقعية، وبعد المعرفة العامة يأتي دور تقعيد القواعد اللغوية وعلاقتها الوثيقة بالنحو والصرف كأساسات وفروع.

ولنبدأ بتعريف القواعد، وتحديد أهداف تدريسها، لنتمكن من تحليل أسباب فشل معظم معلمي اللغة العربية في تحقيق هذه الأهداف، وأسباب كراهية التلاميذ لهذه المادة.

وقواعد اللغة: وهي القوانين التي تحكم اللغة، والتي يتركب الكلام بموجبها من أجزاء مختلفة، مثل القوانين الصوتية وقوانين تركيب الكلمة وقوانين تركيب الجملة، لذا ليس هناك لغة أو لهجة دون قواعد.

ونحن نتعلم اللغة لغايات وظيفية هي فهم اللغة وإفهامها للآخرين فهمها حين نسمعها أو نراها مكتوبة وإفهامها للآخرين بواسطة الكلام أو بواسطة الكتابة، فأين يقع تعلم القواعد في كل هذا ؟ هل هو غاية كتعلم القراءة ؟ الجواب: لا. لأن تعلم القواعد ليس إلاّ وسيلة لاتقان المهارات الأربع المعروفة " الاستماع، والقراءة، والتعبير الشفوي، والتعبير الكتابي "، لذلك فإن اتقان هذه المهارات اللغوية متعذر إذا لم نعرف " معرفة تطبيقية " قواعد اللغة، فهذه المعرفة هي التي تمكننا من تمييز معاني التراكيب اللغوية المختلفة واستعمالها استعمالاً صحيحاً.

أهداف تدريس القواعد النحوية

1- تقويم اعوجاج اللسان وتصحيح المعاني والمفاهيم، من خلال تدريب التلاميذ على استخدام الألفاظ والجمل والعبارات بشكل صحيح دون تكلف أو جهد.

2- تمكين التلاميذ من القراءة والكتابة بصورة خالية من الأخطاء، من خلال تعويدهم التدقيق في صياغة الأساليب والتراكيب لتكون خالية من الأخطاء النحوية الذي يُذهب جمالها.

3- تيسير إدراك التلاميذ للمعاني والتعبير بوضوح، وجعل محاكاتهم للغة التي يسمعونها أو يقرؤونها مبنية على أساس مفهوم بدلاً من أن تكون المحاكاة آلية بدون فهم.

4- توقف التلاميذ على أوضاع اللغة وصيغها، لأن قواعد النحو إنما هي وصف علمي لتلك الأوضاع والصيغ، وبيان التغيرات التي تحدث في ألفاظها.

5- إن الطلاب الذين يدرسون لغة أجنبية إلى جانب لغتهم القومية، يجدون في دراسة قواعد لغتهم ما يساعدهم على فهم اللغة الأجنبية، لأن بين اللغات قدراً مشتركاً من القواعد العامة، كأزمنة الأفعال " ماضي، حاضر، مستقبل " والتعجب والنفي والاستفهام والتوكيد... الخ.

أسباب الضعف في القواعد النحوية

من الملاحظ أن ظاهرة الضعف في القواعد النحوية تكاد تكون من أعقد المشكلات التي تواجه التربويين، فقد أصبحت القواعد النحوية من الموضوعات التي ينفر منها التلاميذ ويضيقون ذرعاً بها، وقد أدى ذلك إلى نفور وكراهية التلاميذ للغة العربية والاستهانة بها وبمن يعملون في ميدانها، ولعل ذلك راجع إلى الأسباب التالية:

1- كثرة القواعد النحوية والصرفية وتشعباتها وتفصيلاتها بشكل لا يساعد على تثبيت هذه المفاهيم في أذهان التلاميذ، بل تجعلهم يضيقون بها ذرعاً.

2- إن الكثير من القواعد النحوية التي يتم تدريسها للتلاميذ في المدرسة لا تحقق هدفاً وظيفياً في حياة التلاميذ، بل تملى عليهم دون أن يكون لهم دور أو نشاط تفاعلي معها.

3- الاقتصار في تدريس القواعد النحوية على الجوانب الشكلية في بناء بنية الكلمة أو ضبط آخرها، وعدم معالجتها بما يربطها بالمعنى.

4- أسباب بيئية واجتماعية محيطة بالتلميذ مثل، البيت والمجتمع والأصدقاء...، فالطالب يدرس النحو بين جدران الصف، فإذا خرج من الصف، لم يلمس أي تطبيق ولا استخدام لما درسه في الصف، لذا تحدث الفجوة بين ما يدرسه التلميذ في المدرسة وبين ما هو مطبق على أرض الواقع.

5- المقررات الدراسية التي لا تعنى بتتابع أبواب النحو وقواعده، وتعميق مفاهيمه بشكل متدرج ومترابط، بل أن الكثير منها لا يهتم بالتفصيلات المهمة التي توضح القاعدة وتساعده على فهمها.

6- عدم التزام بعض المعلمين بطريقة التدريس السليمة في تدريس القواعد النحوية، فالبعض قد يلجأ إلى الطريقة الإلقائية بحيث يكتفي بإلقاء بعض أمثلة محددة يعتقد أنه من خلالها قد شرح القاعدة النحوية.

7- ضعف معلمي المواد الأخرى في القواعد النحوية، واستخدامهم اللغة العامية في تدريس تلك المواد، كمعلمي العلوم والرياضيات والتربية الوطنية والاجتماعية، والتربية الفنية والرياضية...

النحو الوظيفي

يعد مفهوم " النحو الوظيفي " من المفاهيم الحديثة، وهذا المفهوم يربط بين النحو وبين الاستعمال، فهو يعني بالجانب الوظيفي لقواعد اللغة العربية، بمعنى قصر منهج النحو على القواعد التي يكثر استعمالها في الحديث والكتابة، ويجري دورانها في الأساليب التي يستعملها التلاميذ أو يستعملها غيرهم ممن يقرؤون لهم أو يستمعون إليهم.

لذا فالنحو الوظيفي. هو الموضوعات النحوية المستعملة في لغة التلاميذ تحدثاً وكتابة، بحيث تستخدم استخداماً سليماً في الإعراب والتراكيب والربط ليبرز المعنى واضحاً مفهوماً، ويتم ذلك من خلال اتباع الأساليب والاستراتيجيات التالية:

1- أن ننطلق في تدريسنا من خبرة لها علاقة بغرض من أغراض التلاميذ أو لسد حاجة لديهم.

2- أن تكون الاستجابة المراد من التلاميذ القيام بها في أثناء الخبرة، أن تكون في نطاق قدراتهم واستعدادهم العقلي والعُمري.

3- التركيز على ممارسة السلوك المراد تعلمه للتلاميذ.

4- عرض مواقف لغوية من البيئة، لاستعمال القاعدة والتدرب عليها.

5- تدريس النحو في ظل الأساليب، أي باختيار قطعة مناسبة تشمل على أمثلة واقعية وتشتمل على القاعدة النحوية المطلوبة.

6- علاج المشكلات عند اكتشاف وتشخيص جوانب الضعف.

7- التخفيف من استخدام النحو غير الوظيفي، أي الابتعاد عن استخدام النحو الذي لا يستفاد منه إلاّ في حالات نادرة في ضبط الكلمات".

ومن أساسيات النحو الوظيفي معرفة كيفية التعامل مع النصوص والتي تتوزع على أربعة مسارات هي:

1- النصوص الفكرية.

2- النصوص الأدبية.

3- النصوص الشرعية.

4- النصوص السياسية.

والذي يعنينا في هذا المجال، هو معرفة الخطوط العامة والعريضة لهذه النصوص، أما معرفة الدقائق والأنواع الفرعية والأقسام المختلفة فهي للمختصين.

إن الموقف الذي يتعلم فيه التلاميذ القواعد في الصف، لا يماثل أو يقترب من مواقف التعبير التي يحتاجون فيها إلى استعمال هذه القواعد، وهذا الاتجاه في تعليم النحو يؤمن بالكَيْف لا بالكَمْ، إذ ليس بمفيد للطالب أن يعرف كل النحو في الوقت الذي لا يحسن فيه استخدام أحكامه، ولكن من المفيد أن يعرف القليل ويتدرب على استعماله والالتزام به في الحديث والكتابة.

ويمكن حصر النحو الوظيفي في كل مرحلة من المراحل التعليمية، وفي كل صف من الصفوف من خلال:

1- تتبع أخطاء التلاميذ التي تشيع في كتاباتهم، من خلال التعبير الكتابي أو الكتابة الحرة، ومن خلال كراسات التطبيق النحوي.

2- تتبع أخطاء التلاميذ من خلال كراسات المواد الأخرى، بحيث يسجل التلاميذ ما يعرض عليهم من أفكار ومفاهيم في المواد المختلفة من علوم ومواد اجتماعية وغيرها...، وبذلك تكون مواقف تعلم النحو تماثل أو تقترب من مواقف التعبير التي يحتاج فيها التلميذ إلى استعمال هذه القواعد، وبذلك يكون النحو في خدمة الحياة، ويؤدي وظيفة حية في حياة التلميذ فتعلمه ما يحتاج إليه، لا ما يرى النحاة أنه ضروري لفهم الظاهرة اللغوية وتعليمها.

إن إحساس التلميذ بما يحتاجه إلى هذا النحو الوظيفي الذي إن تعلمه، تجنب خطأ القلم وزلة اللسان، سيدفعه ويشجعه إلى تعلم القواعد وفهمها وتوظيفها في المواقف الحياتية، والصبر على ما قد يبدو فيها من صعوبة أو جفاف.

لذا فإن شعور المتعلم بأن القواعد النحوية الدور الأكبر في الفهم، يجعله يستسهل صعبها، ويستخدم جهداً عذباً في العمل على حُسن استخدامها وتطبيقها، ولا شك أن خلق هذا الدافع لتعلم النحو أمر ضروري لإتمام عملية التعلم، وبهذا التصور يتم بناء مناهج القواعد الوظيفية ذات الأثر المباشر في ضبط الكلمات ونظام تأليف الجمل، وحذف ما لا يسهم في هذه الوظيفة بصورة ملحوظة، ثم ترتيب هذه القواعد على سنوات الدراسة، ترتيباً يتفق مع نمو التلاميذ العقلي والعمري، لذا لا بد من اختيار القواعد ذات الأهمية الوظيفية والفائدة الحياتية، ولا داعي لكثرة التفصيلات وسرد المذاهب النحوية المختلفة وحفظ الصيغ المعهودة.

معينات في استخدام القواعد النحوية

بدأت في بداية القرن الماضي محاولات جادة لتيسير قواعد النحو أمثال: حنفي ناصف، وطه حسين وعلي الجارم، وإبراهيم مصطفى وغيرهم بهدف التخفيف من وطأة القواعد النحوية ولعلاج ضعف التلاميذ فيها.

والمتبع للدراسات والتجارب التربوية في ميادين التربية والنحو والتعلم، يستنتج الكثير من الحقائق التي ينبغي مراعاتها في مواقف التعلم وخاصة المواقف المتعلقة بتعلم القواعد النحوية، ومن أهم هذه الحقائق:

1- أن تكون لدروس النحو علاقة قوية وصلة دقيقة بالأساليب التي تواجه التلميذ في حياته العامة أو التي يستخدمها، أي ضرورة ربط الأمثلة والمفردات المستخدمة بقاموس الطالب اللغوي وبيئته التي يعيش فيها.

2- استغلال دوافع التعلم لدى الطالب، لأن ذلك يساعد على تعلم القواعد وتفهمها جيداً، وذلك من خلال اتباع المعلم لأسلوب حل المشكلات الدراسية واعتبارها مجالاً للبحث ومدخلاً للتعلم.

3- تدريس القواعد في إطار الأساليب التي في محيط الطالب ودائرته التي ترتبط بواقع حياته، ويوجد في مقررات الطالب ألوان كثيرة تخدم هذه الغاية، وبواسطة جهد بسيط منظم ومخطط له يستطيع المعلم الكشف عنها وتوظيفها في تدريس القواعد.

4- ضرورة الاهتمام بالموقف التعليمي والوسائل التعليمية وطرائق التدريس المناسبة والجو المدرسي العام والنشاط السائد فيه من المعلم والطلاب.

5- ضرورة الاهتمام الزائد بالممارسة وكثرة التدريب على الأساليب المتنوعة، لأن ذلك يثبت المعلومات، ويحقق الأهداف المنشودة.

وإزاء ما تقدم، ولكي نعمل على الارتقاء بمستوى القواعد النحوية، علينا أن نطور مناهجنا، وبحيث تحتوي وسائل تعليمنا على الأمور الهامة التالية:

1- أن يكون المعلم القدوة الحسنة في النطق أمام الطلاب، وتدريب الطلاب على النطق السليم ومحاكاة الأساليب الخالية من الأخطاء النحوية دون التعرض لشرح القاعدة النحوية.

2- أن يتبع المعلم مع طلابه أسلوب " الاستقراء " والذي يؤدي إلى الملاحظة العامة، وإلى توضيح القاعدة وفهمها، ودراسة القواعد النحوية وفق المنهج اللغوي الحديث في التفكير، وتخليص النحو مما عابه من خلط وأفكار فلسفية ومنطقية.

3- تناول النصوص والأمثلة في تدريس النحو بحيث لا تخرج النماذج التي تعرض أمام الطلاب عن العبارات والأساليب المألوفة في بيئتهم وفي تعبيرهم، أي أن تكون الأمثلة والنصوص من قاموس الطالب اللغوي ومن بيئته التي يعيش فيها، حتى يصبح التعلم ذو معنى لدى الطالب.

4- أن تكون الموضوعات النحوية التي يتعرض لها الطالب من الموضوعات التي تلبي حاجاتهم الحياة اليومية، كأن تكون الموضوعات في الزراعة إذا كان الطالب يعيش في القرية أو في البيئة الريفية،، وعن الصناعة في البيئة الصناعية، وهكذا في البيئة التجارية والسياحية والبدوية... أي أن تكون هذه الموضوعات في خدمة البيئة التي يعيش فيها الطالب.

5-أن يركز المعلم في الاختبارات وطرق التقويم على قياس مدى تحقق الأهداف، وأن يتجنب التركيز على المصطلحات والتعاريف، أو تسميع القواعد أو الاستشهاد على صحة قاعدة أو شذوذ بعض الأمثلة...

6- استخدام الوسائل التعليمية التعلمية الحديثة وتكنولوجيا المعلومات في مواقف تعلم القواعد النحوية، لأن استخدامها يضفي على الدرس فاعلية وتشويقاً ويحبب الطلاب في استخدام هذه القواعد.

وبناء على ما تقدم يمكن أن نعرض لبعض أساليب وطرق تدريس القواعد النحوية، للاسترشاد بها، واستخدام ما يتناسب منها مع المواقف الصفية المناسبة.

طرق تدريس القواعد النحوية

أولاً: تدريس القواعد النحوية في المدارس الابتدائية:

الحلقة الأولى: وتشمل الصفين الأول والثاني:

يكون الطفل في هذه المرحلة محدود الخبرات، وبحاجة إلى توسيع خبرته وتنمية محصوله اللغوي، لذا على المعلم التحبب لدى الطفل وكسب محبته وثقته، ومنحه الحرية والأمن بالقدر الذي يساعده على الانطلاق والتعبير عن نفسه بلغته الخاصة التي يستعملها وعلى سجيته وفي وضعه الطبيعي، وأن لا نفرض عليه أي قيود قد تحد من انطلاقه وتنحصر مهمة المعلم في هذه المرحلة في تمكين الطفل من الكلام باللغة التي يستطيعها وبالعامية، لأن صحة الأسلوب ستأتي بالتدريج.

الحلقة الثانية: وتشمل الصفين الثالث والرابع:

وفي هذه المرحلة تكون قدرة الطفل ومهاراته اللغوية قد نمت وأصبحت فرص التدريب لديه على الاستعمال اللغوي أكثر سعة وأفسح مجالاً، وفي هذه المرحلة يتم تدريب الطلاب على صحة الأداء وقوة التعبير بطريقتين:

1- استمرار التدريب المباشر على التعبير.

2- تدريب الطلاب على وحدات نحوية معينة مثل: الضمائر، الأسماء الموصولة، أسماء الاستفهام...

ويتم تدريب الطلاب في هذه المرحلة على الاستعمال اللغوي من خلال الأساليب والطرائق التالية:

1- استغلال دروس القراءة في تدريب الطلاب على العادات اللغوية الصحيحة.

2- استغلال المواقف التعليمية المختلفة أثناء المسرحيات والتمثيل والمحفوظات والأناشيد والإذاعة المدرسية... وأحاديث الطلبة في تدريبهم على بعض الاستعمالات الصحيحة الملائمة.

3- التدرب عن طريق الألعاب اللغوية.

4- من خلال البطاقات: وهي قطع صغيرة من الورق المقوى، يكتب على كل منها عبارة أو سؤال لتدريب الطلاب على وحدات معينة ومفاهيم محددة مثل: الاستفهام والضمائر... وغيرها.

الألعاب اللغوية

وهي طريقة للتدريب اللغوي على بعض المواضيع النحوية كالاستفهام والجواب...، وهذه الألعاب تربط بين اللعب والحركة والميل إلى السؤال، ومن أمثلة هذه الألعاب ما يلي:

لعبة أنا وأنت

إن الهدف من هذه اللعبة تدريب الطلاب على استخدام أسلوب الاستفهام، وتجري هـذه اللعبـة بأن يقف الطلاب في صفين متقابلين، ثم تبدأ اللعبة، بأن يسـأل التلميـذ الأول مـن أحـد الصفين التلميذ المقابل له من الصف الثاني قائلا: أنا اشتريت لعبة، وأنت مـاذا اشـتريت ؟ فيجيب الطالـب المسـؤول: أنا اشتريت كرة، ثم يوجه السؤال للطالب المجاور له في الصف: وأنت ماذا اشتريت ؟... وهكذا تستمر اللعبة.

لعبة الصندوق

إن الهدف من هذه اللعبة تدريب الطلاب على الاستفهام بــ " كـم " وتجـري هـذه اللعبـة بـأن يوضع مقدار محدد من حبات الفول أو غيرها في صندوق يحمله

رئيس اللعبة، بينما يقف الطلاب في صفين متقابلين، ويتقدم رئيس اللعبة من الطالب الأول في أحد الصفين ويطلب منه همساً أخذ عدد من الفول يحدده له وإخفاءه، ثم يسأل التلميذ القابض على الحبات زميله المقابل له في الصف الآخر، كم حبة فول في يدي ؟ فإذا أصاب انتقل الصندوق إليه، وإذا أخطأ خرج من اللعبة... وهكذا تستمر اللعبة حتى نهاية الصفين.

ويمكن للمعلم البحث أو استنباط ألعاب أخرى كثيرة، لخلق الدافعية والشوق لدى الطلاب، ومن هذه الألعاب " كشف المخبأ "، " لعبة الكيس "، " لعبة التغماية " ويلاحظ بأن هذه الألعاب لا تحتاج إلى أماكن خاصة، ولا إلى أدوات مُكْلفة، مما يجعل المعلم يقبل على استخدامها بكل سهولة ويسر.

ثانياً: في المدارس الإعدادية والثانوية:

إن الناظر إلى كتبنا المدرسية في المراحل الدراسية المختلفة، يجد أنها جمعت بين الطرق الثلاث في تدريس القواعد النحوية، وهي:

1-   الطريقة القياسية.

2-   الطريقة الاستقرائية " الاستنباطية ".

3-   الطريقة المعدلة القائمة على تدريس القواعد من خلال النص الأدبي.

1) الطريقة القياسية:

وهي من أقدم الطرق زماناً في تدريس القواعد النحوية، فهي تبدأ بتقديم القاعدة النحوية، ثم توضيحها ببعض الأمثلة المحددة والمباشرة من قبل المعلم، ثم يأتي بعد ذلك التطبيق، فتعزز القواعد في أذهان الطلاب من خلال تطبيقها على أمثلة وحالات مماثلة.

والأساس الذي تقوم عليه هذه الطريقة هو عملية القياس الاستدلالي، والذي يقوم على الانتقال من الحقيقة العامة إلى الحقيقة الجزئية، ومن المقدمات إلى النتائج.

وإن أنصار هذه الطريقة يرون أنها تتيح للمعلم التحكم بالمنهج المقرر وتوزيعه على مدار العـام الدراسي بيسر وسهولة، كما أنها تساعد الطلاب على الإلمام بقواعد اللغة إلماماً شاملاً.

أما خصوم هذه الطريقة، فذهبوا أنها ضارة وغير مفيدة، لأنها تشغل عقـول الطلاب بحفظ القواعد واستظهارها على أنها غاية بحد ذاتها، وتفاجئ الطلاب بالحكم العام، مما يـؤدي إلى شعوره بصعوبة المادة التعليمية، كما أنها قاصرة على إتاحة فرصة كافية للتدرب على تطبيق القواعد وتوظيفها.

2) الطريقة الاستقرائية " الاستنباطية ":

وتقوم هذه الطريقة على أساس علم النفس الترابطي والتفسير التطبيقي لها، أي أن الطفل يتعلم الحقائق الجديدة في ضوء خبراته السابقة، لأن الطفل يـأتي إلى المدرسـة وهو مـزود بـثروة فكريـة لفظيـة تساعده على فهم المشكلات والحقائق الجديدة، وقد نشأت هذه الطريقة نتيجة اختلاط العرب بالغرب، والانفتاح الثقافي على الغرب، حيث كانوا يرتبون الدرس إلى عدة خطوات تندرج من المقدمة فالعرض ثم الربط واستنباط القاعدة ثم التطبيق.

وتبدأ المقدمة بتهيئة الطلاب لموضوع الدرس وإثارة دافعيتهم للتعلم وتوليد معلوماتهم السابقة، ثم ينتقل إلى العرض، وهو لب الدرس، فيعرض المعلم الأمثلة والشواهد المختلفة بوسائل مختلفة مثل الورق المقوى والبطاقات أو اللوحات الكرتونية أو السبورة أو الكتاب أو الحاسوب أو غيرها مـن الوسائل المختلفة المناسبة، ويطلب من الطلاب قراءة النص قراءة صامتة، ثم يناقش المعلم معهم الكلمات الصعبة، ثم يطلب المعلم من أحد الطلاب قراءة النص قراءة جهرية، ثم يوجه إليهم أسئلة منتمية حول النص، ويحدد الكلمات التي ترتبط بالقاعدة بلون مخالف من الطباشير أو أقلام الخط الملونة حتى تكون بارزة أمام الطلاب. ويضبط هذه الكلمات بالشكل ويوجه الطلاب إلى النظر إلى هذه الكلمات، ثم يبدأ معهـم مناقشتها.

ويقوم المعلم أثناء المناقشة بربط ما تعلمه الطالب اليوم بما تعلمه بالأمس، بحيث ترتبط المعلومات وتتسلسل في ذهن الطالب، وهنا يشارك المعلم الطلبة في استقراء الأمثلة مثالاً مثالاً، ويتم ذلك من خلال طرح الأسئلة على الطلبة، بحيث تكون الأسئلة قصيرة ومحددة الإجابة، وتتناسب مع مستوى الطالب وخبرته، وهنا يستغل المعلم إجابات الطلاب للوصول إلى استخلاص القاعدة النحوية من الأمثلة والشواهد، وعلى المعلم أن يفسح المجال أمام التلاميذ لاستخلاص القاعدة بأنفسهم، ثم يقوم المعلم بكتابة القاعدة على السبورة بخط واضح، ويتم تكليف أحد الطلاب بقراءتها قراءة واضحة.

ثم تأتي الخطوة الأخيرة وهي " التطبيق " على هذه القاعدة، وعلى المعلم أن يدرك أن التطبيق يعزز الفهم ويسمح للطلاب بممارسة ما تم تعلمه عن طريق ترسيخ القاعدة في أذهان الطلاب.

وعلى المعلم مراعاة الأمور الهامة التالية عند التطبيق:

1- أن يتدرج من السهل إلى الصعب، ومن المحسوس إلى شبه المحسوس، ثم إلى المجرد.

2- أن تكون القطع والأمثلة المختارة، فصيحة العبارة وسهلة التراكيب ومنتمية لبيئة الطالب ومن قاموسه اللغوي ما أمكن.

3- أن تكون الأمثلة والقطع خالية من الغموض والتصنع، وأن تكون صلتها قوية بجوهر المادة.

والتطبيق نوعان:

أ) **تطبيق جزئي:** وهو التطبيق الذي يأتي بعد كل قاعدة تستنبط قبل الانتقال إلى غيرها.

ب) **تطبيق كُلّي:** ويكون هذا التطبيق بعد الانتهاء من جميع القواعد التي شملها الدرس أو الوحدة الدراسية، ويدور حول هذه القواعد جميعها.

والتطبيق قد يكون شفوياً، أو كتابياً، ولكن على المعلم أن يكثر من التطبيق الشفوي لتعويد الطلاب على مراعاة قواعد النحو، ويتم ذلك من خلال كتابة أسئلة متنوعة على السبورة، أو على بطاقات توزع على الطلاب، أو عن طريق التدريبات الشفوية الموجودة في الكتاب، ويكون ذلك من خلال مناقشة الأخطاء التي تقع منهم في دروس التعبير أو القراءة.

والغرض من التطبيق الشفوي هو:

1- وقوف المعلم على مواطن الضعف في طلابه، والعمل على علاجها.

2- ترسيخ القاعدة النحوية في أذهان الطلبة.

3- تعويد الطلبة النطق الصحيح والتعبير السليم مما يساعد في تشجيع الطلاب وتشويقهم إلى دروس القواعد وتحبيبها إليهم، وإثارة المنافسة الشريفة بين طلاب الصف.

أما الغرض من التطبيق الكتابي فهو:

1- وقوف المعلم على مواطن الضعف الكتابي في طلابه ووضع خطة علاجية لها.

2- أن يتعود الطلاب الاعتماد على النفس والاستقلال في الفهم والقدرة على التفكير والقياس والاستنباط.

3- أن نربي في الطلاب دقة الملاحظة وتنظيم الأفكار.

4- أن يقف المعلم على مستوى كل طالب بدقة.

من هنا نلاحظ أن الاستقراء يساعد الطالب في تنظيم المعلومات الجديدة لديه، وترتيب حقائقها ترتيباً منطقياً، وربطها بالمعلومات السابقة، بالإضافة إلى أن الطالب يبقى على تواصل دائم مع المعلم والدرس، لأنها تقوم على أسلوب الحوار والمناقشة بين الطالب والمعلم وتعود الطلاب على دقة الملاحظة.

3) الطريقة المعدلة " النص الأدبي":

وتقوم هذه الطريقة على تدريس القواعد النحوية من خلال عرض نص متكامل المعـاني، أي مـن خلال الأساليب المتصلة، لا الأمثلة المنقطعة المتكلفة والتي لا يجمع شتاتها جـامع، ولا تمثـل معنىً يشعر الطلاب أنهم بحاجة إليه.

وتبدأ هذه الطريقة بعرض نص متكامل يحتوي على معانٍ يرغـب الطالـب في معرفتهـا، فيكلـف المعلم الطلاب بقراءة النص ومناقشتهم فيه لفهم معناه، بحيث يشير المعلم إلى الجمل المكونة للنص ومـا بها من خصائص ثم يعقب ذلك استنباط القاعدة والتطبيق عليها.

لذا فالتدريب بهذه الطريقة، يمكن المعلم من تدريس القواعد النحويـة في ظـلال اللغـة والآداب، من خلال عبارات قيمة في موضوعات تهم الطلبة وتنتمي إليهم.

4) أسلوب حل المشكلات:

يقوم هذا الأسلوب على أساس النشـاط الـذي يقوم بـه المعلم والمـتعلم لمواجهـة مشكلة مـن المشكلات التي تجابه الطلاب في حصة القراءة أو النصوص أو التعبير أو الإملاء...

وحيث أن التعلم يقوم على نشاط المتعلم، لذا فالخبرة التي يقـوم بها المـتعلم نفسه هـي التـي تبقى معه في النهاية، وتصبح جزءاً من نفسه وحياته، حيث تختلط بشعوره ونشاطه وتفكيره، ولأن أحسـن أنواع التعلم ما أتى نتيجة لإسهام الطالب في حل مشكلة يشعر بها، بإشراف وتوجيه من المعلم.

إن إثارة المشـكلات أمـام الطالـب، تدفعـه إلى بـذل مجهـود يقـوده في النهاية إلى إيجـاد الحـل المناسب، ومن هنا كان خلق الحافز والدافع وتوظيفه لدى الطالب، من أهم العوامـل التي تساعد عـلى فهم القواعد النحوية وتعلمها ودوام أثرها.

أفضل الطرق والأساليب في تدريس القواعد النحوية

ننصح المعلم الكريم أن لا يسير على طريقة واحدة في تدريس القواعد النحوية دون غيرها، بل لا بد للمعلم أولاً أن يدرك الظروف المحيطة به وبالطالب، فيختار من بين الطرق أنسبها لتلك الظروف، وعليه أن يدرك كذلك، ميزات وعيوب كل طريقة، وفي ضوء ذلك يقرر أي الطرق تناسبه لتحقيق النتيجة المطلوبة لحصته ولطلابه.

وبما أن القواعد النحوية وسيلة لغاية كبرى، هي تقويم اللسان وضبط التعبير، لذا يجب أن لا نقصر الاهتمام بالقواعد النحوية على الحصص المخصصة لها فقط، بل على المعلم أن يلزم نفسه وتلاميذه بالالتزام بضبط الكلمات ومراعاة تطبيق القواعد في كل الدروس، وسيجد المعلم في موضوعات القراءة أمثلة صالحة ومناسبة لدراسة بعض قواعد اللغة، أو التطبيق عليها، وتدريب الطلاب على سلامة الضبط والقراءة السليمة.

كما على المعلم أن يدرس القواعد في ظل اللغة والآداب حتى لا يجد الطالب فصلاً أو هوة بين مادة القواعد وبين بقية فروع اللغة العربية الأخرى.

وسوف يجد المعلم في دروس التعبير أو النصوص حافزاً يدفع الطلاب إلى دراسة القواعد، فإذا شاع بين الطلاب خطأ نحوي في التعبير، فمن واجب المعلم أن يشرح قاعدته وعدم الانتظار إلى درس القواعد... وهكذا.

كما على مدرس اللغة العربية التنسيق مع زملائه بقية المدرسين ضرورة العمل على التكلم بلغة عربية فصيحة ما أمكن وتعويد الطلاب على ذلك.

المراجع

تدريس النحو بين النظرية والتطبيق

1- الزمخشري: المفصل في علم العربية، 1952، دار الجيل - الأردن.

2- علي الجارم: النحو الواضح، 1952، دار المعارف - مصر ولبنان.

3- عادل جابر: الجديد في الصرف والنحو، 1997، دار الصفاء للنرش - عمان.

4- د. رسمي عابد: مسرحة النحو العربي، ج1، ج2، 2006، دار جرير للنشر - عمان.

5- أمين الناظم: شرح القضية ابن مالك، 1991، دار الجيل للنشر - الأردن.

6- د. داود عبده: نحو تعليم اللغة العربية وظيفياً، 1990، دار الكرمل - عمان - الأردن.

7- د. عبدالقادر أبوشريفة، د. محمد عبدالرحيم عدس: دراسات في اللغة العربية، 1990، دار الفكر للنشر والتوزيع - عمان.

8- د.عبده الراجحي: النحو العربي والدرس الحديث، 1979، دار النهضة العربية - بيروت.

9- د.عبده الراجحي: التطبيق النحوي، 1981، دار النهضة العربية للنشر - بيروت.

10- د. محمد عبدالرحيم عدس: الواضح في قواعد اللغة العربية، 1983، دار مجدلاوي - الأردن.

11- د.عبده الراجحي: دروس في المذاهب النحوية: 1980، دار النهضة العربية - بيروت.

12- د. راتب قاسم عاشور: أساليب تدريس اللغة العربية بين النظرية والتطبيق، 2003، دار المسيرة للتوزيع والنشر - عمان - الأردن.

الفصل الثاني

أساليب وطرق تدريس التعبير

- أساليب وطرق تدريس التعبير

- الأسس التي تؤثر في تعبير الطلاب.

- نموذج لموضوع تعبيري.

- أنواع التعبير.

- طرق تدريس التعبير.

- لقاء مع معلم لغة عربية وحوار حول التعبير.

أساليب وطرق تدريس التعبير

أساليب وطرق تدريس التعبير

تمهيد:

قبل الحديث عن التعبير كفن أدبي، لا بد من الحديث عن الأصول العامة للكتابة، والتي أستطيع إجمالها على النحو الآتي:

1- الثقافة العامة.

2- القدرة اللغوية.

3- الذكاء المبدع.

4- المعلومـات السـابقة، ومعرفـة بدايـة الأفكـار، وفرعياتها وكيفيـة اقفـال المعلومات، والعبارات اللازمة لذلك.

5- القدرة على الربط والتحليل والاستنتاج.

6- التمرين المتواصل في ضوء النقد، وهو هنا " التغذية الراجعة "، ويعتبر الكاتب البارع بذرة تكتب موضوعاً تعبيرياً جيداً، والنقد الموجه من الطلبة والمعلم القدير هو تغذية راجعة له.

7- الجرأة الأردنية.

8- حفظ الكثير مـن الأسـاليب الراقيـة، كنصوص القرآن الكريم والسـنة النبوية المطهرة.

9- الاطلاع على أسـاليب الكتابة عنـد الأمـم الأخـرى، مـما يـثري القـاموس اللغوي والفكري والثقافي لدى الكاتب.

أما الكتابة الناجحة فهي التي تغطي الأسئلة التالية:

لماذا أكتب ؟ ← ─────── هدف وظيفي

ماذا أكتب ؟ ← ─────── هدف وظيفي تطهيري

متى أكتب ؟ ← ─────── لطلبة المدارس / هدف وظيفي

اختيار الوقت المناسب للكتابة ← هدف إبداعي

لمن أكتب ؟ ← ─────── حسب الفئة هدف وظيفي

كيف أكتب ؟ ◄───────── من حيث (الأسلوب: علمي، سردي، وصفي، واختيار الشكل المناسب)

المقدمة:

لا شك أن تعلم اللغة أو اتقانها لا يختلف في جوهره عن تعلم أو اتقان قيادة الحافلة أو ركوب الدراجة، أو السياحة أو استخدام الحاسوب، أو العزف على آلة موسيقية... ففي هذه الحالات لا بد للمرء من اتقان المهارات التي يفترض وجودها عند ممارسي هذه الأنشطة.

والمهارات اللغوية فيما هو معروف أربع: التحدث، والاستماع والقراءة والكتابة. فنحن نعيش في عالم أصبح لزاماً فيه على المرء أن يتقن المهارات اللغوية حتى يكون قادراً على الاتصال والتواصل مع الآخرين بقاعلية في مواقف ومجالات شتى. فاللغة بمهاراتها الأربع، مهمة للمهندس والطبيب والمؤرخ وعالم الاجتماع والصيدلي، والموظف الحكومي ورجل الأعمال والسياسي والإعلامي وعامل الاستقبال في الفنادق والمؤسسات بقدر أهميتها للكاتب والشاعر والمعلم والمتخصص في اللغة...، وكثير من المؤسسات تشترط فيمن يتقدم بطلب للعمل أن يجيد استخدام المهارات اللغوية مجتمعة، فمهارات التحدث والكتابة ضرورية للبائع والتاجر والمسوق مثلما هي مهمة للسياسي أو الصحفي أو المعلم، تلك المهارة التي ستساهم لا محالة في تيسير فرص العمل والنجاح في المجتمع لمن يملكها.

ويعد التعبير الجيد، من أسس التفوق الدراسي في المجال اللغوي ومجالات الحياة المدرسية والموضوعات الدراسية جميعها، لأن من يسيطر على قدرات التعبير ومهاراتها، يستطيع السيطرة على الكلمة المناسبة والعبارة الهادفة، ويتفوق في الحياة العملية، فغاية التعبير أن يجعل التلميذ قادراً على الكتابة في شتى الموضوعات، بأسلوب سليم ومنسجم، ومحكم الوضع، وحسن الترتيب، وقوي التأثير في النفوس، ويتبع ذلك تقوية الخيال وسرعة البديهة، والقدرة على التأليف وإعداد المذكرات، وتلخيص الدروس والموضوعات...

التعبير (الانشاء) لغةً واصطلاحاً

يمثل التعبير، شفوياً كان أم كتابياً، الهدف الرئيس من تعليم فنون اللغة جميعها، لأنه الوسيلة الأساسية للاتصال والتواصل بين الأفراد والجماعات، وإدارة نقل الأفكار والمشاعر والأحاسيس بوضوح وتسلسل، يمكنان من يقرأ أو يسمع، من الوصول إلى ما يريده الكاتب أو المتحدث بيسر وسهولة.

والتعبير، أهم لون من ألوان النشاط اللغوي وأكثرها انتشاراً، فهو الصلة التي تربط الفرد بغيره وتجعله قادراً على التفاعل مع المجتمع الذي يعيش فيه، مما يتطلب المزيد من العناية والاهتمام والصبر والخبرة وسعة الاطلاع على كتب الأدب قديمها وحديثها، وعلى كتب أساليب تدريس اللغة من جانب المعلم، ورغبة ودافعية ونشاطاً وشغفاً بالمطالعة من جانب الطلاب والطالبات أيضاً.

فالهدف الرئيس من تعليم التعبير في مراحل التعليم العليا هو أن يصبح الطالب والطالبة قادرين على الاتصال بغيرهما من الناس اتصالاً ناجحاً، وأن يفكر تفكيراً واضحاً فيما يعرض لهما من حوادث ومشكلات بأسلوب سليم، حسن التنظيم، قوي التأثير، واضح العبارة.

التعبير " الإنشاء " لغةً

التعبير: هو الإبانة والإفصاح عما يجول في خاطر الإنسان من أفكار ومشاعر بكلام واضح، لا لُبْسَ فيه ولا غموض حيث يفهمه الآخرون.

والإنشاء لغةً، مأخوذ من الفعل الرباعي: أنشأ، ينشيء. وعرّفه السيد أحمد الهاشمي بأنه: " الشروع والايجاد والوضع، نقول: أنشأ الغلام يمشي، إذا شرع في المشي، وأنشأ الله العالم: أوجده وأنشأ فلان الحديث: وضعه ".

وجاء في معجم الرائد لجبران مسعود: أنشأ الشيء: أحدثه وخلقه.

وأنشأ الله الخلق: أوجدهم.

وأنشأ الكلام: ألفه، والإنشاء: هو علم وضع الكلام وتأليفه.

من كل ذلك يتضح لنا أن معنى كلمة أنشأ، ينشيء، إنشاء، تتفق في دلالتها تلميحاً وتصريحاً على كيفية بناء الكلام ونسجه وصوغه شعراً ونثراً.

التعبير " الإنشاء " اصطلاحاً

يقصد بالتعبير، ذلك النشاط اللغوي المنهجي المتدرج، الذي يسير وفق خطة متكاملة للوصول بالطالب والطالبة إلى مستوى يمكنهما من ترجمة أفكارهما ومشاعرهما وأحاسيسهما ومشاهداتهما وخبراتهما الحياتية - مشافهةً وكتابةً - وفق نسق معين.

وعند أهل الصناعة الأدبية، عرّف الإنشاء بأنه " علم تقود المعرفة به إلى إحراز القدرة البيانية على الإفصاح عن المعاني بوساطة الألفاظ الملائمة، والتي يكون بملاءمتها منها الروعة والتأثير، وبطبيعة الحال، فإن ذلك لا يتم إلا عن طريق إبداع العبارة المشرقة في الأسلوب وانتقاء اللفظة المناسبة، والالتزام بالنسق المعتمد ".

وبهذا يكون الإنشاء، علم أصول الكتابة وقواعدها، وفق أسلوب خاص، وتدل كلمة الإنشاء في مدارسنا، على كل عمل له سمات الأدب ومزاياه، من إيحاء وصور وخيال وعاطفة، وهي تطلق على تلك الموضوعات الكتابية والشفوية من دروس التعبير، وسمي الإنشاء تعبيراً مراعاة للشمول والدقة والوضوح.

أهداف تدريس التعبير

1- تمكين التلاميذ من التعبير عن حاجاتهم ومشاعرهم ومشاهداتهم وخبراتهم بعبارة سليمة واضحة.

2- تزويد التلاميذ بما يحتاجونه من ألفاظ وتراكيب لاستعمالها في حديثهم وكتاباتهم.

3- العمل على اكساب التلاميذ مجموعة من القيم والمعارف والأفكار والاتجاهات السليمة.

4- تعويد التلاميذ على ترتيب الأفكار، والتسلسل في طرحها والربط بينها، بما يضفي عليها جمالاً وقوة تأثير في السامع والقارئ.

5- إكساب التلاميذ فصاحة اللسان، والقدرة على الارتجال لمواجهة المواقف الحياتية المختلفة.

6- تقوية لغة التلميذ، وتنميتها، وتمكينه من التعبير السليم عن خواطره، وحاجاته شفهياً وكتابياً.

7- تنمية تفكير التلميذ وتنظيمه للعمل، وتغذية خياله بعناصر النمو والابتكار.

8- أن يعبر التلميذ عن أفكاره وخبراته ومشاهداته تعبيراً شفوياً وكتابياً بلغة سليمة.

9- مراعاة القواعد النحوية التي تعلمها، على نحو سليم في تعبيره الشفوي والكتابي.

10- التعبير عن بعض مظاهر السلوك الاجتماعي، كالاعتذار والشكر والتحية، والاستئذان والتهنئة والتعزية....

11- الإجابة عن الأسئلة والاختبارات في الدروس بلغة سليمة وتعبير جيد.

12- تمكين التلميذ من كتابة موضوعات وظيفية، كالرسائل الشخصية، وتعبئة النماذج والاستمارات، كنموذج طلب وظيفة، أو طلب جواز سفر، أو هوية أحوال مدنية، أو اعتراض على قانون ماء أو كهرباء... وغيرها والتعبير عنها بصورة جيدة ومفهومة وبلغة صحيحة.

الأسس التي تؤثر في تعبير التلاميذ

أولاً: الأسس النفسية

1- ميل التلاميذ الصغار إلى التعبير عن خبراتهم ومشاهداتهم، لـذا يمكن للمعلم النـاجح استغلال هذا الميل لدى التلاميذ الخجولين يشجعهم على التعبيـر عـن مشـاهداتهم وخبراتهم وعـن الأشياء التي يحبونها ويرغبون فيها.

2- ميل التلاميذ إلى المحسوسات، لذا على المعلم تشجيع التلاميذ للحديث عن مشاهداتهم المحسوسة، مثل الرحلات المدرسية، الرحلات العائلية، حديقة الحيوان، الأفراح... وأن يستعين المعلـم بالنماذج والصور... وتشجيع الطلاب على الحديث عنها...

3- على المعلم توفير الموضوعات التعبيرية التي تثير الحماس والحافز والدافع الداخلي لدى التلاميذ، ويدفعهم للحديث عنها، أو الكتابة عنها، واستغلال المناسبات الدينية والوطنية والقومية والأحداث الطارئة وربطها بتلك المناسبات للكتابة أو الحديث عنها حسب مستويات الطلاب العمرية والنمائية...

4- يقوم التلميذ أثناء التعبير باسترجاع المفردات ليختار من بينها الألفاظ المناسبة (التحليل)، ثم يبدأ بإعادة ترتيب المفردات والأفكار ليخرجها على شكل لفظي أو كتابي (تركيب).

لذا على المعلم أن يتحلى بالصبر والأناة وطول البال في جميع مواقف الدراسة حتى يتمكن من تحقيق الأهداف المرجوة...

5- يتسم الأطفال بالخجل والخوف من المعلم والجو المدرسي أحياناً، لذا على المعلم أن يشعر التلاميذ بالأبوة والحنان والأمن والطمأنينة، وحثهم على المشاركة بالأنشطة بالحكمة واللباقة.

6- يميل التلاميذ إلى التقليد والمحاكاة، لذا قد يلجأ التلاميذ إلى تقليد المعلم في كلامه وحركاته وتصرفاته... لذا على المعلم أن يكون قدوة في تصرفاته وحركاته ولغته ومظهره وسلوكه.

ثانياً: الأسس التربوية

1- إشعار التلاميذ بالحرية في اختيار بعض موضوعات التعبير، واختيار المفردات والتراكيب في أداء أفكاره.

2- حيث أن " التعبير " نشاط لغوي مستمر، لذا على المعلم تدريب التلاميذ على التعبير الصحيح والسليم في المواقف المختلفة، وأن لا يقصر التعبير على حصة التعبير فقط.

4- على المعلم أن يختار موضوعات التعبير في مجال خبرة التلاميذ وقدراتهم التصويرية...

ثالثاً: الأسس اللغوية

1- على المعلم أن يدرك أن التعبير الشفوي أسبق في الاستعمال لدى الأطفال من التعبير الكتابي.

2- إن حصيلة التلاميذ اللغوية في المرحلة الابتدائية قليلة، لذا على المعلم أن يوفر الفرص لإثراء معجم التلاميذ اللغوي من خلال المطالعة والقراءة والاستماع، ثم من خلال إسماعهم لبعض القصص والأحاديث الهادفة والحكايات والحكم والأمثال...

3- ازدواجية اللغة في حياة التلميذ بين العامية والفصحى، لذا على المعلم العمل على تزويد التلاميذ باللغة الفصحى عن طريق الأناشيد والقصائد والأغاني الوطنية والثقافية والدينية الفصيحة، وسماع وقراءة القرآن الكريم والأحاديث الشريفة وسماع وقراءة القصص المختلفة الهادفة...

وبعد أن تعرفنا إلى التعبير لغةً واصطلاحاً وإلى أهداف تدريس التعبير وإلى الأسس المختلفة التي تؤثر في تعبير الطلاب، سأورد نصاً أبيّن فيه الأجزاء الرئيسية والتي يجب أن يحويها موضوع التعبير الجيد، ونتعرف إلى أهمية كل جزء وارتباطه بالآخر:

نموذج لموضوع تعبيري

نص عن حديقة الحيوان المنزلية

النص	ملاحظات
حديقة الحيوان المنزلية ذات مساء دعاني صديقي ليريني أمراً أحبه، فعنده ما يشبه حديقة الحيوان، مخلوقات جمعها من هنا وهناك، وخرجت من البيت وأنا في غاية الشوق الممزوج بالخوف، ووصلت بعد ساعة من زمن إلى بيت صاحبي.	1- **العنوان** 2- **المقدمة:** الدعوة والخروج من البيت.

ودخلت حديقته فرأيت السناجب والفئران والسحالي والجراذين والأفاعي، كما رأيت الصقور والنسور وبقية أفراد العائلة الكريمة من الجوارح.	3- **صلب الموضوع.** **أ) الوصول إلى البيت**
وكم كانت دهشتي كبيرة عندما رأيت الأضداد في هذه الحديقة تعيش قريبة من بعضها البعض، ولا يبدو عليها أي شعور بالعلاء أو العدوانية، رأيت القرد يقدم الموز للطيور، كما رأيت القط يقدم الجبن للفأر... ورأيت الكلب يجلس إلى جانب جاره الهر وديعاً...	**ب) مشاهدة من حديقة حيوان صاحبي.**
ترى كيف استطاع الحيوان الأعجم أن يمارس لعبة السِلْم بدل الحرب، هل لأن متطلبات العيش قد توفرت له، أم لأنه أمين في سربه لا يخشى على حياته من الأعداء، أم لعله الدفء والطعام والرعاية، أم لأنه أراد أن يفعل شيئاً لنا لقاء هذه الرعاية	**ج) شعور وتأمل.**
أياً كان فقد حصل تحول في الموضوع، وقامت قيامة هذه الحيوانات إثر سماع شجار في الخارج بين بني البشر أصوات إطلاق عيارات نارية، وانفعالات وهياج مما دفعني ذلك للخروج من عند صاحبي إلى الحديقة الأوسع والأرحب.	**د) تغير في سلوك الحيوان .**
وإثر ذلك خرجت مسرعاً من بيت صاحبي	**هـ) الالتجاء إلى المرآب.**

إلى مرآب قريب حيث أن الحجارة كانت مثل شتاء كانون، وخشيت أن أصاب بقذيفة حجرية فينتهي بي المقام إلى أحد المشافي.	
وعندما دخلت المرآب وجدت كلباً مربوطاً بسلسلة، وهو من نوع ذئاب، طويل عريف يبدو عليه أنه متوحش، وعندما رآني هذا الكلب الشرس جلس وأقعى وكأنه يبتسم ويقول لي، أترى جئت أيها الإنسان هرباً من الإنسان... من التوحش إلى توحش الحيوان الهادئ الذي امتهن الحراسة والوفاء. فنحن لا نعتدي على البشر... إلا بعد أن يبدأ البشر ذلك	**و) وصف المرآب.** **ز) قرب الانتهاء من الرحلة الداخلية والخارجية.**
قلت سبحان الله الذي خلق فهدى، نحن أصحاب العقول نفعل ما نفعل بينما الحيوان الأعجم يعود بناء إلى بداية البدايات، وخرجت مسرعاً وركبت سيارتي وقفلت راجعاً إلى بيتي.	**4- الخاتمة.**

تعقيب:

من خلال النص عرضنا المقدمة والموضوع بأفكاره الجزئية، ثم ذكرنا الخاتمة، وغني عن البيان أن ما ورد في جدول الملاحظات لا يكتب أثناء تنفيذ موضوع التعبير، بل هو للناحية التعليمية فقط.

أنواع التعبير

لقد سبق أن عرفنا التعبير بأنه الإفصاح عما في النفس من أفكار ومشاعر بالطرق اللغوية وخاصة بالمحادثة أو الكتابة، وعن طريق التعبير يمكن الكشف عن شخصية المتحدث أو الكاتب وعن مواهبه وقدراته وميوله.

وتتمثل أهمية التعبير في كونه وسيلة اتصال بين الفرد والجماعة، فمن خلال التعبير يستطيع الفرد التعبير عن نفسه وإفهامهم ما يريد وأن يفهم في الوقت نفسه ما يراد منه. وهذا الاتصال لن يكون ذا فائدة إلا إذا كان صحيحاً ودقيقاً وواضحاً، إذ يتوقف على جودة التعبير وصحته، ووضوح الاستقبال اللغوي والاستجابة البعيدة عن الغموض أو التشويش.

التعبير من حيث الأداء نوعان هما:

1- **التعبير الشفوي.**

2- **التعبير الكتابي.**

أولاً: التعبير الشفوي:

ويسمى بالإنشاء الشفوي أو المحادثة، وهو أسبق من التعبير الكتابي وأكثر استعمالاً في حياة الإنسان من الكتابي، وهو أداة الاتصال السريع بين الأفراد، وهو كذلك أداة التفاعل بين الأفراد والبيئة المحيطة بهم.

أشكال التعبير الشفوي في المدرسة

1- يقوم الطلاب بالتعبير الشفوي عن الصور واللوحات والأشكال التي يحضرها المعلم أو الطلاب، أو الصور التي تكون في كتبهم.

2- التعبير الشفوي من خلال دروس القراءة المتمثل بالتفسير وإجابة الأسئلة وتلخيص المادة المطلوبة.

3- القصص، ويتمثل في قص القصة بلغة الطالب وتلخيصها... وإتمام القصة... والتوسع فيها... وإيجاد عنوان جديد لها...

التلاعب في نهايتها وتغيير نهايتها، أو قصّ القصة من خلال بعض الصور التي تمثلها...

4-   الحـديث عـن النشـاطات المختلفـة للطالـب مثـل: زياراتهـم، رحلاتهـم،
أعمالهم، رغباتهم، مستقبلهم، آمالهم، طموحاتهم، عاداتهم في الأفراح والأتراح...

5-   الحديث عن الحيوانات ونباتات البيئة، والحديث عن مزرعة أو حديقـة
زارها، والحديث كذلك عن الفصول (الربيع، الصيف، الشتاء، الخريف).

6-   الحديث عن أعمال الناس ومهنهم في المجتمـع، مثـل الزراعـة، الصناعـة،
السياحة، البنوك، التجارة، البورصة، التعليم، أعمال الحدادة والنجارة... الخ.

7-   الحديث عن الموضوعات الدينية والوطنية وغيرها، ووضع روزنامة صفية
بأهم الأحداث والمناسبات الوطنيـة والدينيـة والحـديث عنهـا في الصف وفي الإذاعـة المدرسـية
والاحتفالات والتمثيليات وفي المواقف الصفية والمدرسية الهادفة.

ثانياً: التعبير الكتابي:

وهو وسيلة للاتصال بين الإنسان وأخيه الإنسان ممن تفصله عنه المسافات الزمانية أو المكانية.

ومن أمثلة هذا التعبير ما يلي:

1-   كتابة الأخبار السياسـية والرياضـية والاجتماعيـة والبيئيـة والثقافيـة...
وغيرها.

2-   التعبير الكتابي عن صور جمعها المعلم أو الطلاب.

3-   الإجابة عن أسئلة الاختبارات التحريرية.

4- تلخيص موضوع، أو قصة بعد قراءتها، أو بعد الاستماع إليها، أو محاولة التغيير في نهايتها، أو إضافة بعض الأفكار والأحداث إليها...

5- تأليف قصة في مجال معين.

6- تحويل قصيدة شعرية إلى نثر بلغة الطالب.

7- كتابة التقارير عن زيارة مصنع، أو مزرعة، أو مؤسسة حكومية، أو كتابة تقرير حول رحلة مدرسية إلى مناطق سياحية أو أثرية أو مقامات الصحابة، أو كتابة تقرير حول رحلة لأداء العمرة... الخ.

8- كتابة الرسائل الخاصة أو الوظيفية والبرقيات في موضوعات مختلفة...

9- كتابة الموضوعات الأخلاقية والاجتماعية.

10- إعداد كلمات هادفة لإلقائها في الإذاعة المدرسية في المناسبات المختلفة مستعيناً بالروزنامة التي أعدها الطالب مع الصف لأهم المناسبات الوطنية والقومية والدينية والإعداد لها بشكل مناسب.

11- استغلال الأحداث السياسية أو البيئية أو المناخية الطارئة للكتابة عنها والتقرير عنها من خلال المجلة المدرسية أو مجلة الحائط الصفية أو الإذاعة المدرسية...

ويقسم التعبير من حيث الغرض من استعماله إلى:

1- التعبير الوظيفي.

2- التعبير الإبداعي.

1) التعبير الوظيفي:

وهو التعبير الذي يؤدي وظيفة خاصة في حياة الفرد أو الجماعة، ومجالات استعماله كثيرة كالمحادثة بين الناس والمناقشة والجدال، وكتابة الرسائل والبرقيات، والاستدعاءات المختلفة، وكتابة الملاحظات والتقارير والمذكرات، وكتابة الإعلانات، والتعليمات المختلفة التي توجه إلى الناس

لأغراض محددة، وقد يؤدي التعبير الوظيفي بطريقة المشافهة أو الكتابة، ومـن أمثلة هـذا التعبير كتابة السيرة الذاتية، أو الحديث عن نفسك وخبراتك ومؤهلاتك وقدراتك أمام لجنة خاصـة لاختيـار الموظفين...

2) التعبير الإبداعي:

وهو التعبير الذي يكون غرضه التعبير عـن الأفكار والمشـاعر النفسـية، ونقلها للآخرين بأسلوب أدبي عالٍ، بهدف التأثير في نفوس السامعين أو القارئين، بحيث تصل درجة انفعالهم بها إلى مستوى يكاد يقترب من مستوى انفعال أصحاب هذه الآثار.

وإذا كان التعبير الوظيفي يفي بمتطلبات الحياة وشؤونها المادية والاجتماعيـة، فإن التعبير الإبداعي يعين الطالب على التعبير عن نفسه ومشاعره تعبيراً يعكس ذاته ويبرز شخصيته.

لـذا فإننـا ننصح المعلـم للعمـل عـلى تـدريب التلاميـذ عـلى هـذين النـوعين مـن التعبير وإعدادهم للمواقف الحياتية المختلفة والتي تتطلب كل نوع منهما.

طرق تدريس التعبير

1-   القصة.

2-   التعبير الحر.

3-   تدريس الموضوعات المختلفة.

1) القصة

القصة هي مجموعة من الأحداث يرويها الكاتب، وهي تتناول حادثة أو مجموعة حوادث تتعلق بشخصيات انسانية تتباين أساليب عيشها وتصرفها في الحياة...

وتعتبر القصة من أقوى عوامل جذب الانسان بطريقة طبيعية، وأكثرها شحذاً لانتباهه إلى حوادثها ومعاينتها، فتثير الانفعالات لدى القراء وتجذبهم إليها، وتغريهم بمتابعتها والاهتمام بمصائر أبطالها...

وفي المدرسة يستطيع المعلمون أن يستفيدوا من ميل الأطفال إلى القصة، فيقوموا بتزويد التلاميذ عن طريقها بالمعلومات الأخلاقية والدينية والجغرافية والتاريخية وغرس العادات والأخلاق الحميدة في نفوسهم وتعديل سلوكهم... فيهيئوا لهم المعرفة والمتعة في آنٍ واحد.

الفوائد التربوية التي تحققها القصة للأطفال

1- تزيد من إقبال التلاميذ على التعلم من خلال المتعة واللذة التي ترفد بها السامع أو القارئ للقصة.

2- تعمل على تنمية ثروة التلميذ اللغوية وتغني معجمه اللغوي بما تتضمنه من مفردات وتراكيب لغوية وتعابير وحكم وأمثال... فترفع مستوى لغة التلاميذ وتهذب أساليبهم وترقيها.

3- تساعد التلميذ بالتكيف مع مجتمعه من خلال ربط الطفل بعادات وتقاليد وقيم المجتمع الذي يعيش فيه، والتي توحي له باحترامها وعدم الخروج عنها.

4- تيسير للتلميذ فهم الكثير من الحقائق العلمية التي ترويها القصة، وتزود الطفل بالمعارف والمعلومات والمهارات التي تضاف إلى خبراته، لما في القصة من عناصر التشويق والإغراء وحسن الاستماع.

5- من خلالها يطلع التلميذ على عادات وتقاليد وحضارات المجتمعات الإنسانية الأخرى، فيفيد من الجوانب الإيجابية ويتجنب سلبياتها.

6- تعمل القصص على تنمية خيال الأطفال، بحيث تسمو بخيالهم لما فيها من عنصر الخيال وتعودهم الشجاعة في مواجهة الآخرين

وفي المواقف المماثلة، وتعودهم التحدث مع الجماهير دون خوف أو ارتباك.

7- تشجعهم على مواجهة زملائهم في مواقف تعبيرية طبيعية في المدرسة وخارجها، والتحدث إليهم، كما أنها تغرس لديهم عادات محببة كرعاية آداب الحديث والمناقشة وآداب الاستماع وحسن التصرف في المواقف المختلفة.

أنواع القصة

تقسم القصص حسب مصدر مادتها وموضوعها إلى:

1- **القصة الواقعية:** وهي ذلك النوع من القصص الذي يستمد حوادثه من واقع المجتمع، وتستمد مضامينها من أنماط حياة الناس وطرائق معيشتهم وأساليب تفكيرهم.

2- **القصة الخيالية:** وهي ذلك النوع من القصص الذي يستلهم حوادثه من خيال بعيد عن الواقع، وتأتي نماذجه تحاكي تمام المحاكاة تلك النماذج على الأرض، وعن طريق هذه القصص يستطيع الكتّاب والمؤلفون أن يعالجوا العديد من القضايا الاجتماعية والبيئية والعلمية... وغيرها.

أنواع القصص التي يجب أن تقدم للتلاميذ في المدارس

1- **قصص الأخلاق والمثل العليا:** وهي القصص التي تركز على الأخلاق الحميدة والصفات الطيبة والعادات الكريمة واحترام الناس ومساعدتهم والتضحية من أجل الحق والمبادئ وترغبهم في الحق والعدل.

2- **القصص الاجتماعية:** وتهدف إلى عرض أنماط وأنواع مختلفة من حياة الشرائح الاجتماعية التي تعيش في مجتمع التلميذ، مثل مجتمع البادية والقرية والمدينة، بهدف التعرف على الطرائق المختلفة للتعامل مع هذا المجتمع.

3-	**القصص التاريخية:** وهي تلك القصص التـي تأخـذ مـن حقـائق التـاريخ ووقائعه وأحداثه مادتها، وتبرز دور الرموز البشرية المشهورة في الأمة، وتهـدف هـذه القصص إلى إحياء ذكرى هؤلاء الأبطال في نفوس الناشئة بقصد تخليدهم والتخلق بـأخلاقهم وصفاتهم وبطولاتهم...

4-	**قصص البطولة والمغامرة:** وهي القصص التي تتناول حياة بعض الرحالة والمكتشـفين، والأشـخاص الـذين يسـاعدون في كشـف الجـرائم وغموضـها، وتعقـب المجـرمين واللصوص والخارجين على القيم والأخلاق، فهذه القصص ترمي إلى اشباع حب الاسـتطلاع لـدى التلاميذ واشباع ميولهم في المغامرة والبطولة.

ولكن على كتّاب هذه القصص الابتعاد عن التهويـل واللامعقـول، كـما يجـب أن تثـير هذه القصص التفكير العميق والتطلع البعيد والربط بين الأحـداث، وأن لا تكـون مبسطة إلى درجة يبدو فيها قيام الأطفال بها ممكناً.

5-	**القصص الرمزية:** وتهـدف هـذه القصص إلى تقـديم النصح والإرشـاد، واستخلاص العبر والدروس والموعظة عن طريق الايحـاء والتلمـيح، لا عـن طريـق التصريـح أو القول المباشر.

اختيار القصة

لا شك أن لكل مرحلة نمائية يمر بها الطفل خصائصها اللغوية والعقلية والتي تختلـف عـن المرحلة السابقة لها أو التي تليها، لذا فعلى المعلـم اختيـار القصص التـي تناسـب هـذه الخصـائص النمائية والعقلية واللغوية والعمرية لكل مرحلة:

1-	**من سن " 3 – 7 " سنوات:** يميل التلاميـذ في هـذه المرحلـة إلى القصـص التي تراعي امتزاج الخيال بالواقع، فالكلب والقطة من عناصر الواقع الذي يراه الطفل في هذه المرحلة.

2- **من سن " 7- 12 " سنة:** يميل التلاميذ في هذه المرحلة إلى قصص المغامرة والجرأة وركوب المخاطر، وقصص مجاهل الحياة واكتشاف أعماق البحار والكهوف وحياة الناس في المناطق النائية...

3- **من سن " 12 – 18 " سنة:** وهي فترة المراهقة حيث يميل الطلاب في هذه المرحلة إلى قصص العشق والغرام، لذا يجب أن نتخير لهذه المرحلة القصص المناسبة لهم واختيار قصص العفة والشرف والتضحية والبطولات والأخلاق...

4- **بعد سن " 18 -... ":** في هذه المرحلة يدخل الشباب معركة الحياة حيث تتحكم البيئة التي يعيش فيها الشاب في نوع القصص التي يقرأ، ويظل الميل إلى القصص التي تدور حول المثل العليا في غالب الأمر.

إعداد القصة وتدريسها

من الضروري أن يتذكر المعلم أن نجاحه في تدريس القصة يعتمد على قدرته على اختيار القصة الملائمة من حيث المضمون واللغة لمستوى إدراك تلاميذه ومستواهم اللغوي، وإعداد ما يلزم من وسائل وتجهيزات ضرورية مثل الصور واللوحات والمؤثرات الصوتية – كأشرطة تسجيل عليها بعض الأصوات التي تخدم القصة ليفرض الطلاب الهدوء والاصغاء وحسن الاستماع والانجذاب إلى القصة ومتابعة أحداثها بشغف للاستفادة منها.

ويسير المعلم في تدريس القصة وفق الخطوات الآتية:

1- التمهيد والتقديم للقصة، وتهيئة أذهان التلاميذ لها لإثارة اهتمامهم، وربط موضوع القصة بخبراتهم ومعلوماتهم السابقة، مما يؤدي إلى استرجاع هذه المعلومات، وقد يكون ذلك من خلال أسئلة تنشيطية توجه انتباههم إلى موضوع القصة، فينحصر تفكيرهم في ذلك الاتجاه.

2- البدء بسرد القصة، بحيث يكون الالقاء طبيعي لا صنعة فيه ولا تكلف ومتمثلاً المعنى الوارد في القصة من خلال الحركات

والايحاءات وبصوت المعلم وهدوئه وتلوين صوته حسب الموقف في القصة.

3- وعلى المعلم أن يحرص أثناء إلقاء القصة أن ينتقي الأساليب اللغوية العربية السليمة بحيث ينفعل مع أحداثها ووقائعها مستخدماً الحركات المناسبة، والسكنات، السرور، الفرح، الاستهجان، التساؤل، الاستفسار، الإقدام، التعجب... وغيرها من الأحاسيس والمشاعر التي تجذب التلميذ على متابعة القصة والعيش والتفاعل معها...

4- وبعد الانتهاء من سرد القصة، يقوم المعلم بتوجيه بعض الأسئلة المنتمية إلى الطلاب للكشف عن مدة فهم الطلاب لها، كما يكلف بعض الطلاب للحديث عن جوانب القصة... بحيث يسمح لأكبر عدد من الطلاب للتعبير عن أنفسهم.

5- تصلح الكثير من القصص للتمثيل، وهذه مناسبة للمعلم ليقوم بإشراك أكبر عدد من الطلاب في الاشتراك بإلقاء القصة أو تمثيلها، وتشجيع الطلاب للوقوف أمام الآخرين دون خوف أو ارتباك، وفرصة لتدريبهم على التعبير الحر والشفوي، وهذا يمنح المعلم الفرصة لبعث الحركة والنشاط في الموقف التعليمي والتحرر من الدروس والحصص التقليدية.

2) التعبير الحر

هو حديث التلاميذ بمحض حريتهم واختيارهم عن شيء يدركونه بحواسهم في المنزل أو المدرسة أو الشارع أو الملعب، أو حديثهم عن الأخبار التي يلقيها التلاميذ في الصف كحادثة أو حكاية شاهدها التلميذ، وتعقبه مناقشات يشترك فيها جميع التلاميذ، أو محادثة في صورة أسئلة يوجهها التلاميذ والمعلم إلى التلميذ صاحب الخبر.

وقد يشترك المعلم أحياناً بإلقاء خبر على التلاميذ يرضي به حاجات طفولتهم وميولهم ثم تبدأ المحادثة والمناقشة...

خطوات التعبير الحر

1- التمهيد: يهيء المعلم أذهان التلاميذ وذلك بـربط الموضوع بخبرات التلاميذ، أو يشرح المعلم ما سيقوم به في هذا الدرس.

2- استثارة المعلم للتلاميذ مـن خـلال أسـئلة مختلفـة يطرحهـا عـن بعـض جزيئات الموضوع، بحيث يستثير المعلم خبرات التلاميذ الكامنة والمخزنة لديهم عن الموضوع.

3- يقوم الطلاب بتمثيل وتقليـد دور المعلـم، بطـرح الأسـئلة عـلى زملائهـم وعلى معلمهم.

4- تدريب التلاميذ على إعادة ترتيب حديثهم عن الموضوع بالتسلسل....

3) تدريس الموضوعات المختلفة

أ- في المدرسة الابتدائية:

يقوم المعلم بطرح أسئلة بأشكال مختلفة حول موضوع ما، ليجيـب التلاميـذ عليهـا، وقد يكون موضوع التعبير حول صورة، وقد يكون تدريبـاً عـلى كتابة قصة، أو عن أخبار ونشاطات قام بها التلاميذ.

ب- في المرحلتين الإعدادية والثانوية:

في هذه المرحلة يمر تدريس التعبير بالخطوات الآتية:

1- التمهيد: لإثارة الدافعية لدى الطلاب.

2- تشجيع الطلاب لضمان مشاركتهم جميعاً في التعبير.

3- إن لباقة المعلـم وحسـن تصرفه، والتزامـه باللغـة الفصـيحة، وعباراتـه الواضحة، تترك الأثر الجيد لدى الطلاب لفترات طويلة في حياتهم، وقد يستمر هذا التأثير مدى الحياة، لذا على المعلم أن يكون وباستمرار قدوة حسنة ومرآة صالحة لطلابه.

4- إلقاء مجموعـة مـن الأسـئلة الهادفـة عـلى الطلـاب حـول الموضوع، والاستماع إلى الإجابات، ثم يتحدث التلاميذ الواحد تلو الآخر

في الموضوع المطروح، يناقش المعلم التلاميذ فيما قاله زميلهم، يسجل المعلم الملاحظات وعناصر الموضوع على السبورة، وقد يستنبط المعلم من الطلاب بعض عناصر الموضوع الهامة والمنتمية للموضوع على السبورة، ثم يطلب منهم استخدام هذه العناصر في الحديث والشرح والنقاش...

لقاء مع معلم لغة عربية

ومن أجل الوقوف على كل ما يتعلق " بالتعبير " تخطيطاً وتنفيذاً وتقويماً، التقيت بالمعلم " أسعد خليفة " مدرس اللغة العربية في مدرسة اليرموك الثانوية، لنستفيد من خبراته الطويلة كمعلم لغة عربية قديم، واكب الاستراتيجيات التعليمية التعلمية القديمة والحديثة، ليطلعنا على خبراته وتجاربه المختلفة في هذ المجال مشكوراً.

التقيت بالزميل الكريم الأستاذ " أسعد " في مكتبة مدرسته يوم الأربعاء 2008/5/2، وأجريت معه الحوار التالي:

س: لكل موضوع تعبير عنوان، فما هي أهمية العنوان ؟

ج: إن العنوان هو مفتاح الموضوع، ويدل على محتواه الفكري، وهو إما عنصرـ جذب أو عنصرـ طرد.

س: ما هي ميزات العنوان الجيد ؟

ج: إن مميزات العنوان الجيد هي:

- الوضوح
- الاختصار
- الصحة اللغوية
- قوة الدلالة
- صحة الدلالة

س: ما هي وظيفة المقدمة لأي موضوع تعبير ؟

ج: هي ما يحدد الموضوع ويستدعي بها المعلومات من الذاكرة.

س: ما هي شروط قوة المقدمة في موضوع التعبير ؟

ج: - معرفة مقدار ثقافة السامعين.

- استخدام أسلوب التأثير والجذب.

- الانسجام مع المعنى والأسلوب.

- أن تكون وافية غير مختصرة.

س: ما الفرق بين فقرات المقدمة، وفقرات التلخيص، وفقرات الوصل والربط (التحويل والانتقال)
وفقرات التطوير والتوضيح ؟

ج: إن فقرات التطوير والتوضيح طويلة نسبياً بينما فقرات المقدمة والتلخيص والوصل والربط
قصيرة نوعاً ما.

س: ما هي أهم خصائص الفقرة الواحدة في موضوع التعبير ؟

ج: - التجانس.

- والوحدة.

س: ما نوع الجمل في الفقرة الواحدة ؟

ج: - الجمل الرئيسية.

- الجمل المساعدة.

س: ما هي طرق تعزيز الفقرات في الموضوع الإنشائي ؟

ج: - الأمثلة.

- التفاصيل.

- الحكايات.

- الحقائق والاحصائيات.

- التعداد ـ كلي ـ إلى الجزيئات.

- التعريف.

س: ما هي أساليب طرق الخاتمة ؟

ج: - الاختصار بإعادة الأفكار مرة ثانية.

- بالاقتباس والتضمين.

- التأكيد على بعض الأسباب بإعادة ما يراه مهماً من بينها.

- إنهاء الموضوع بجملة مثبتة مؤكدة مختصرة.

- إنهاء المقالة بجملة استفهامية.

س: ما هي الشروط الواجب توافرها في كتابة الفقرات لدى أي كاتب ؟

ج: - الوضوح.

- التسلسل.

- الانسجام والصلة.

- التطوير والتعزيز.

- الاكتمال.

- الاعتدال.

- الترقيم.

- صحة صياغتها لغوياً ودلالياً.

س: هل ينمي التعبير القاموس اللغوي لدى التلميذ ؟

ج: بالطبع نعم، وينمي كذلك القاموس الدلالي بشكل عام (دلالات شرعية فكرية، اجتماعية...).

س: هل يمكن استخدام آلة التسجيل في الاستماع إلى مواضيع مختارة ؟

ج: نعم، وذلك لأن الأذن هي الوسيلة الأولى للتعلم.

س: هل تعرض على تلاميذك أشرطة مصورة عن حصة تعبير نموذجية، أو لقاء تعبيري، أو تحليل أدبي، حتى يتعلم التلاميذ المقدمات وربط الأفكار وتسلسلها ؟

ج: إذا وجدت هذه الوسائل فهي مهمة، كما أنه إذا وجد مثل ذلك في مديريات المناهج وتقنيات التعلم فلا بأس، والتلفزيون الأردني كان يقوم بهذه المهمة.

س: هل يمكن توظيف التعبير الجيد لدى المبدعين والموهوبين في الإذاعة المدرسية ؟

ج: نعم، بمقدار ما يسمح به وقت الإذاعة وسياسة المدرسة.

س: أستاذ " أسعد "، هل لك أن تطلعنا على كيفية قيامك بالتخطيط لدروس التعبير ؟

ج: 1) في بداية كل عام وقبل دوام الطلبة، أقوم بتحديد وعمل روزنامة خاصة بالمناسبات الدينية والوطنية والقومية، وأوزعها زمانياً على خطتي السنوية والشهرية والأسبوعية، ثم أقوم بالاطلاع على المناهج والكتاب المدرسي، والاطلاع على مواضيع التعبير الواردة في الكتاب المدرسي وأختار بعضها، وأضيف من عندي بعض المواضيع الهادفة مراعياًَ تنوع هذه المواضيع ومناسبتها للظروف.

2) أحدد الأهداف والنتاجات التعليمية المتوخاة من كل موضوع تعبيري مقترح وأحدد القيم والاتجاهات الإيجابية التي أريد أن أغرسها وأؤكدها في نفوس الطلبة من خلال هذه المواضيع.

3) اسغلال المناسبات المختلفة وتضمينها في خطتي السنوية والكتابة حولها مثل: يوم العمال، ويوم الأم، ويوم المعلم، شهر رمضان المبارك، فصل الربيع، فصل الشتاء، الحج، حفلات الزواج والأفراح المختلفة وخطورة إطلاق الأعيرة النارية فيها...

4) استغلال الأحداث السياسية والوطنية الطارئة والمفاجئة... واستغلالها لإثارة المشاعر والحماسة الكامنة في نفوس الطلاب وتوظيفها الوجهة الإيجابية الصحيحة (وظيفياً).

س: هل لك أن تحدثنا عن أساليب وطرائق التعبير الوظيفي ؟

ج: أقوم بتدريس التعبير الوظيفي من خلال اتباع الأساليب التالية:

1) أكلف الطلاب بإحضار نماذج استدعاءات لوظائف مختلفة: (بنوك، شركات، مؤسسات عامة وخاصة...) ونماذج طلب جواز سفر أو هوية

أحوال مدنية، أو دفتر عائلة، ونماذج برقيات، وطلب رخصة قيادة سيارة... وحفظ هذه النماذج في ملف خاص لاستخدامها وتوظيفها في حصص التعبير الوظيفي وتدريب الطلاب عليها.

2) تدريب الطلاب على أسلوب المحادثة بين الناس في المناسبات المختلفة كالأعراس والزفاف والتعزية والمباركة والتحية، كما أخطط لتدريب الطلاب على كيفية كتابة الرسائل والاستدعاءات المختلفة وكتابة الملاحظات والتقارير والمذكرات... وغيرها من الإعلانات والتعليمات التي توجه الناس لأغراض مختلفة.

3) تدريب الطلاب على كتابة إعلانات مختلفة حول المباريات المدرسية ودوري الصفوف في كرة القدم أو كرة السلة، أو رحلة مدرسية، وإعلانات الدعاية الانتخابية لمجلس الطلبة المدرسي والإعلان عنها في الإذاعة المدرسية أو المجلة الثقافية أو الرياضية المدرسية...

س: هل يخلو التعبير الوظيفي من الإبداع ؟

ج: لا، ولكنه يؤدي وظيفة خاصة، ومن هنا جاءت التسمية.

س: هل يمكن أن تحدثنا عن مفهوم التعبير الإبداعي وطرق تدريسه ؟

ج: إن التعبير الإبداعي هو التعبير الذي يكون غرضه التعبير عن الأفكار والمشاعر النفسية ونقلها للآخرين بأسلوب أدبي عالٍ، من أجل التأثير في نفوس القارئين والسامعين، كما أن التعبير الإبداعي يعين الطالب على التعبير عن نفسه ومشاعره وأحاسيسه تعبيراً يعكس ذاته ويبرز شخصيته، لذا ينبغي على المعلم تدريب الطلاب على هذا النوع من التعبير وإعدادهم للمواقف الحياتية المختلفة والتي تتطلب كل نوع من أنواع التعبير المختلفة حتى يتمكن من النجاح في حياته القادمة وتوظيف كل ما تعلمه في المدرسة وظيفياً في بيئته وحياته المستقبلية.

وإنني كمعلم لغة عربية، أختار الوقت المناسب والظروف المواتية زمانياً ومكانياً، في اختيار الطريقة المناسبة لتدريس التعبير الإبداعي والتي لا تخرج عن الطرق التالية:

أ- القصة.

ب- التعبير الحر.

ج- تدريس الموضوعات المختلفة.

س: أستاذ أسعد، أعلم أنه يوجد في مدرستكم مختبر حاسوب كبير، فهل توظف الحاسوب في دروس التعبير، وما هي أساليب ووسائل التكنولوجيا الحديثة التي نستخدمها ؟

ج: نعم، أقوم بتوظيف الحاسوب في تدريس اللغة العربية عامة، والتعبير خاصة، وسأعطيك بعض الأمثلة:

1) أطلب من الطلاب العودة إلى الشبكة العالمية للمعلومات (الانترنت)، والبحث عن سيرة الشهيد (فراس العجلوني) مثلاً، (أو أي شخصية أخرى)، والكتابة عنها، ثم التحدث عنها أمام الزملاء في الصف، وفتح حوار هادف وموجه نحوها...

2) أقوم بتنظيم حوار عن التعليم بواسطة الحاسوب والشبكة العالمية، وأترك الحرية لكل طالب بإبداء رأية بحرية كاملة في تأييده أو رفضه للأفكار المطروحة في الحوار، مع توضيح الأسباب التي تدعم رأيه.

3) قُمْ بزيارة موقع للأردن في الشبكة العالمية للمعلومات، ثم تحدث أمام زملائك في الصف عن الموقع والمعلومات في حدود ثلاث دقائق.

4) عد إلى أحد المراجع أو الشبكة العالمية للمعلومات وابحث فيها عن الحديث القدسي، ثم ناقش زملائك فيما يلي:

* تعريف الحديث القدسي.

* أهم سماته.

* ثم تحدث أمام زملائك في حدود ثلاث دقائق، عن فضل تدارس كتاب الله تعالى وحفظه ؟

س: هل تستخدم استراتيجيات حديثة في تدريس التعبير؟

ج: نعم، إنني استخدم بعض هذه الاستراتيجيات وأهمها:

أ- التعلم بالمجموعات.

ب- الخرائط المفاهيمية.

وإليك بعض الأفكار والمعلومات عن هذه الاستراتيجيات:

أ) التعلم بالمجموعات:

وهو أسلوب جيد، الهدف منه توثيق روابط التعاون والتكاثف بين الطلاب وتعويدهم احترام العمل الجماعي وتحمل المسؤولية الجماعية، واحترام آراء بعضهم البعض في الاختلاف والاتفاق...

ويتم هذا الأسلوب من خلال اتباع الخطوات التالية:

1- فتح باب الحوار والنقاش حول الموضوع الاتفاق على عنوان الموضوع.

2- كتابة عنوان الموضوع على السبورة، وقراءته قراءة صحيحة.

3- توزيع الطلاب إلى مجموعات، والطلب من كل مجموعة أن تتبادل الآراء حول موضوع الدرس وأن تكتب ما تتوصل إليه من أفكار...

4- يقدم مقرر كل مجموعة، ويتحدث عن الموضوع وعن الأفكار التي توصلت إليه مجموعته، بلسان عربي فصيح.

5- يناقش المعلم الطلاب حول الموضوع، باستخدام طريقة العصف الذهني ويتطرق إلى أهم المعاني والأفكار التي أوردها مقررو المجموعات، ويتم تسجيلها على السبورة والاتفاق على أهم عناصر الموضوع المقترحة...

6- يتم تسجيل عناصر الموضوع من خلال تلخيص الأفكار التي طرحها الطلاب ومجموعاتهم.

7- من خلال الحوار مع هذه المجموعات، يتم تحديد الشواهد التي تدعم الأفكار والعناصر الواردة في الموضوع وكتابتها على بطاقة أمام كل مجموعة، مثل:

* شواهد من القرآن الكريم.

* شواهد من الحديث النبوي الشريف.

* شواهد من الشعر العربي.

* شواهد من الحكم والأمثال العربية.

* شواهد من تجارب وخبرات الأمم والشعوب الأخرى.

8- ثم يتم تكليف الطلاب بالكتابة في هـذا الموضوع، في ضـوء الأفكار والمعاني والشـواهد الواردة التي تم تسجيلها على السبورة والبطاقات أو التي دونتها المجموعـات الطلابيـة المختلفة في الصف.

ب) الخرائط المفاهيمية:

المفهوم: هو فكرة مجردة أو صورة ذهنية تتكون أو تتشكل عند المتعلم عند رؤية أو سـماع شيء معين، وهناك سمات أساسية تميز هذا الشيء عن غيره من الأشياء.

مثل: مفهوم الشجرة، الماء، الديمقراطية، العمل، الأم، الجهاد، الصداقة، التلفاز، الحاسوب... إلخ.

ويتم تدريب التعبير من خلال هذه الاستراتيجية الحديثة (الخرائط المفاهيمية) من خلال وضع العنوان الكلي للموضوع ثم البدء بتحليله إلى عناصره وأجزائه المختلفة، إلى أن نصل إلى أبسط وأسـهل الأفكار والعناصر التي توضح الجوانب المختلفة للمفهوم المراد الكتابة به، ثم أكلف الطلاب بالكتابة حول هذه الأفكار وربطها ونسجها كل بطريقته وأسلوبه الخاص حتى يبدو الموضوع مترابطاً متكاملاً.

وسأعطي مثالاً على ذلك من خلال تشكيل خريطة مفاهيمية لأحد هذه المفاهيم التي يمكن أن يلجأ إليها المعلم، تاركاً لحنكة المعلم وإبداعه في إيجاد خرائط مفاهيمية مختلفة للعديد من المواضيع المنتمية والمناسبة لأعمار ومستويات طلابه.

شجرة الزيتون
أهمية شجرة الزيتون
موسم قطف الزيتون
علاقة زيت الزيتون بـ
مسوغات قطف الزيتون في موعد محدد
طرائق قطف الزيتون
ما قيل في الزيتون وزيته
مبكر
متأخر
في موعده
بالهضم
بالدم
بالعظام
في القرآن الكريم
في الحديث الشريف
في الشعر
قديما "يدوي"
حديثاً "آلي"
الدينية
الاجتماعية
البيئية
الغذائية
الدوائية
الصناعية
أهمية مشاركة الطلاب المزارعين في قطف الزيتون
التعاون
الترابط
مشاركة المزارعين أفرحهم بموسم الخير
إبراز دور المدرسة كمؤسسة اجتماعيا
الحفاظ على الأشجار المثمرة ورعايتها

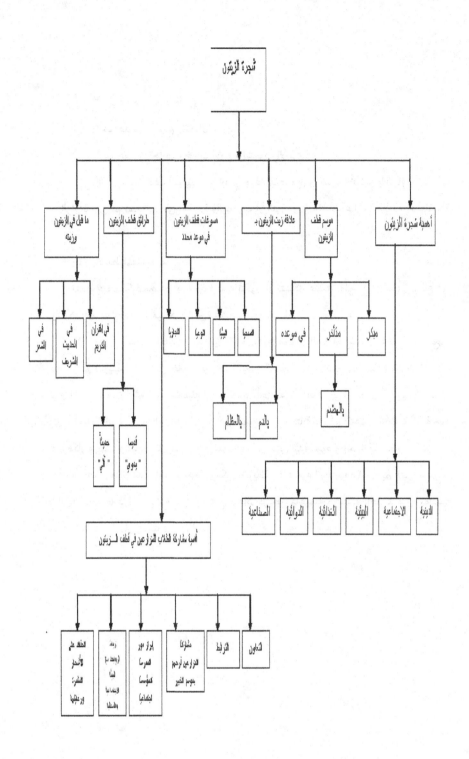

ج: إن الهدف من تصحيح موضوعات التعبير هو تَعَرّف أخطاء الطلاب بهدف مساعدتهم على عدم تكرارها ولتجنبها في المرات القادمة، لذا أقوم بالتركيز في التصحيح على الجوانب التالية:

1. الأفكار والمحتوى.
2. تنظيم الأفكار وتسلسلها.
3. صلة الأفكار بالموضوع.
4. أسلوب الكتابة.
5. طلاقة العبارة.
6. الشواهد: دقتها، التوظيف المناسب للشواهد، توثيق الشواهد، صلة الشواهد بالفكرة.
7. التركيب القواعدي.
8. الإملاء.
9. التنقيط والترقيم.
10. الترتيب والوضوح والخط والنظافة.

س: هل مخالفة الطالب لرأيك الفكري أو السياسي، أي تأثير في تقييم موضوع التعبير للطلاب ؟

ج: لا، إنما أقيس مقدار دفاع الطالب عن فكرته، ولكني أحاول إقناعه بفكرتي إذا تيسر ذلك.

س: ما الأخطاء الشائعة في التعبير لدى طلابك والتي تلاحظها لدى أعمالهم، وما هي أسباب هذا الضعف من وجهة نظرك ؟

ج: إن العديد من طلابنا يعانون من الضعف في التعبير الشفوي والكتابي، حيث لا يستطيع الطالب التحدث بلغة فصيحة لفترة طويلة إلا ويعود للعامية، وإذا كتبوا موضوعاً نجده يزخر بالأخطاء اللغوية والنحوية... كما يميل الطلاب في الكتابة إلى الإجابة المباشرة، وذلك لأن الطالب يعاني من ضعف في الثروة الفكرية

واللغوية وعدم القدرة على ترتيب أفكاره والربط بينها مع الاضطراب في الأسلوب.

س: هل لك أن تزودنا ببعض عناوين المواضيع التي توظفها لدى طلابك، مع بعض الأفكار المنتمية إليها، ليسترشد بها كل من المعلم والطالب ؟

ج: على الرحب والسعة.

1) مواضيع لتنمية الخيال لدى الطلاب:

* تخيل نفسك معزولاً في غابة خالية من الناس، ليس فيها إلا الطيور والحيوانات والأشجار الكثيفة...، أكتب موضوعاً تصف فيه مواجهتك للواقع الجديد.

* أكتب حكاية مما تحفظ، أو من وحي خيالك تدور على ألسنة الطير ؟

2) استغلال المناسبات المختلفة:

* شهر رمضان المبارك

(أكتب موضوعاً في فضل التصدق في سبيل الله كما تراه أنت، مستشهداً ببعض آيات القرآن الكريم والحديث النبوي الشريف).

* يوم العمال

الأفكار: - " إن الله يحب العبد المحترف " حديث شريف.

- " إن الله يحب إذا عمل أحدكم عملاً أن يتقنه " حديث شريف.

- قال عمر بن الخطاب رضي الله عنه: " إني لأرى الرجل فيعجبني، فإذا سألت عنه: أله حرفة؟ قيل لي: لا، سقط من عيني.

- الفراغ يقتل الوقت بلا ثمن.

3) مواضيع مختلفة (ثقافية، علمية، وطنية ...)

* الموضوع: كيف نحرر أرضنا المغتصبة ؟ استعن بالأفكار التالية:

(الوحدة العربية، الايمان الصادق بالله وبرسوله، التسلح بأحدث الأسلحة، استثمار النفط وسائر المعادن والامكانات المتاحة في معركة التحرير، الإعداد الجيد للجهاد ...).

* الموضوع: الرفق بالحيوان: مستعيناً بالأفكار التالية:

(حشرات الأرض، أطعمتها، سقى، مخلوق، حيوان أعجم، يشكو، يتألم، جمعيات الرفق بالحيوان، الطبيب البيطري، الصحة العامة).

* الموضوع: الصداقة: مستعيناً بالعناصر التالية:

(مصادقة الأخيار، الإخلاص عنوان الصداقة، مشاركة الصديق أفراحه وأحزانه، الصفح عن زلة الصديق، الصديق وقت الضيق ...)

قالوا في الصديق:

عَنِ المرءِ لا تَسَلْ وَسَلْ عَنْ قَرينِه : فَكُل قَرينٍ بالمقارنِ يَقْتَدي

فما أكثرَ الإخوان حينَ تعُدهُم : ولكنهم في النائِباتِ قليل

* الموضوع: التلفاز وبرامجه: استعن بالعناصر التالية:

- التلفاز من أهم المخترعات الحديثة المؤثرة في هذا العصر.

- التلفاز جهاز نافع وضار، وذلك بحسب استعماله.

- أوقات مشاهدة التلفاز.

- التلفاز وسيلة تعليمية.

- سلامة استعمال التلفاز كآلة كهربائية.

* الموضوع: رحلة مدرسية قمت بها في ربوع الأردن: مستعيناً بالعناصر التالية:

- المدرسة التي انطلقت منها الرحلة المدرسية.

- وصف الطريق التي مرت بها الرحلة المدرسية، وأهم المعالم الأثرية والسياحية والدينية التي مررت بها.

- وصف الأمكنة التي توقفت عندها الرحلة.

- وصف مشاعرك ومشاهداتك في أثناء الرحلة.

- فائدة الرحلات المدرسية في نظرك.

* الموضوع: زيارة المرضى وآدابها:

أكتب عن زيارتك لأحد زملائك أو أقاربك في المستشفى مستعيناً بالأفكار التالية:

- زيارة المريض واجب اجتماعي وديني وانساني.

- اختيار الوقت المناسب للزيارة.

- مراعاة حالة المريض وأهله.

- التخفيف من الحديث والحرص على راحة المريض.

- التقيد بتعليمات المستشفى والطبيب المعالج.

- رفع معنويات المريض واشعاره بتحسن حالته وتشجيعه على الصبر والاحتمال.

- عدم اصطحاب الأطفال عند الزيارة.

- تخفيف الوقت الذي نقضيه عند الزيارة.

4) استخدام وسائل التكنولوجيا الحديثة في التعبير

* عد إلى أحد مواقع الشبكة الالكترونية واكتب صفحة واحدة عن حياة الشاعر (زهير بن أبي سلمى).

* " بعد ظهور الشبكة العالمية للمعلومات بمدة وجيزة، ظهر ما يعرف بـ (لصوص الشبكة العالمية للمعلومات) ".

عد إلى الشبكة العالمية للمعلومات واكتب موضوعاً تبين فيه ما يلي:

1. التعريف بلصوص الشبكة العالمية للمعلومات.

2. أهم السرقات التي يقومون بها.

3. وسائلهم وأساليبهم.

4. كيف يمكننا اكتشافهم.

5. كيفية مواجهتهم.

* من خلال برنامج تحرير الصور، ومن خلال الشبكة الالكترونية للمعلومات، قم برسم لوحة لقبة الصخرة المشرفة، واكتب صفحة واحدة عن تاريخها.

* عد إلى أحد المواقع الالكترونية واقرأ عن حرق مسجد الأقصى المبارك عام 1969، ثـم اكتب بلغة فصيحة ما قرأته، ثم اعرضه على زملائك.

* من برنـامج " العـروض التقديميـة " في الحاسـوب، ادرج صـوراً تعـبر عـن المقاومـة والإرادة والعزم، واكتب تعليقاً مناسباً تحت كل منها.

وفي نهاية هذا الحوار شكرت المعلم على سعة صدره وعـلى تجاوبـه المخلـص، وعـلى المعلومـات القيمة التي زودنا بها راجين المولى عزّ وجلّ أن يجعلها في ميزان حسناته.

المراجع

أساليب تدريب التعبير

1. د. أحمد عبد القادر، 1985، طرق تعليم التعبير، القاهرة: مكتبة النهضة المصرية.

2. د. البرازي، مجد الباكير، 1989، التعبير الوظيفي، عمان: مكتبة الرسالة الحديثة.

3. حسن شحادة، 1993، تعليم اللغة العربية بين النظرية والتطبيق، القاهرة: الـدار المصريـة اللبنانية.

4. د. الهاشمي، السيد أحمد، جواهر الأدب، بيروت: منشورات مؤسسة المعارف.

5. أ.د. عصفور، محمد – جرار، صلاح، 1999، مهارات الاتصال باللغة العربيـة، عـمان: مطبعـة الجامعة الأردنية.

6. د. عبد العليم، إبراهيم، 1973، الموجه الفني المدرسي اللغة العربية، مصر: دار المعارف.

7. د. عبد القادر، أبو شريفة، 2000، منهج جديد في الكتابة والتعبير، عمان: دار حنين للنشر.

8. د. رسمي، علي عابد، 2003، الكتابة الوظيفية التطبيقية، عمان: دار وائل للنشر.

9. د. عاشور، راتب، 2003، أساليب تدريس اللغة العربية، عمان: دار المسيرة للطباعة والنشر.

الفصل الثالث

اساليب وطرق تدريس الإملاء

- المهارات الإملائية

- أنواع الإملاء المناسب لطلاب المرحلة الابتدائية

- شروط اختيار القطع الإملائية

- طرق تصحيح الإملاء

- أسباب الخطأ الإملائي

اساليب وطرق تدريس الإملاء

أساليب وطرق تدريس الإملاء

يعتبر الإملاء فرعاً من فروع اللغة العربية الهامة، لأنه من الأسس المهمة للتعبير الكتابي ويعتبر الخطأ الإملائي مشوهاً للكتابة ويعيق فهم الجملة، فإذا كانت القواعد النحوية وسيلة لتقويم القلم واللسان من الاعوجاج والزلل، فإن القواعد الإملائية وسيلة لتقويم القلم وصحة الكتابة من الخطأ.

وحتى يتمكن القارئ من فهم المكتوب لا بد أن تكون الكتابة صحيحة وخالية من الأخطاء النحوية والإملائية على حدٍ سواء.

وكلمة " إملاء " مشتقة من كلمة " أملى "، وهي تدريب الأطفال لإقدارهم على رسم الكلمات والحروف رسماً صحيحاً، بحيث يصبح لديهم مهارات يمتلكون بها القدرة على الكتابة الصحيحة، ولتمكين الأطفال كذلك من الكتابة الواضحة المنظمة على السطر، محتفظين بنظافة كراساتهم ومراعين الجلسة الصحيحة والبعد المطلوب بين عين الطفل وكراسته التي يكتب عليها.

ويعرف الإملاء بأنه (الرسم الصحيح للكلمات، وتحويل الأصوات المسموعة المفهومة إلى رموز مكتوبة، على أن توضع هذه الحروف في مواضعها الصحيحة من الكلمة، وذلك لاستقامة اللفظ وظهور المعنى المراد).

كما أن الإملاء يتطلب مهارة في الإصغاء إلى المضمون ومخارج الحروف ومعرفة المسار اللغوي الذي سار عليه أجدادنا.

أهمية الإملاء

على المعلم أن يدرك أن اكتساب الطالب للقدرة على الكتابة الإملائية الصحيحة لا يتم دفعة واحدة، وإنما يأتي بالتدريج والصبر والمتابعة المستمرة عن طريق الكلام والتحدث والإصغاء والقراءة، لذا فمن الضروري التنسيق بين منهج الإملاء وكل ما يعمل على اكتساب المهارات اللغوية في فنون اللغة الأخرى وقبل الانتقال لتزويد الطالب بمهارات الكتابة عليه أن يتقن المهارات السابقة الضرورية حتى يتمكن من الانتقال بسهولة إلى هذه المرحلة من تعليم اللغة، لذا على الطالب أن يدرك أولاً الكلمة وفهم معناها وتمييز أصواتها وتهجئتها والتعرف على

عناصرها وأجزائها، وكذلك تمييز العلاقات التي توجد بين أجزاء الكلمة الرئيسية والمسموعة، وكذلك تدريب الطلاب على عدم انتقال النظر أثناء القراءة، والذي يؤدي بالطالب إلى الخلط بين الحروف المتشابهة فيزيد أو يحذف بعضها...

كما تعتبر الكتابة وسيلة هامة من وسائل الاتصال، والتي بواسطتها يمكن للطالب أن يعبر عن أفكاره وأن يقف على أفكار غيره، وأن يظهر ما لديه من مشاعر وأحاسيس ومفاهيم، وبواسطتها يستطيع أن يسجل ما يود تسجيله من أحداث ووقائع ومذكرات. وكثيراً ما يكون الخطأ الكتابي في الإملاء سبباً في قلب المعنى وعدم وضوح أو غموض الفكرة.

* وحتى ينجح المعلم في تحقيق أهدافه في هذا المجال عليه الاهتمام بتدريب طلابه والعناية بالأمور التالية:

1) تدريب الطلاب على الكتابة الصحيحة إملائياً.

2) تعويد الطلاب على الكتابة بخط جميل ومقروء.

3) تدريبهم واكسابهم المقدرة على التعبير عما لديهم من أفكار بوضوح ودقة شفهياً وكتابياً.

أي لا بد أن يكون الطالب قادراً على رسم الحروف رسماً صحيحاً وأن يكون قادراً على كتابة الكلمات بالطريقة التي اتفق عليها أهل اللغة، وأن يكون قادراً على اختيار الكلمات المناسبة ووضعها في نظام خاص، وإلا استحال فهم المعاني والأفكار التي تشتمل عليها.

وتعود أهمية الإملاء إلى مجموعة من الفوائد أهمها:

1) تعود الطلاب على دقة الملاحظة.

2) تعود الطلاب على حسن الاستماع والانتباه.

3) تعود الطلاب على مراعاة النظافة والترتيب والنظام.

4) يغني حصيلة الطلاب اللغوية من خلال المفردات الجديدة والأنماط اللغوية المختلفة المستعملة.

فوائد الإملاء

مما سبق نستنتج أن الغاية من تدريس الإملاء هي تحقيق القدرة لدى الطلاب على كتابة مايريدون كتابته في المواقف الطبيعية كتابة صحيحة خاضعة للقوانين المعروفة للكتابة في اللغة التي تدرس داخل المدرسة وخارجها. لذا فإن فوائد وإيجابيات الإملاء على الطلاب يمكن حصرها فيما يلي:

1) تكسب الطالب سرعة البديهة والانتباه إلى ما يقال.

2) الاحتفاظ بما يسمع فترة من الوقت في الذاكرة.

3) تكسبه السرعة في الكتابة لمتابعة كل ما يسمع أو يقال.

وعلى المعلم أن يدرك أن السرعة في الكتابة شيء، والقدرة على الكتابة دون أخطاء شيء آخر، وأن الطالب لا يكتب كما يسمع، لأن هناك أحرف تلفظ ولا تكتب، وأخرى تكتب ولا تلفظ مثل:

عدْتُ، ذهبوا، الرّجل، السّماء، هذا، هذه، لكن، اطّلع...

لذا فإن الطالب القادر على التمييز بين الكلمات والعبارات المتماثلة لفظاً، المختلفة كتابةً، يعتمد على مصدر آخر غير صوت المعلم، يستمد منها قدرته على التمييز، فما يسمعه الطالب إذاً لا يعدو سوى استدعاء الصور المكتوبة للكلمات والصور التي اختزنها الطالب في ذاكرته نتيجة مشاهدتها، وربما نتيجة نسخها...

لذا فمن الأفضل أن يتم تدريب الطلاب على الكتابة الصحيحة في مواقف شبيهة بالمواقف الطبيعية، فيخلو تدريس الإملاء من السلبيات ويكون أكثر إقناعاً وتشويقاً، وأشد التصاقاً بجوانب اللغة الأخرى.

أهداف تدريس الإملاء

1- تدريب الطلاب على رسم الكلمات والحروف رسماً صحيحاً مطابقاً للأصول التي تضبط نظم الكتابة حروفاً وكلمات.

2- رسم الكلمات بخط مقروء وواضح، ويشمل ذلك أحوال الحروف وأشكالها وحركاتها ووضع النقاط عليها.

3- الإملاء وسيلة لتنمية دقة الملاحظة والانتباه واليقظة، وتعويد الطـلاب عـلى النظافـة والترتيب والوضوح، مما ينمي في الطالب التذوق الجمالي.

4- تحقيق الجانب الوظيفي للغة وهي الفهم والإفهام بما تحتويه قطعة الإملاء من معرفة وخبرة وثقافة.

5- تدريب الطلاب على استخدام علامات الترقيم استخداماً صحيحاً.

6- تنمية المهارات الكتابية لدى الطلاب من خلال تعويدهم السرعة في كتابة مـا يسـمعونه مع مراعاة الدقة والوضوح والترتيب في الكتابة.

7- تنمية دقة الملاحظة والانتباه واليقظة، وتدريب حاستي السـمع والبصر ـ تـدريباً يسـاعد على تمييز مقاطع الكلمات والحروف وأشكالها وحركاتها، وتـدريب اليـد وعضـلاتها عـلى الحركات الدقيقة المتناسقة والمتوافقة مع الجهاز العصبي.

8- تنمية الثروة اللغوية عند الطالب وتوسيع خبراته وتنويعها.

9- قياس قدرة الطـلاب عـلى الكتابـة الصـحيحة والمنظمـة، ومـدى تقـدمهم فيهـا ومعرفـة مستواهم الإملائي لوضع الوسائل العلاجية المناسبة في الوقت المناسب.

10- إثراء ثروة الطالب المعرفية على أنواعها من خلال تزويده بالنصوص الإملائية المختلفـة والهادفة والمخططة.

المهارات الإملائية

المهارات الإملائية، هي مهارات تتصل برسـم الكلام العـربي، ذلـك لأن اللغـة في أصـلها منطوقـة مسموعة، أما الكتابة فهي تابعة لا أصيلة، أي أن الكتابة قد نشأت بعد نشأة اللغة بفترة لا نـدري مـداها الحقيقي، وعلينا أن ندرك على أن تكون الكتابة معبرة تماماً عن الكلام الذي نريد قوله، وذلك لأن المشافهة غالباً ما يصحبها دلالات مثل: ملامح الوجه، حركة الجسم، لغة العيون، وتنغيم الكلام بما يـدل عـلى المـراد منه، أما الكتابة فهي خالية من هذه الدلالات إلا ما كان من

علامات الترقيم التي تدل على الموقف، وعلى طريقة تنغيم الكلام أحياناً مثل: التعجب والاستفهام والتقرير...

ومثلما تتعدد صور بعض الأصوات العربية في النطق أحياناً بحسب الأصوات التي قبلها أو بعدها، فإن صور الحروف العربية تتعدد تبعاً لمكان الحروف من الكلمة، وأمور أخرى تظهر في سياق كلامنا على المهارات الإملائية.

وقبل الخوض في هذه المهارات ينبغي لنا التذكير بأن الحروف العربية تنقسم إلى عدة أقسام باعتبارات عدة هي:

1- باعتبار اتصالها بما بعدها في الرسم: وتنقسم إلى قسمين:

أ) الحروف المنفصلة: وهي الحروف التي لا تتصل بما بعدها أبداً في الرسم، وهي (ا، د، ذ، ر، ز، و)، والهمزة حين ترسم على ألف أو واو وحين تكون منفردة " ء ".

ب) الحروف المتصلة: وهي الحروف التي ترسم متصلة بما بعدها، وهي سائر الحروف العربية باستثناء ما تقدم، والهمزة حين تكون على نبرة " ئـ ".

2- باعتبار نطق لام التعريف معها، وتنقسم غلى قسمين هما:

أ) الحروف الشمسية: وهي التي لا تنطق معها لام التعريف، مثل حرف الشين في كلمة (الشّمس)، وسائر الحروف المماثلة له.

ب) الحروف القمرية: وهي التي تنطق معها اللام، مثل حرم اللام في كلمة (القمر).

3- باعتبار ثباتها أو تغيرها، وتنقسم إلى قسمين:

أ) حروف العِلّة: وهي تلك الحروف التي يطرأ عليها تغيرات في الكلام، فتتبدل وتحذف، وهي الحروف (الألف، الواو، الياء).

وتشترك معها الهمزة في هذه الصفة.

وهذه الحروف إذا طرأ عليها تغيير فإنه يصيبها رَسْماً ونُطْقاً. مثلاً: (قول: قال، سماوْ: سماء، سَيْوِد: سَيِّد، خميرة: خمائر).

غير أن بعضها قد يظل واحداً في نطقه وإن تغير رسمه (مثل الهمزة والألف المقصورة).

ب) الحروف الصحيحة: وهي الحروف التي تظل على حالها بلا تغيير (إلا نادراً)، وتشمل بقية الحروف سوى ما تقدم من حروف العلة، والتغيير إذا طرأ على هذه الحروف فإنه يصيبها نطقاً لا رسماً (مثل مُسَيْطِر)، غير أن بعضها يتغير رسمه وإن ظل واحداً في نطقه (مثل الهاء في آخر الكلمة، والتاء في آخر الكلمة: بين مربوطة أو مبسوطة).

مهارات الفَصْلِ والوَصْلِ

من المعروف أن الكلام يتصل صوتياً في أثناء الحديث حتى لا يمكن الفصل بين أجزائه أحياناً إلا بالوقف، لكنه في الكتابة يكون مفصولاً عما قبله أو موصولاً به، لذ فإن معرفة أماكن الوصل والفصل تقتضي منا التنبه إلى طبيعة الكلمة السابقة، وتنحصر قواعد الفصل والوصل في ما يلي:

1- الحروف السابقة المفردة تصبح جزءاً من الكلمة التالية في الرسم، أي أنها لا تفصل عنها بترك مسافة، مثل:

* في العطف (الواو والفاء): واسْتَطاعا، فَأَنْتَ.

* حروف الجر (الباء، الكاف واللام): بِنَفْسِهِ، كَأَخيهِ، لِوَطَنِهِ.

* لام التعليل: لِيَكُونَ قادراً...، ولام الابتداء: للآخرة خير...

* حروف القَسَمْ: (الواو، التاء والباء): و اللـهِ، تاللهِ، باللهِ عليك.

* لام التعريف (ألْ): وهي لام وإن كانت ترسم معها الألف، فرسم الألف (همزةِ الوَصْلِ) معها إنما هو لمنع البدء بساكن (لَبَيْتُ: اَلْبَيْتُ).

لكن هذه الحروف لا تعد جزءاً من الكلمة حقيقة في قواعد رسم الهمزة والألف المقصورة فهي لا تحسب ضمن حروف الكلمة.

2- الحروف السابقة التي تزيد عن حرف واحد ترسم منفصلة وحدها، مثل: قَدْ، إنَّ، لِكَيْ، لئِلاّ، لكِنْ، بَلْ...، إلا ما كان مثل: مِمّ تخافُ ؟ وعَمَّن تَسْأَلُ ؟ فهذه مركبة مِنْ: مِنْ ما، عَنْ مَنْ، ولعل الإدغام هو الذي أوجب وصلها.

3- ما يُرَكّبُ مِنْ (مِئَة – مائَة) مع الأعداد:

مثل: ثلاثُ مائة، ثلاثمائة، ثلاث مئة، ثلاثمئة، فهذه الوجوه كلها صحيحة بالفصل والوصل، لكن ما يركب معها من الكسور لا يكون إلا مفصولاً مثل: رُبْعَ مائة، رُبْع مِئة.

4- الاسم المركب تركيباً مزجياً يكون موصولاً:

مثل: (بعلبك، حضرموت، معديكرب)، إلا الأعداد من أحد عشر إلى تسعة عشر فتظل مفصولة.

5- الظروف المضافة إلى (إذٍ) المنونة تكون موصولة بها:

مثل: (يومئذٍ، حينئذٍ، ساعتئذٍ).

أما (إذْ) غير المنونة فيفصل عنها الظرف، مثل: سأكون كما تُريدُ حين إذْ تكونُ كما أريد.

6- كلمة (حَبَّ) مع (ذا) الإشارية، تكون موصولة في أسلوبي المدح والذم.

مثل: حبَّذا أنت من صديقٍ، لا حبَّذا رؤياك في مثل هذا اليوم.

7- (ما) حين تكون ظرفية أو زائدة، توصل بما يسبقها من الحروف والظروف والنواسخ.

مثل: إنَّما، لَيْتَما، كأنما، بئسما، فيما، طالما، كيفما، بينما، من غيرها،...) أما إذا كانت إسماً موصولاً فلا تتصل.

مثل: - إنَّ بَيْنَ ما تُريدُه وما أُرِيدُهُ فَارقاً كَبيراً.

- كأنَّ ما قاله سامي يوحي بأنه سيغادر المجموعة قريباً.

8- اللواحِقُ التي تلحق الكلمة كلها تكون متصلة في الرسم بها، مثل:

تاء التأنيث (كَتَبَتْ).

ضمائر الفاعل المتصلة (كَتَبا، كَتَبُوا، كَتَبْتُ، كَتَبْنا، كَتَبْنَ...).

نون التوكيد خفيفة أو ثقيلة: (لأَفْعَلَنَّ كذا، لأَفْعَلَنْ).

9- توصل (أَنْ) ناصبة الفعل المضارع بلا النافية وتحذف نونها (ينبغي ألا تفعل)، وإذا سبقت باللام كتبت كلها موصولة (لا تَفْعَلْ لئلا يَحْدُث...).

10- توصل (إنْ) الشّرطِيّة بلا النافية وتحذف نونها (وإلاّ فلا).

11- يجوز في اتصال (كي) بلا النافية فصلها ووصلها (كَيْلا، كَيْ لا)، وكذلك إذا اتصلت اللام بِكَيْ (لِكَيْلا، لِكَيْ لا).

12- توصل الحروف والظروف مع الضمائر مطلقاً، مثل (إلَيْه، عَلَيْكُما، إنَّهُنَّ، بَيْنَهُما، لَكَ...).

13- لا تُحْذَف هَمزة الوَصْلِ حين يَدْخُلُ عليها أيٌّ مِنْ الحُروفِ المذكورة، سوى في حالات نُحَدِدُها في قواعِدِ كِتَابَةِ الهَمْزة، فلا يجوز مثلاً كتابة: (بالدُّجَى) هكذا: (بِدُّجَى) أو كتابة: (بِالكِتَابِ) هكذا: (بِلْكِتابِ).

المقابلة بين النطق والكلمات

علمنا مما سبق أن الرسم الإملائي – أو الكتابة – مهارة لاحقة في النشأة لمهارات الحديث والاستماع،، وبالتالي القراءة أيضاً، كما نلاحظ أحياناً بأن الصورة الكتابية للكلام تختلف عن صورته النطقية بزيادة حروف في الكتابة لا تنطق، أو بإسقاط حروف منطوقة من الكتابة.

ويمكن القول بأن اللغة العربية من أكثر اللغات في العالم تقارباً بين الصورة الكتابية والصورة النطقية، ذلك لأن عدداً محصوراً من الحروف فيها تكتب ولا تنطق، أو تنطق ولا تكتب، لا سيما الألف. مثل:

1- حذف حروف منطوقة: مثل:

* الألف في بعض أسماء الإشارة مثل: هذا، هذه، ذلك، هؤلاء، أولئك.

* الألف في مثل: لكِنْ، لكِنَّ.

* حذف الألف من اسم الجلالة (الـلـه)، (الرحمن).

* حذف الواو جوازاً في كل كلمة اجتمعت فيها واوان متواليان أولاهما مضمومة، مثل: داود، طاوس، غير أنها لا تحذف إن كانت الكلمة تلتبس بغيرها في مثل (ذوو) جمع (ذو) بمعنى صاحب، أو إذا كانت الواوان أصلاً مفصولتين بحروف محذوف كالياء في مثل: يَسْتَوُونَ، الراوُون، فهما في الأصل: يَسْتَوِيُونَ، الرَّاوِيُونَ.

2- كتابة حروف غير منطوقة: مثل:

* الواو الزائدة في اسم (عَمْرو) لتفريقه عن اسم (عُمَر)، ولهذا فهي تحذف حينما ينصب، فيصبح (عَمْراً)، وكذلك الواو في مثل: (أولئِك، أُولُو الفَضْلِ، أولاتِ).

* الألف التي تزاد على الأسماء المنصوبة – المصروفة – في حالة التنوين، مثل: (أدّيْتُ امتحاناً جيداً)، وهذه الألف لا تزاد إذا كان الاسم:

- منتهياً بهمزة تسبقها ألف، في مثل: سَمِعْت أنباءً.

- أو بهمزة مرسومة على ألف، في مثل: بَثَّتْ وَكالةُ ناسا نبأً.

- أو بألف مقصورة، في مثل: ألقيت عصا، وأويت فتىً.

- ممنوعاً من الصرف، لأنه لا ينون أصلاً.

- ومنها الألف الفارقة – أو ألف الفصل – وهي التي تزاد وراء واو الجماعة – لا الجمع ولا الأصلية – في أفعال:

* الماضي المسندة لواو الجماعة، في مثل: شَرِبوا ولَعِبوا.

* الأمر المسندة لواو الجماعة، في مثل: وَكُلُوا واشْرَبُوا.

* المضارع المسند لواو الجماعة منصوباً ومجزوماً، في مثل: ولا تَنازعُوا فَتَفْشَلوا.

- ومنها الألف التي تزاد في كلمة (مِئَة) لتصبح (مائة).

3- **اللام المشددة واللامان:** انظر وضع اللام في الكلمات التالية:

- الّذِي، الّذِينَ، الْلَذَانِ، الْلَذَيْنِ.

- الّتِي، الْلَتانِ، الْلاتِي، الْلواتِي.

تلاحظ أن لام التعريف تكون مدغمة في لام الاسم الموصول في حالة المفرد والجمع للمذكر، وفي حالة المفرد للمؤنث، في حين تكون غير مدغمة في سواهما.

ولو أننا أدخلنا لام الجر على الأسماء التي فيها لامان مدغمتان أوغير مدغمتان لرأينا ما يلي:

* تظل الأسماء التي فيها لامان مدغمتان (لام مُشَدَّدة) كما هي، وتسقط منها همزة الوصل من الكتابة كما أسقطت من النطق، في مثل:

(قُلْ لِلَّذي بِصُرُوفِ الدّهْرِ عَيَّرَنا، إنَّ لِلّذين آمَنُوا...)

* تحذف همزة الوصل واللام الأولى من الأسماء التي فيها لامان غير مدغمتين، وتضاف لام الجر، في مثل:

(لله دَرُّك !، قُلْ لِلَّذيْنِ زارانا أَمْسِ...)

التاء المبسوطة والمربوطة والهاء

لعلك تلاحظ أن مثل كلمة (استشارة) يمكن أن تُقرأ بوجوه منها:

(استِشَارةٌ) الاسم، ومنها (استشارهُ) الفعل والضمير، ولهذا عادة ما يكون التمييز بينهما بالنطق، أما التمييز بينهما بقراءة المكتوب من غير ضبط فأمر صعب أحياناً، إلا أن يعيننا سياق الكلام على المقصود بالكلمة، مثل:

* صادفته مشكلة صعبة، فتوجه إلى محاميه واستشارهُ في حلها.

* لقد دفع سمير ثمن استشارة محاميه مبلغاً كبيراً.

وفي بعض الأحيان يلتبس علينا الأمر بين كتابة التاء مبسوطة (ت) أو مربوطة (ة)، فهل نكتب جمع (قاضٍ) هكذا: قضاة، أم هكذا: قضات ؟؟.

لذا لا بد لنا من طريقة للتمييز بين هذه الأشكال، ذلك لأن التـاء المربوطـة تنطـق هـاءً في حالـة الوقف عليها، وهذه الطريقة تتمثل في القيام بما يلي:

التمييز بين التاء مربوطة أو مبسوطة من جهة والضمير من جهة أخرى:

نحرك الحرف الذي نشك فيه بأي حركة شئنا، فإن نطقناه تاءً فهو تاءٌ، وإلا فهـو هـاء، وهنا ننتبه إلى أن الهاء لا تعجم (لا توضع فوقها نقطتان).

للتمييز بين التاء المبسوطة والتـاء المربوطـة: نقـف عـلى الحـرف المشـكوك فيـه، فـإن نطقناه، فإن نطقناه هاءً، فهو تاءٌ مربوطة (ة، ـة)، وإلا فهو تاء مبسوطة (ت، ـت).

انظر إلى الأمثلة التالية:

في كلمة (كتابُهُ) ظهر لنا بالتحريك أن الحرف هو الهاء، وليس تاءً.

وفي كلمة (شجرة) ظهر لنا بالوقف أن التاء مربوطة لا مبسوطة.

وفي كلمة (بناة) ظهر لنا أن التاء مربوطة لا مبسوطة.

وفي كلمة (كلمات) ظهر لنا بالوقف أن التاء مبسوطة لا مربوطة، أما ما نسمعه في اللهجة الشامية واللبنانية في مثل: (حَياةْ) فهو من آثار اللهجة فقط.

الألف المقصورة

وهي الألف التي تنتهي بها الأسماء والأفعـال والحـروف، في مثـل (سـها، ربـا، هـوى، مصـطفى، نوايا) وتكون مقصورة في النطق قبالة الممدودة التي تليها همزة في نهاية الكلمة، في مثل: (سمراء، دعـاء، سماء).

وهذه الألف لها شكلان كتابيان هما (القائمة – الواوية: ا)، و (النائمة – اليائية: ى).

وقاعدة كتابتها الأولى تعتمد على عدد حروف الكلمة التي تنتهي بألف مقصورة ويعتبر هنا حالتان هما:

إذا كان الاسم أو الفعل ثلاثياً، فإن الألف تكتب بحسب أصلها، فإن كانت في الأصل واواً كتبت واوية (دَعا: يَدْعو: دَعْوَةً)، وإن كانت ياء في الأصل كتبت يائية (رَمى: يَرْمي: رَمْياً).

إذا كان الاسم أو الفعل رباعياً أو يزيد، فإنها تكتب يائية (منتهى)، إلا إذا سُبِقَتْ بياء، فتكتب حينئذ واوية (زوايا).

إذا كان الفعل يلتبس بالاسم فرق بينهما بالمخالفة، مثل: (سُمَيَّة، يَحْيى، لِيَحْيا).

بعض الكلمات لها أصلان: واوي ويائي، فالمثل المشهور: (العصا لمن عصى) كتبت الأولى فيه هكذا لأنها من الفعل (عصا: يَعْصو)، أما الآخر فهو من (عصى: يَعْصي).

وينبغي لمن يَعُدُّ الحروف أن يَتَنَبَّهَ إلى أمرين أساسيين هما:

كل الحروف التي تلتصق بالكلمات من أولها لا تعد جزءاً منها، مثل: لام التعريف، وحروف الجر وحروف العطف وغيرها، فكلمة (رِبا) في قولنا: (لا تتعامل بالربا) تظل ثلاثية، لأن الباء الجارة ولام التعريف والراء التي زيدت للتشديد لأنها من الحروف الشمسية، كلها زائدة.

يحسب الحرف المشدد حرفين في سوى ذلك، فمثلاً كلمة (سَوَّى) رباعية، لا ثلاثية وأصلها هكذا: (سّووْىَ).

كتابة الهمزة

إذا كانت كتابة الألف المقصورة تعتمد أصلاً على عدد حروف الكلمة، فإن القاعدة الأساسية في كتابة الهمزة هي موقعها من الكلمة، ولا تخرج عن أن تكون في أحد مواقع ثلاثة هي:

1) أول الكلمـة (وهنـا نتـذكر أن السـوابق الحرفيـة لا تعـد مـن ضـمن حروفها).

2) وسط الكلمة، أي أن تكون أي حرف منها سوى الأول والأخير.

3) آخر الكلمة، بحيث لا يأتي بعدها أي حرف آخر.

الهمزة في أول الكلمة

تكون الهمزة في أول الكلمة همـزة وصـل أو همـزة قطـع، وأسـلم طريقـة للتفريـق بيـنهما هـي النطق، وقد سميت الأولى وصلاً لأن الكلام قبلها يتصل مباشرة بالحرف الذي يليها، وقد كنا نخطيء ونحن صغار فلا نرسم الهمزة في مثل: (فِي البَيْتِ)، فنرسمها هكذا (فِلْبَيْتِ).

في حين سميت الأخرى قطعا لأنها تقطع الكلام قبلها عن الاتصال بالحرف الذي يليها مثـل: (أَمَّا أَنْتَ)، ولو كانت وصلاً لكانت في النطق مثل: (أَمَّنْتَ).

ولأن همزة الوصل في أول الكلام تنطق همزة قطع (تحاشـياً للنطـق بالسـاكن كـما تقـدم)، فـإن معيار التفريق بينهما يكون: القدرة على حذف الهمزة مـن النطـق بـدون اخـتلاف معنـى الكلمـة، ولهـذا الغرض نزيد قبلها حرف العطف الواو:

فإن حُذِفَتْ وَلَمْ يَتَغيَّر، فَهِي وَصْل تُثْبَت هكذا (ا) بدونِ شيءٍ مَعَها.

وإلا فهي قَطْع تُكْتَب فوق الألف إن كانت مفتوحة أو مضـمومة (أَعْطـى، أُعْطِـي)، وتحتها إن كانت مكسورة (إِعْطاء).

وينبغي التنبه إلى أن همزة الوصل لا تنطق أصلاً في درج الكلام، كما أنهاتحذف أحياناً مثل:

* همزة (ابن) إذا وقعت نعتاً بين علمين، في مثل: (سيف بن ذي يزن، خالد بن الوليـد، عـلي بن أبي طالب...) وتثبت إذا وقعت في أول السطر، مثل: (ابن الوليد، ابن أبي طالب).

* همزة (ابن وابنة) إذا وقعت بعد ياء النداء وتحذف جوازاً في مثل: (يا بن أخي، يا بنة أختي).

* همزة (اسم) في البسملة كاملة: (بسم اللـهِ الرّحمن الرّحيم).

* همزة (ابن، ابنة، اسم) حين تسبقها همزة الاستفهام في مثل: (أَبْنُكَ هذا ؟، أَبْنَتُكَ مريم ؟ أَسْمُ أَخِيكَ زَيْدٌ ؟).

الهمزة في وسط الكلمة

وقاعدتها في هذا الموقع أن تكتب بحسب أقوى الحركتين: حركتها وحركة الحرف قبلها، وترتب الحركات قوة وضعفا، والأشكال التي توافقها كما يلي:

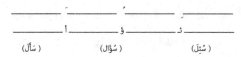

ـِ	ـُ	ـَ
ئـ	ؤ	أ
(سُئِلَ)	(سُؤَال)	(سَأَلَ)

ومن الطبيعي أن يكون أحد الحرفين: (الهمزة وما قبلها) متحركاً، فلا يلتقي ساكنان في الكلمة إلا نادراً، في مثل قوله تعالى: (أَتُحَاجُّونِّي في اللـهِ وَقَدْ هَدانِ).

ولهذه القاعدة استثناء حسب حينما تكون الفتحة أقوى الحركتين، أو حينما تكون الحركتان فتحتين معاً، وهي حالة توجب كتابة الهمزة على ألفٍ.

وهنا نلاحظ ما يلي:

* فإن سبقت الهمزة ألف رسمت على السطر منفردة في مثل: (سَـاْءَ لَـهُ) وكذلك إذا سبقت بواو ساكنة، في مثل: (مُرُوءَة، سَمَوْءَل).

* أمّ إنْ سُبِقَتْ بياءٍ ساكِنةٍ، فإن الهَمْزَة تُرْسَم على نَبرةٍ، في مثل: (بَرِيئَة، هَيْئَةَ).

الهمزة في آخر الكلمة

وقاعدتها في هذا الموقع أن تكتب بحسب حركة الحرف الذي يسبقها، ولا علاقة لنا بحركتها هي مهما تكن، وتكون كتابتها بحسب الأشكال التالية:

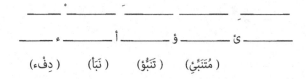

ـِ	ـُ	ـَ	ـْ
ئ	ؤ	أ	ء
(مُتَنَبِّئِ)	(تَنَبُّؤ)	(نَبَأ)	(دِفْء)

همزة آخر الكلمة حين تلحقها لواحق

وفي هذه الحالة تعامل الهمزة معاملة الموقع الثاني (في وسط الكلمة)، فكلمة (تَنبُّؤ) حين يضاف الضمير (ـها) وتُجَرُّ، تصبح (من تَنَبُّئِها) وكلمة (دفء) ، تصبح أياً من هذه: (دِفْؤُهُ، دِفْأَهُ، دِفْئِهِ) بحسب الحالة الإعرابية.

أما إذا كان الذي زيد على الكلمة هو الألف الناتجة عن تنوين النصب ولا سيما في الحالة الأخيرة، التي تكون الهمزة مسبوقة بحرف ساكن، وفي هذه الحالة يجب ملاحظة ما يلي:

إذا كان الحرف من الحروف المتصلة في الكتابة، وكان ما قبله مفتوحاً أو مكسورا، كتبت الهمزة على نبرة، في مثل: (شَيْئَاً، دِفْئاً، وَطْئاً).

إذا كان من الحروف المتصلة وما قبله مضموماً، كتبت الهمزة على واو، في مثل: (كُفْواً، بُطْؤاً).

إذا كان من الحروف المنفصلة في الكتابة، ظلت الهمزة منفردة، في مثل: (دَرْءًا، جُـزْءًا، بَدْءًا).

تدريس الإملاء في الصف الأول الأساسي

قد يلجأ بعض المدرسين إلى تكليف تلاميذهم بنسخ الكلمات أو الجمل مرتين، ثلاثة، عشرة، خمسين... مرة ظناً منهم أن ذلك يساعد على تدريب التلاميذ على حفظ هذه الكلمات والقدرة على رسمها، لكن ثبت بأن هذا الأسلوب ليس صحيحاً لأن التلاميذ يكتبون هذه الكلمات بشكل آلي دون فهم.

لذا سنتطرق فيما يلي إلى أفضل السبل لتدريب التلاميذ على الكتابة:

1- لنفترض أن التلميذ مطلوب منه كتابة الكلمات: ديك، حصان، فيل، عصفور، كتاب...

- نوفر لدى التلميذ ورقة أو دفتر (تمرينات) تحتوي الكلمات المطلوبة مكتوبة في أعلى الصفحة أو في جانبها، وعلى صور تمثل هذه الكلمات.

- يطلب من التلميذ كتابة الكلمة تحت كل صورة من تلك الصور.

- وإذا أردنا من التلميذ كتابة كل كلمة مرتين أو ثلاثاً...، فلتكرر الصور في ترتيب عشوائي بعدد المرات المطلوبة.

فإذا نسخ التلميذ بهذه الطريقة فإنه يجد متعة وهدفاً واضحاً، وغاية محددة يراها ويلمسها بوضوح... لذا يعتبر هذا نسخاً وظيفياً.

2- ويتبع الخطوة السابقة خطوة أخرى مماثلة، بحيث يطلب من التلميذ كتابة الكلمة الدالة على الصورة من الذاكرة بدلاً من نسخها.

وهنا تظهر العلاقة الوثيقة بين (النسخ الوظيفي) و (الإملاء الوظيفي) و (القراءة الوظيفية) والمبنية على فهم ما تعنيه الرموز الكتابية، لا ترجمتها إلى أصوات بشكل ببغاوي لا هدف له...

3- يطلب المعلم من تلاميذه كتابة عدد معين من الكلمات التي تحتوي على حرف سين، أو صاد، أو دال، أو ضاد... الخ، بحيث يسمح لهم في البداية النظر إلى كتبهم (وينسخوا)، ثم في مرحلة تالية يكلفهم الكتابة من الذاكرة.

4- يطلب المعلم من تلاميذه تحديد الكلمات التي تشترك بمعانٍ واضحة ومألوفة لدى التلاميذ مثل: أسماء طيور، أسماء حيوانات، فواكه، خضروات، نباتات، أسماء بنات، أسماء أولاد،... الخ.

5- يصوغ المعلم تعليماته في شكل أحجية أو ألغاز، مثل:

- اكتب الكلمة التي تدل على الشيء الذي نكتب به ؟ (قلم)

- اكتب الكلمة التي تدل على الشيء الذي نقرأ منه ؟ (كتاب)

- اكتب الكلمة التي تدل على الطائر الذي يصيح في الصباح الباكر ؟ (ديك)

- اكتب الكلمة التي تدل على الحيوان الذي له خرطوم ؟ (فيل)

6- يعد المعلم جملاً يترك فيها فراغات، ويطلب من التلاميذ ملأ كل منها بكلمة مناسبة من الذاكرة، فيدربهم بهذا على القراءة الفاهمة وعلى الكتابة الصحيحة في الوقت ذاته.

* والمهم في كل هذه الطرق أن لا يشعر التلميذ بأن الغاية من الكتابة هي التدرب على الكتابة الصحيحة، وإنما الكتابة لهدف، لذا يصبح للكتابة معنىً في نظره، و يصبح (النسخ والإملاء) نشاطين ممتعين.

* ويستطيع المعلم ابتداع طرق أخرى مناسبة قد تكون أفضل من الطرق التي ذكرناها سابقاً.

* وبطرق مشابهة للسبل السابقة ينتقل المعلم بتلاميذه من كتابة الكلمة المفردة إلى كتابة الجملة. مثل:

1) كتابة الجملة المناسبة تحت الصورة التي تمثلها، مثل:

خالد يقرأ، رباب تكتب، مع خالد كتاب، مع رباب قلم... وهي طريقة تعلم تصلح للمرحلة الإبتدائية الدنيا.

2) تحويل جمل معينة من المذكر إلى المؤنث (للتدرب على كتابة التاء المربوطة والتاء المفتوحة...)، أو من المفرد إلى الجمع (للتدرب على كتابة واو الجماعة) مثل:

- التلميذُ الصغيرُ قرأ قصة.

التلميذة.............................

- الولَدُ النشيط كتبَ درسَهُ.   البنت............................

- الولَدُ لَعِبَ مع رِفاقهُ.   الأولاد.............................

- التِلميذ كتب دَرْسه.

التلاميذ.............................

3) قد يسأل المعلم أسئلة هادفة، ويطلب من التلاميذ الإجابة عنها خطياً، وذلك لتدريبهم على نقاط محددة وأهداف مخطط لها مسبقاً. مثل:

- يطلب المعلم من التلميذ فتح الباب، ثم يسأل: ماذا فعل التلميذ ؟.

ويطلب من التلاميذ كتابة الإجابة خطياً: (فَتح التلميذُ البابَ).

- يطلب المعلم من التلميذ أن يجلس على الكرسي، ثم يسأل: أين جلس التلميذ ؟.

ويطلب من التلاميذ كتابة الإجابة خطياً: (جلس التلميذ على الكرسي)

4) وقد تدور الأسئلة السابقة حول مجموعة من الصور الهادفة التي أعدها المعلم مسبقاً لهذا الغرض، وقد تسبق الكتابة حوار وإجابات شفهية... ثم اعتماد الجملة التي سيكتبها التلاميذ على دفاترهم.

5) وما ينطبق في كتابة الكلمة والجملة، ينطبق في كتابة الفقرة والقصة... فمن الممكن أن يعد المعلم مجموعة من الصور الهادفة والتي تؤلف معاً قصة بسيطة ممتعة ومترابطة، ثم يطلب من التلاميذ كتابة ما تعبر عنه كل صورة، بحيث تشكل مما كتب قصة مترابطة.

وعلى المعلم أن يدرك بأن كل طالب قد يكتب شيئاً يختلف عما كتبه زميله الآخر...

ومن كل ما سبق تتضح العلاقة الوثيقة بين فروع اللغة العربية المختلفة، فطريقة التدريس القائمة على تدريس اللغة وظيفياً تجسد وحدة اللغة أفضل تجسيد، " فالإملاء " مثلاً يصعب فصله عن القراءة الفاهمة وعن التعبير والقواعد...

أنواع الإملاء المناسب للمرحلة الابتدائية

1- الإملاء المنقول.

2- الإملاء المنظور.

3- الإملاء الاستماعي.

4- الإملاء الاختباري.

أولاً: الإملاء المنقول

وهو نوع من النسخ الموجه من قبل المعلم وبإشرافه، ونعني به أن ينقل التلاميذ القطعة من كتابهم أو عن اللوح أو عن لوحة أو بطاقة كبيرة كتبت عليها القطعة، بعد أن يقرؤها ويفهموا معانيها، ويتدربوا عليها بواسطة النظر والقراءة

والتعرف على بعض مفرداتها وتهجئتها، وقد يملي المعلم عليهم القطعة جزءًا جزءًا وهم يتابعونه فينظرون إلى ما يمليه عليهم ومن ثم يكتبونه.

وقد عبرت عن هذا النوع من الإملاء بعض الكتب المدرسية بعنوان " أَكْتُبُ في دَفْتَري "، والأصل في هذا النوع من الإملاء المنقول أن يكون من قطعة القراءة التي سبق أن درسها التلاميذ وتدربوا على قراءتها، بحيث تملى عليهم ضمن الخطوات التالية:

1- التمهيد لموضوع القطعة على نمط التمهيد لدرس القراءة والمطالعة وذلك بعرض النماذج أو الصور واستخدام الأسئلة الممهدة الهادفة.

2- يحدد المعلم القطعة المطلوب إملاؤها على التلاميذ، وعرض القطعة في الكتاب أو البطاقة أو السبورة الإضافية، ويفضل أن تكون القطعة أو الجملة قصيرة حتى لا نرهق التلاميذ بكتابتها.

3- يقرأ المعلم القطعة أو الجمل قراءة نموذجية.

4- قراءات فردية من التلاميذ.

5- مناقشة وأسئلة في معنى القطعة أو الجمل، للتأكد من فهم التلاميذ لمعانيها وأفكارها، وفي هذه الخطوة يتدرب التلاميذ على التعبير الشفوي والذي ينبغي أن يكون له نصيب في كل درس.

6- تهجي الكلمات الصعبة الواردة في القطعة، وكلمات مشابهة لها، ويفضل تمييز هذه الكلمات بوضع خطوط تحتها أو بكتابتها بلون مخالف، وطريقة هذا التهجي أن يشير المعلم إلى الكلمة ويطلب من تلميذ قراءتها وتهجي حروفها، ثم يطالب غيره بتهجي كلمة أخرى يختارها المعلم مشابهة للكلمة الأولى من حيث الصعوبة الإملائية ثم ينتقل إلى كلمة أخرى... وهكذا.

7- النقل ويراعى فيه:

أ- إخراج الدفاتر وأدوات الكتابة، وتسطير الدفتر وكتابة اليوم والتاريخ ورقم الموضوع.

ب- يملي المعلم على التلاميذ القطعة أو الجملة، كلمة، كلمة مشيراً في الوقت نفسه إلى هذه الكلمات على السبورة أو اللوحة أو البطاقة.

ج- يسير جميع الطلاب في الكتابة معاً، وأن لا يسمح المعلم لبعض التلاميذ الذين يميلون إلى التباهي بالانتهاء قبل غيرهم وعدم السماح لهم بإرباك زملائهم.

د- يتم جمع الدفاتر والكراسات بطريقة منظمة وهادئة.

هـ- قد يلجأ المعلم إلى إملاء القطعة على تلاميذه بقراءتها عن السبورة طالباً منهم النظر إلى السبورة حيث يلزم.

ومن مزايا الإملاء المنقول بأنه يعتمد على الملاحظة والمحاكاة ويعود التلاميذ النظر إلى الكلمات وتقليد نسخها على الدفاتر، وهذا بدوره يقوي انتباه التلاميذ وملاحظتهم.

ثانياً: الإملاء المنظور

وفي هذه الطريقة يقوم المعلم بعرض قطعة الإملاء على التلاميذ لقراءتها وفهمها والتدرب على كتابة كلماتها وأشكالها، ثم تحجب عنهم ومن ثم تملى عليهم، ويعتبر هذا النوع من الإملاء طريقة تربوية لتثبيت رسم الكلمة وصورتها في ذهن التلميذ وتخزينها في عقله ثم استرجاعها عند كتابتها مرة أخرى، ويتبع المعلم الخطوات التالية في تدريس الإملاء المنظور:

1- يمهد المعلم للدرس من خلال عرض الصور أو النماذج أو اللوحات المنتمية للدرس واستخدام الأسئلة والحوار، ويوضح المعاني والمفاهيم الواردة في القطعة.

2- يقرأ المعلم القطعة قراءة واضحة وصحيحة ومعبرة ويناقش الطلبة في المعاني، ويطلب من التلاميذ تهجي بعض الكلمات الصعبة.

3- يقرأ التلاميذ القطعة ويطلب منهم المعلم تهجي وتحليل بعض الكلمات الصعبة.

4- مناقشة في المعاني والمفاهيم الواردة في القطعة.

5- تحليل الكماتت الصعبة على السبورة والتأكد من اتقان التلاميذ لتحليل وتهجي وكتابة بعض الكلمات الصعبة على دفاترهم أو على أوراق جانبية.

6- يحجب المعلم القطعة عن التلاميذ، ويبدأ في إملائها عليهم جملة بعد أخرى في وضوح وتأنٍ.

7- يقوم المعلم بإعادة قراءة القطعة ليتدارك التلاميذ ما فاتهم، وقد يبقي المعلم بعض الكلمات الصعبة على السبورة وقد يحجبها، ويستغني المعلم عن هذه الخطوة بالتدرج كلما تقدم تلاميذه في الكتابة.

8- يقوم المعلم بتصحيح الدفاتر تصحيحاً خاصاً أمام كل تلميذ، ويقف معه على الرسم الصحيح، ويطلب منه إعادة كتابة الكلمات التي أخطأ فيها ليتدرب على كتابتها ولتثبيت الرسم الصحيح في ذهنه.

9- يناقش المعلم أمام الطلاب وعلى السبورة الأخطاء الشائعة التي وقع فيها تلاميذه والتي لاحظها أثناء التصحيح الفردي، ويكلف الطلاب بتصويب الأخطاء في دفاترهم.

ومن مزايا الإملاء المنظور ما يلي:

1- يساعد التلاميذ على الربط بين النطق والرسم الإملائي.

2- يعتبر خطوة متقدمة في سبيل التهيؤ لمعالجة الصعوبات الإملائية.

ثالثاً: الإملاء الاستماعي

ويتم تدريس هذا النوع من الإملاء باتباع الأسلوب التالي:

1- التمهيد للدرس من خلال عرض النماذج أو الصور واستخدام الأسئلة الهادفة الممهدة.

2- يقرأ المعلم الدرس (القطعة) متى يُلم التلاميذ بالأفكار والمفاهيم العامة للقطعة.

3- يناقش المعلم مع التلاميذ المعنى العام للقطعة من خلال الأسئلة الهادفة.

4- تهجي كلمات مشابهة للتلاميذ للمفردات الصعبة الواردة في القطعة وعلى السبورة، مع ضرورة أن يتم معالجة هذه الكلمات وعرضها في جمل كاملة وليست بشكل كلمات منفردة، حتى يكون كل عمل في هذه الطريقة ذا أثر لغوي مفيد للتلاميذ.

5- يطلب المعلم من تلاميذه إخراج دفاترهم وأدوات الكتابة، وكتابة التاريخ واليوم ورقم الموضوع، وأثناء ذلك يقوم المعلم بمحو الكلمات والجمل التي على السبورة.

6- يقوم المعلم بقراءة القطعة للمرة الثانية، ليتهيأ التلاميذ للكتابة ولإدراك المشابهة بين الكلمات الصعبة التي يسمعونها والكلمات المماثلة لها والتي كانت مدونة على السبورة.

7- ثم يقوم المعلم بإملاء القطعة على التلاميذ.

ويجب على المعلم أن يراعي الأمور التالية عند إملاء القطعة على التلاميذ:

أ- تقسيم قطعة الإملاء إلى وحدات مناسبة للتلاميذ طولاً وقصراً.

ب- إملاء الوحدة مرة واحدة لحمل التلاميذ على حسن الإصغاء وجودة الانتباه.

ج- استخدام علامات الترقيم في أثناء الإملاء.

د- تعويد التلاميذ على مراعاة الجلسة الصحية وعلى الطريقة الصحيحة في مسك القلم والكتابة.

8- قراءة المعلم للقطعة للمرة الثالثة، لتدارك الأخطاء والنقص.

9- جمع دفاتر التلاميذ بطريقة هادئة وسلسة.

10- شغل باقي الحصة بأعمال منتمية مثل:

أ- تدريب الطلاب على أسلوب الكتابة الصحيحة وتحسين الخط.

ب- مناقشة معاني ومفاهيم القطعة على مستوى أرقى وأعلى.

ج- إعادة تهجئة الكلمات الصعبة التي وردت في القطعة.

د- شرح بعض قواعد الإملاء الهامة بطريقة سهلة مقبولة.

هـ- تكليف التلاميذ بشرح معاني ومفاهيم القطعة بلغتهم الخاصة أمام زملائهم.

رابعاً: الإملاء الاختباري

إن الهدف من إجراء الإملاء الاختباري هو وقوف المعلم على المدى الذي وصل إليه التلاميذ من الدراسات الإملائية المختلفة، ومستواها والتعرف إلى موطن الضعف لدى التلاميذ لوضع الخطط المناسبة لعلاج هذا الضعف في الوقت المناسب.

وطريقة تأدية الإملاء الاختباري، لا تختلف عن طريقة تأدية الإملاء الاستماعي، غير أنه لا يتعرض لتهجي الكلمات، و الغرض منه تقدير مستوى التلميذ الإملائي وقياس قدرته في الإملاء.

والإملاء الاختباري له مستويان:

1- إملاء يطلب إلى التلاميذ إعداده والتدرب عليه في البيت من الكتاب المدرسي، أو من درس سبق أن قرأه التلاميذ وفهموا معناه سابقاً، ولكتابته دون تدريب في حصة الإملاء التي يحددها المعلم.

2- إملاء يقصد به اختبارة قدرة التلاميذ في كتابة مفردات سبق وأن تدربوا عليها، بهدف تشخيص مواطن الضعف لدى التلاميذ من أجل وضع الخطط العلاجية المناسبة لها.

شروط اختيار القطع الإملائية

حيث أن الإملاء أحد فروع اللغة العربية الهامة، وأن مهارة القراءة متطلب أساسي يجب أن يسبق الإملاء، لذا فإن جميع فروع اللغة العربية، وبغض النظر

عن اختلاف أهمية كل منها عن الأخرى، إلا أنها دواليب مرتبطة بمسننات واحدة، وأي عطل في هذه المسننات سيؤدي إلى توقف هذه الدواليب.

لذا فإن الكتابة الصحيحة وسيلة هامة وأساسية من وسائل الاتصال، والتي بواسطتها يستطيع الفرد أن يعبر عن أفكاره وأن يظهر أحاسيسه ومشاعره كتابة أو مشافهة، وبواسطتها يستطيع أن يسجل الأحداث والوقائع والمذكرات، كما نلاحظ أن أي خطأ كتابي في الإملاء قد يقلب المعنى كاملاً.

لذا فإن هناك جوانب عديدة ينبغي توافرها في القطعة الإملائية والتي توجب على المعلم الانتباه لها وعدم إغفالها عند التخطيط لاختيار القطع الإملائية المختلفة حتى يكون لها أكثر من هدف ولتؤدي أكثر من غرض. ومن هذه الجوانب ما يلي:

1) الجانب المعرفي:

أن تحتوي قطعة الإملاء على معلومات متنوعة، تمدهم بالثقافة والخبرة والقصص، والأخبار المتعلقة بحياتهم والتي تثير اهتماماتهم وتحرك شوقهم ومشاعرهم، وأن تكون مستمدة من واقع التلاميذ ومن بيئتهم الخاصة ومن قاموسهم اللغوي، وما يدور على ألسنة الكبار، حتى يتسنى لهم الاطلاع على ما يدور في عالم الكبار لمساعدتهم الانطلاق على الحياة العامة والتفاعل الإيجابي مع مختلف ميادين النتاج الفكري.

2) الجانب اللغوي:

على معلم اللغة العربية أن يراعي في اختيار القطع الإملائية أن تتسم هذه القطع المختارة بلغة سهلة ومفهومة، وأن لا يتكلف المعلم باختيار مفردات لغوية غير مألوفة وأن يحاول ما أمكن اختيار قطع إملائية من الكتب المدرسية المقررة لأن ذلك يساهم في أن تكون المفردات المستعملة مألوفة لدى الطلاب وليست غريبة عليهم وقريبة من قاموسهم اللغوي، لأن الهدف هو مساعدتهم وإكسابهم مهارات الكتابة الصحيحة السليمة، وليس تعقيدهم أو وضع الصعوبات والعقبات في طريقهم، وعلى المعلم أن يراعي في اختيار القطع الإملائية في هذه المرحلة، أن

يختار الكلمات التي لا تحتمل سوى وجهاً واحداً لرسمها، وأن يبتعد عن المفردات التي تحمل وجهين في رسمها أو التي دار حولها خلاف.

3) الجانب الوجداني:

إن المعلم الناجح هو الذي يسعى أن تترك القطعة الإملائية الأثر الطيب في نفوس تلاميذه بحيث تكون شيقة واضحة المعاني ومنسقة تحرك شوقهم وتربي لديهم الإحساس بالجمال وتنمي ذوقهم وترقيه.

وكذلك يراعي أن لا تكون القطعة الإملائية صعبة فتحبط التلاميذ وتعقدهم، أو أن تكون سهلة جداً فتشعرهم بالتفاهة، لذا فعلى المعلم أن يتدرج في الصعوبة بحسب مستويات تلاميذه والتي تدفعهم نحو التقدم والثقة بالنفس.

وكذلك على المعلم أن يراعي حجم قطعة الإملاء، فالطول الزائد يستهلك الوقت، ويشعر التلميذ بالملل والضيق والتعب، لذا على المعلم أن يوازن في اختيار القطع الإملائية حسب أعمار ومستويات وقدرات تلاميذه، وبحيث لا تقل القطعة عن ثلاثة أسطر ولا تزيد عن ثلاثة عشر سطراً تقريباً.

4) الجانب التربوي السلوكي:

إن اختيار القطع الإملائية المناسبة ينبغي أن يدور حول موضوعات متنوعة، علمية، ثقافية، اجتماعية، دينية وبيئية، لأن ذلك يؤثر في سلوك المتعلم ويضمن اتصاله بمجتمعه المحيط به وتفاعله معه وتعرفه ببيئته وتكيفه معها تكيفاً ناجحاً، وهذا يؤدي بأن تصبح قطع الإملاء التي يتعامل معها التلاميذ ذات معنى بالنسبة له تنعكس على سلوكه وأدائه وتعاملاته مع بيئته ومع كل ما يحيط به.

لذا فإن القطع الإملائية التي تقدم للتلاميذ بهذه الصورة تساعد على تحقيق أهداف تربوية وسلوكية مفيدة كالصدق واتقان العمل وحب الوطن والصبر والشجاعة والنظافة والنظام واحترام الآخرين، كنا تنمي في التلاميذ القدرة على استنباط الأحكام العام وعلى التفكير السليم مما يجعله قادراً على تمييز الحق من الباطل، والخير من الشر، ويساعده في حل مشكلاته بأسلوب علمي سليم ومواجهة المواقف المختلفة بحكمة وصبر واقتدار.

طرق تصحيح الإملاء

1- تصحيح المعلم الخطأ بنفسه في الصف، خاصة بالمرحلة الابتدائية:

من خلال هذه الطريقة يستطيع المعلم التعرف إلى الكلمات التي شاع وقوع الخطأ فيها من التلاميذ، والتعرف على قدرة كل تلميذ في الكتابة ودرجة تقدمه بها، ومن خلالها يستطيع المعلم الوقوف على مستوى تلاميذه والتعرف على أخطائهم مما يساعده في وضع الخطط العلاجية المناسبة المبنية على المعلومات الميدانية الشخصية لكل تلميذ.

ومن عيوب هذه الطريقة أن التلاميذ ينشغلون وينصرفون إلى أعمال غير مجدية أثناء انشغال المعلم بتصحيح دفاتر التلاميذ.

2- تصحيح الدفاتر خارج الصف:

وتتسم هذه الطريقة بالدقة والمصداقية الحقيقية بالوقوف على المستوى الحقيقي لكل تلميذ ومعرفة نواحي القوة والضعف عنده، ولكن من عيوبها أنها ترهق المعلم إرهاقاً كبيراً لأن وقته في المدرسة لا يسمح له بمتابعة دفاتر جميع الطلاب، مما يضطره إلى حمل الدفاتر إلى منزله ونقل العمل من المدرسة إلى البيت، مما يسبب له إرهاقاً كبيراً من غير طائل.

3- قيام التلميذ بتصحيح الخطأ بنفسه:

وفيها يقوم التلميذ بتصحيح دفتره بنفسه، فإذا كانت القطعة موجودة في الكتاب، يخرج التلميذ كتابه ويقارن بين الكتاب وبين كتابته، ويضع خطأ تحت أخطائه ويدون عددها، ثم يقوم بإعادة التدرب على كتابتها صحيحة.

أما إذا كانت القطعة خارجية، فيقوم المعلم بعرض قطعة الإملاء على لوحة أمام التلاميذ ويطلب منهم مقارنة كتاباتهم بالنموذج المعروض أمامهم، وتعداد أخطائهم.

ومن مميزات هذه الطريقة أنها تعود التلميذ على الصدق والأمانة ودقة الملاحظة والانتباه، والثقة بالنفس وتحمل المسؤولية والاعتراف بالخطأ

ومن عيوب هذه الطريقة أن التلميذ قد لا تقع عيناه على الخطأ، أو قد يتعمد عدم تصحيح الأخطاء التي وقع فيها.

4- تبادل الدفاتر:

وفي هذه الطريقة يتبادل التلاميذ الدفاتر بطريقة هادئة ومنظمة تحت إشراف المعلم، بحيث يصحح كل منهم خطأ زميله بنفسه.

ومن مزايا هذه الطريقة أنها تشعر التلميذ بالثقة بنفسه وبتحمل المسؤولية ومن ثقة مدرسه به وائتمانه على مصلحة زميله في الصف.

ومن عيوب هذه الطريقة أن التلميذ قد لا يكتشف الخطأ أو قد يتجاهله أو يتحامل على زميله في التصحيح من باب المنافسة.

أسباب الخطأ الإملائي

1. أسباب تتعلق بالتلميذ:

وقد يكون ذلك بسبب ضعف مستواه، أو شرود ذهنه، أو عدم قدرته على التذكر، أو قد يكون ذلك بسبب ضعف البصر أو السمع، أو بسبب ضعفه في الكتابة، وقد يكون ذلك ناتج عن الخوف أو الارتباك أو عدم تركيزه وضعف انتباهه.

2. أسباب تتعلق بالمعلم:

قد يكون المعلم خافت الصوت سريع النطق ونطقه للحروف والمفردات غير واضح، أو قد يبالغ في إشباع الحركات مما يسبب إرباك ونتائج سلبية في سمع بعض التلاميذ وحيرة في اعتماد الحرف الذي سمعه خصوصاً في الحروف المتقاربة في الصوت.

3. أسباب تتعلق بقطعة الإملاء:

قد تحتوي قطعة الإملاء على بعض الكلمات الصعبة أو التي تحتوي على شواذ في رسمها عن القاعدة الأصلية، وقد يكون الخلل في طريقة التدريس أو أسلوب المعالجة وأسلوب التصحيح المتبع.

4. عوامل تتصل باللغة المكتوبة:

وقد يكون ذلك في قواعد الإملاء والشكل واختلاف صورة الحرف باختلاف موضعه ووصل الحروف وفصلها وقانون كتابة الهمزة...

أساليب وطرق علاج الضعف الإملائي

سنعرض الآن إلى بعض الأساليب المتبعة في علاج الضعف الإملائي بغية التخفيف من هذه الأخطاء ليسترشد بها المعلم في عمله ومنها:

1- تحديد الأهداف السلوكية والنتاجات المطلوبة في كل درس إملائي لتحقيق الغاية المطلوبة ولعدم الخروج عن الهدف المحدد.

2- توظيف دروس القراءة لتدريب التلاميذ على التمييز بين مخارج الحروف وبين الأصوات المتشابهة، وعدم اقتصار ذلك على دروس الإملاء فقط، وذلك لتذليل الصعوبات التي يعاني منها التلاميذ في الكتابة والنطق والتعبير.

3- الوصول إلى القاعدة الإملائية عن طريق الاستنتاج والاستقراء، وعدم تقديمها بصورة مباشرة وذلك لإشراك الطلاب بالوصول إلى هذه القاعدة.

4- عدم الانتقال إلى قاعدة إملائية جديدة إلا بعد التأكد من أن التلاميذ قد استوعبوا واتقنوا المهارات المتعلقة بالقاعدة السابقة.

5- ضرورة الاهتمام بالمعنى وربطه بالأعمال الكتابية للتلاميذ لأن ذلك يؤدي إلى سرعة اكتساب المهارة المطلوبة (الإملاء الوظيفي).

6- معالجة الأخطاء الإملائية بصورة فورية ومباشرة وعدم الانتظار إلى حصة أخرى.

7- عدم إرهاق التلاميذ في كتابة الأخطاء الإملائية، وعدم تكليف التلاميذ بكتابة الأخطاء الإملائية كنوع من العقاب.

8-   محاولة اكتشاف أسباب الأخطاء الإملائية ومعالجتها بقدر الإمكان وعدم السكوت عنها أو إهمالها.

9- أن يتسم المعلم بالمرونة، وأن ينوع في استخدام الأساليب وأن لا يكون أسير طريقة أو أسلوب واحد فقط.

المراجع

أساليب وطرق تدريس الإملاء

1. د.خالد الجبر وزملاؤه: مهارات اللغة العربية، 2006، عمان – الأردن.

2. د. راتب قاسم عاشور: أساليب تـدريس اللغـة العربيـة بـين النظريـة والتطبيـق، 2003، دار المسـيرة للطباعة والنشر، عمان – الأردن.

3. د. راتب قاسم عاشور: المهارات القرائية والكتابية، طرائق تدريسها واستراتيجياتها، 2005، دار المسـيرة للطباعة والنشر، عمان – الأردن.

4. غانم، نادية منصور محمد: أثر برنامج تعليمي في تصحيح أخطاء إملائية شائعة لـدى عينـة مـن طلبـة الرابع الأساسي في الأردن، 2000، رسالة ماجستير – الجامعة الأردنية.

5. البجة، عبد الفتاح: أصول تـدريس اللغـة العربيـة بـين النظريـة والممارسـة، 1999، الطبعـة الأولى، دار الفكر للطباعة والنشر، عمان – الأردن.

6. النجار، أحمد شوقي: الهمزة ومشكلاتها وعلاجها (صوت الهمزة)، 1984، جامعة الإمام عمر بن سعود الإسلامية.

7. مصطفى، عبدالله: مهارات اللغة العربية، 2002، دار المسيرة للنشر، عمان – الأردن.

8. الهاشمي، عايد: الموجه العملي لمدرسي اللغة العربية، 1989، مؤسسة الرسالة، عمان – الأردن.

9. الفلاح، عبد الحميد: أساليب تدريس اللغة العربية، 1996، منشورات جامعة القدس المفتوحة.

10. والي، فاضل: تـدريس اللغـة العربيـة في المرحلـة الابتدائيـة، 1998، دار الأنـدلس للنشـر حائـل – السعودية.

11. أبو مغلي، سميح: الأساليب الحديثة لتدريس اللغة العربية، 1982، دار مجـدلاوي للطباعـة والنشـر، عمان – الأردن.

12. إبراهيم، عبد العليم: الموجه الفني لمدرسي اللغة العربية، 1962، دار المعارف، القاهرة – مصر.

الفصل الرابع

الضعف القرائي

- أنواع الضعف القرائي
- أسباب الضعف القرائي

الضعف القرائي

الضعف القرائي

تمهيد:

لأن اللغة هي جسر تواصل بين أبناء الأمة الواحدة، ولأنها الوسيلة المثلى للتفاهم وتبادل الأفكار والخبرات العلمية والأدبية والثقافية بين الناطقين بها.

ولأن اللغة هي مرآة الفكر الذي يعكس حاضر الأمة ومستقبلها، لذا فإن الحفاظ عليها نقية سليمة قادرة على التعبير بصدق ووضوح تعتبر ضرورة ملحة وغاية سامية يعمل المخلصون والغيورون للحفاظ عليها، لتظل صورة مشرقة للهوية العربية في ظل التفوق الإعلامي الغزير في شتى المناحي والاتجاهات، وفي ظل أخطار العولمة والغزو الثقافي والاستلاب الحضاري الذي يتهدد هذه الأمة.

ولأن اللغة بمفهومها هي مجموعة المهارات اللغوية – القراءة والكتابة والتعبير المنطوق والمكتوب – والتي تعبر عن الأفكار التي يرغب المتكلم بالافصاح عنها، فإن اتقان تلك المهارات والتذكير بقواعدها وأسسها، يغدو من الأمور البالغة الأهمية لدى كل القطاعات المتعلمة والمثقفة في المجتمع، خشية شيوع العامية وتفشي الخطأ وتسرب الألفاظ الأعجمية... وانتقال هذا الخطأ إلى أبناء العروبة، الأمر الذي ينذر بأوخم العواقب ويعكس حالة محزنة من الاستلاب والتغريب، في أوساط التكوين الاجتماعي والذي يمتد ويشمل الانتاج الفكري والأدبي على صعيد شتى ومستويات مختلفة.

وإذا كان للقراءة هذه الأهمية بالنسبة للكبار فإن أهميتها تزداد بالنسبة للصغار، لأن القراءة بالنسبة لهم مادة يتعلمونها. ونجاحهم في المواد الأخرى يتوقف على نجاحهم في القراءة، بل أن مستقبل نجاحهم التعليمي برمته يعتمد على القراءة.

ويتحدث المعلمون بعامة، ومعلمو اللغة العربية بخاصة، بصورة مستمرة عن مشكلات القراءة والصعوبات التي يواجهونها مع طلابهم، ولما كانت القراءة ومهاراتها المختلفة الأساس في عملية التواصل في الفهم والإفهام، وفي عملية التعليم والتعلم، ليس في مادة اللغة العربية فحسب، وإنما في جميع المواد الدراسية

الأخرى، فإن اتقان مهارات اللغة أمر بالغ الأهمية لما لمهارات القراءة والكتابة من ضرورة في التحصيل الدراسي بعامة والمهارات اللغوية بخاصة .

ويعتبر ضعف الطلبة في مادة اللغة العربية ظاهرة من أخطر الظواهر في مدارسنا وتعود خطورة هذه الظاهرة إلى أهمية اللغة العربية في حياة الطالب، فاللغة العربية لم تعد مجرد أصوات يعبر بها كل انسان عربي عن غرضه، ولكنها أصبحت مرآة للفكر وأداة التفكير لديه، عن طريقها يستطيع أن ينمي شخصيته وأن يكون في حالة نمو على الدوام، بما يستطيع أن يكسب من معارف ومعلومات وقيم واتجاهات وأنماط سلوكية، لذا جاء هذا الموضوع عن أسباب الضعف القرائي من أشد المسالك عسراً وأوعرها مسلكاً، لأن ثمة عوامل عديدة تضافرت لخلق هذه الظاهرة والتماس الحلول الناجحة لها من أشد الأمور إلحاحاً على المدرسة بعامة وعلى معلمي اللغة العربية بخاصة. لذا فإنه من المناسب الوقوف على مشكلات القراءة وصعوباتها لدى الطلبة ومحاولة تلمس الحلول المناسبة لها لمساعدة المعلمين للتغلب عليها، وتتعدد الأسباب التي قد تؤدي إلى ضعف القراءة، وقد يكون هناك سبب واحد أو مجموعة من الأسباب وراء هذا الضعف، ومن هذه الأسباب:

أسباب الضعف القرائي

أولاً: الأسباب العضوية: ومنها العيوب البصرية والعيوب السمعية وعيوب النطق والكلام، وقصور الجهاز العصبي، وقصور القدرات العقلية، ومشكلات الصحة العامة، واضطراب الفرد والهيمنة الجانبية.

ثانياً: الأسباب الانفعالية والبيئية والتربية (التعليمية): وفيها التوافق مع الذات والمجتمع، والأسباب البيئية والأسباب التعليمية.

لذا جاءت هذه الدراسة لتلقي بعض الضوء على أنواع الضعف القرائي وأسبابه، واقتراح الحلول له، لمساعدة المعلم في التغلب عليها والوصول بالطلاب إلى بر الأمان وتحقيق الأهداف المطلوبة بعون الله.

مفهوم القراءة:

لقد تطور مفهوم القراءة في هذا القرن، ولم يعد يقتصر على تعرف الحروف والكلمات وتهجئتها ونطقها نطقاً سليماً، بل أصبح عملية معقدة تشمل مجموعة من العمليات العقلية الراقية وتعتبر نشاطاً فكرياً متكاملاً يتطلب الفهم والاستيعاب والربط والاستنتاج والتحليل والنقد والتطبيق للانتفاع بالمقروء. وحيث أن اللغة أداة تفاعل بين الناس، والرابطة التي تصهر أبناء الأمة في بوتقة واحدة، كما أنها مستودع تراث الأمة وجسرها للعبور من الحاضر إلى المستقبل، وأنها أداء التفكير للناطق بها لذا تعد القدرة على القراءة الجيدة من أهم المهارات التي يجب أن يمتلكها الإنسان، ويمكن وصف المجتمع العالمي بأنه عالم قارئ، ولا يوجد نشاط فيه إلا ويرتكز على القراءة، لذا فهي تعتبر من أعظم نعم الله على الإنسان، ولعل هذه النعمة تتجلى في أنها فاتحة الرسالة المحمدية الإسلامية (اقْرَأْ بِاسْمِ رَبِّكَ الَّذِي خَلَقَ (1) خَلَقَ الْإِنْسَانَ مِنْ عَلَقٍ (2) اقْرَأْ وَرَبُّكَ الْأَكْرَمُ (3) الَّذِي عَلَّمَ بِالْقَلَمِ" [العلق، 1 - 4] وهذا دليل على مدى اهتمام الإسلام وإدراكه لأهمية القراءة ووظيفتها في المجتمع الإنساني، والقراءة مصدر للفعل قرأ، فهي تحتل منزلة رفيعة بين فروع اللغة العربية، وهي وسيلة تنمية الثروة اللغوية والفهم والاستيعاب والتفكير لدى الطلبة، كما أنها تزودهم بالثقافات المختلفة، لذا أصبحت الأساس الذي يبنى عليه فروع اللغة العربية، وترتبط به المواد الدراسية جميعها.

وقد تطور مفهوم القراءة واتسعت أهدافها وغاياتها ووظائفها، فعلاوة على الأداء اللفظي السليم، أصبحت تهدف إلى فهم واستيعاب القارئ لما يقرأ، والتفاعل مع المادة المقروءة ونقدها والانتفاع بها في مواجهة مواقف حياتية مختلفة، والقراءة إحدى الوسائل الأساسية للاتصال بين الأفراد والمجتمعات، وأداة لكسب المعارف والمعلومات ووسيلة في التعلم والثقافة، بها يستطيع الإنسان أن يقف على ماضيه وحاضره ويتزود بالفكر فتزداد معارفه وتجاربه ومعلوماته.

وهناك مجموعة من التعريفات للقراءة نذكر منها:

1- القراءة: عملية عقلية انفعالية دافعية تشمل تفسير الرموز والرسوم التي يتلقاها القارئ عن طريق عينيه وفهم المعاني، والربط بين الخبرة السابقة، وهذه المعاني والاستنتاج والنقد، والحكم والتذوق، وحل المشكلات.

2- القراءة: عملية تعرف على الرموز المكتوبة أو المطبوعة التي تستدعي معاني تكونت من خلال الخبرة السابقة للقارئ، وتشتق المعاني الجديدة من خلال استخدام المفاهيم التي سبقت في حوزته.

3- القراءة: نشاط فكري عقلي يمتاز بما فيه من عمليات الفهم والربط والموازنة والاختبار والتذكر والتنظيم والاستنباط والابتكار.

4- القراءة: نشاط فكري وبصري يصاحبه اخراج صوت وتحريك شفاه في أثناء القراءة الجهرية أو يصاحبه تحريك الشفاه دون اخراج صوت أثناء القراءة الصامتة من أجل الوصول إلى فهم المعاني والأفكار التي تحملها الرموز.

5- اللغة: ظاهر إنسانية سيكولوجية اجتماعية مكتسبة، نشأت وتطورت مع الإنسان، فأكسبته صفة التفكير والنطق.

وقد تطور مفهوم القراءة في هذا القرن، ولم يعد يقتصر على تعرف الحروف والكلمات وتهجئتها ونطقها نطقاً سليماً، بل أصبح عملية معقدة تشمل مجموعة من العمليات العقلية الراقية، وتعتبر نشاطاً فكرياً متكاملاً يتطلب الفهم والاستيعاب والربط والاستنتاج والتحليل والنقد والتطبيق، للانتفاع بالمقروء.

وحصة القراءة من خلال هذا المفهوم الجديد ينبغي أن تكون محوراً لألوان متنوعة في أوجه النشاط اللغوي، حيث يستطيع الطالب أن يقرأ المادة المكتوبة ويستوعب معانيها ويستنتج أفكارها الضمنية ويربط بين الأفكار التي استوعبها وبين خبراته السابقة، ثم يعمل على تحليل هذه الأفكار ونقدها واختيار المفيد منها والانتفاع به في الحياة العملية.

أهمية القراءة ووظائفها ومهاراتها

أهمية القراءة:

تعد القراءة المدخل الرئيس لولوج عالم المعرفة والثقافة لمعرفة ما يدور في هذا العالم الذي أصبح قرية صغيرة، ولعل الثورة المعرفية والعلمية التي نلمسها في عصرنا الحاضر ناتجة عن القدرة القرائية لبني البشر، وحاجتهم إلى تنمية هذه القدرة فلا نكاد نجد نشاط أو حرفة أو مهنة أو عملاً إلا ونحتاج القراءة فيه، سواء في المدرسة أو المنزل أو المكتب أو المتجر أو السوق... إلخ.

ومن الملاحظ أن أنشطة الناس تعتمد اعتماداً كبيراً على دور القراءة المهم في حياتهم، وأن ما يقومون به يعتمد على كم هائل من المادة المقروءة في الكتب أو الصحف أو المجلات أو النشرات، أو البرامج السمعية أو السمعية البصرية.

ومع أن القراءة الجيدة في المرحلة الأولى ذات أهمية كبيرة، فلا شك أنها أيضاً ذات أهمية في المراحل الدراسية اللاحقة، حيث يحتاج الطلبة مزيداً من المهارات والقدرات لمواجهة مواقف القراءة الجديدة بنجاح، وفي كل السنوات الدراسية ينبغي أن يكون هناك تعليم حقيقي وتطوير لمهارات القراءة. والنمو في القدرات القرائية لدى الطلبة يتم بصورة تطورية، ومن الضروري أن تكون لدى المعلم معايير يقيس على أساسها مدى نمو القراءة لدى الطلبة، حتى يستطيع أن يصدر أحكاماً على نجاح أو فشل هؤلاء الطلبة في المهارات القرائية، ومدى النمو التطوري والتقدم في القراءة لديهم.

ولا شك أن هناك اختلافاً بين الطلبة في هذه القدرات، فمنهم من يبكر في القراءة ويتقدم فيها بسرعة، بينما نجد بعضهم يتأخرون ويكون تقدمهم بطيئاً في القراءة، ولذا لا بد من مراعاة الفروق الفردية في قدرات الطلاب واستعدادهم.

ولا بد من الإشارة إلى أهمية القراءة وأثرها في تحصيل الطلبة في المواد الدراسية الأخرى، إذ أن ذلك يتناسب طردياً في القدرة القرائية للطلبة، فكلما زادت القدرة القرائية وامتلاك مهارات القراءة كان تحصيل الطلبة في المواد الدراسية الأخرى أرفع مستوى.

وظائف القراءة:

يمكن تلخيص وظائف القراءة وأهميتها في الحياة المعاصرة بما يلي:

1- وسيلة الاتصال والتواصل، حيث التركيز على الفهم والتفسير وتطبيق المقروء والحكم عليه، وهذه تمثل أساسيات التواصل بواسطة القراءة.

2- مصدر للحصول على المعارف والمعلومات والمتعة.

3- أداة من أدوات الفهم والاستيعاب.

4- وسيلة رئيسة من وسائل التعليم والتعلم والتحصيل الدراسي.

5- أداة للوقوف على الماضي والحاضر.

6- وسيلة لتنمية الفكر، فمن خلالها تزداد المعرفة وتتوسع الخبرات.

7- وسيلة للتفاهم بين أفراد المجتمع بعضهم ببعض.

8- نافذة يطل منها المرء على الفكر الإنساني.

مهارات القراءة:

تتطلب القراءة مهارات أساسية ينبغي مراعاتها عند تعليم القراءة، وتختلف هذه المهارات باختلاف أهداف القراءة المخططة، كما ينبغي التنويه بأن هذه المهارات تتمايز بين مرحلة وأخرى من مراحل التعليم وهي ذات طبيعة هرمية تراكمية، ويمكن تصنيف هذه المهارات بما يلي:

أولاً: المهارات النطقية وهي:

1- معرفة أصوات الحروف والكلمات، ولا سيما الحروف المتشابهة في الرسم أو النطق.

2- إخراج الحروف من مخارجها الصحيحة عند النطق دون حذف أو إضافة أو إبدال أو تقديم أو تأخير أو تكرار لأحد الحروف أو لإحدى الكلمات.

3- الطلاقة القرائية، أي القراءة وفق سرعة مناسبة تتناسب مع سن الطلبة.

4- التنغيم، أي مراعاة نبرة الصوت وفقاً لدلالة المعنى وسقتضى الحال من فرح أو حزن أو غضب، أو استفهام أو تعجب... إلخ.

5- معرفة علامات الترقيم والوقف والالتزام بما تتطلبه القراءة.

6- مراعاة التغير الذي يطرأ على الحروف عند اجتماع بعض الحروف مع غيرها كالاقلاب والإخفاء والإدغام والإظهار والتفخيم والترقيق لا سيما في مراحل التعلم المتقدمة.

ثانياً: مهارات الفهم والاستيعاب، وأهمها:

1- استدعاء المخزون اللغوي للطلبة.

2- معرفة وفهم معاني المفردات والتراكيب اللغوية الواردة في النص.

3- استنتاج الأفكار الرئيسية والفرعية في النص.

4- استشعار المعاني المباشرة والخفية في النص.

5- امتلاك مهارات الربط والموازنة وإدراك العلاقات المنطقية الموجودة في النص.

6- تصنيف أسلوب الكاتب (أدبي، علمي... إلخ).

7- التمييز بين الأفكار الرئيسة والفرعية في النص.

ثالثاً: مهارات النقد، وأهمها:

1- القدرة على تمحيص المعلومات من حيث صدقها وعدمه.

2- معرفة اللغة المجازية والصريحة داخل النص.

3- وصف العاطفة في النص.

4- تحديد العناصر والمقومات الجمالية في النص.

5- تمثل المعاني المختلفة.

6- استخلاص النتائج.

7- تفسير المعاني والرموز.

8- محاكمة المعاني وإصدار أحكام عليها.

9- التمييز بين الحقائق والآراء والقيم والاتجاهات.

10-   تطبيق المفاهيم العامة والمبادئ المجردة في مواقف جديدة.

رابعاً: مهارات القراءة الإبداعية، وأهمها:

1- تحليل النص إلى عناصره الأساسية، لا سيما فيما يتعلق بالصور البلاغية، وأسلوب الكاتب أو العاطفة والخيال،... إلخ، في المراحل التعليمية المتقدمة.

2- إكمال نص غير مكتمل بما ينسجم مع أفكار النص.

3- تلخيص النص بشكل غير مخل.

4- نقد النص وإصدار أحكام موضوعية عليه.

5- محاكاة النص بما ينمي مواهب الطلبة ويرتقي بأساليبهم.

6- تمثل أفكار النص الجديدة واستيعابها وتوظيفها في نتاجات إبداعات القارئ الأدبية والعلمية.

أهداف تدريس القراءة:

عند الحديث عن وظائف اللغة في حياة الأفراد والجماعات، سنتبين أنه يمكن حصر استعمال اللغة في المواقف الوظيفية المثالية:

1- القراءة: قراءة ما يكتب بالفصيح.

2- الكتابة: كتابة ما يريد الإنسان نقله إلى الآخرين بالفصحى.

3- التحدث: التعبير عن الأفكار والمشاعر والحاجات بالفصحى.

4- الاستماع: الإصغاء لما يقال بالفصحى من أجل فهمه.

وفي ضوء هذا الفهم الوظيفي للغة، يمكن أن نشتق الأهداف العامة، التي نريد لمتعلمي اللغة بلوغها من خلال المناهج والإجراءات وأساليب التقويم المختلفة التي نهيئها لطلابنا في مختلف سنين الدراسة، ومن هذه الأهداف:

1- تدريب الطلاب على القراءة الفصيحة، ونطق المفردات والكلمات التي تحتوي مشكلات لفظية نطقاً سليماً، لا سيما الكلمات التي تكون مخارج بعض حروفها متقاربة.

2- تدريب الطلاب - من خلال القراءة أو بعدها - على تجريد أشكال الحروف المختلفة والتدرج بتدريبهم على إتقان كتابة هذه الحروف، ثم التدرج في

تدريب الطلاب على جميع القضايا الكتابية الأساسية، مثل استعمال الحركات والضوابط وكتابة الهمزة في مواطنها المختلفة، وبقية القضايا الكتابية الأخرى، من أجل أن يصبح المتعلم في نهاية المطاف قادراً على نقل حاجاته وأفكاره ومشاعره للآخرين بطريقة صحيحة، وسهلة وميسورة.

3- إكساب الطلاب القدرة على التحدث إلى الآخرين بطريقة صحيحة، ضمن مواقف طبيعية يحتاج فيها المرء الاتصال بغيره ممن هم حوله، والتدرج في تدريبه على الأنماط اللغوية الفصيحة، يستبدل بها لهجته العامية التي جاءت معه من البيت، في مواقف الإجابة، أو السؤال، أو الوصف أو إبداء العجب أو الدهشة، إلى غير ذلك من الأساليب المختلفة التي تقتضيها المواقف الحياتية المتغيرة، وتوظيف ما يستعمله الطالب من قواعد النحو والصرف في حديثه ولغته، وتدريب الطالب على مواجهة زملائه في الصف وأقرانه في المدرسة، مشاركاً في تقديم الأحاديث والبرامج المختلفة من خلال الإذاعة المدرسية، ومن خلال اشتراكه في بعض المشاهد التمثيلية أو المشاركة الجزئية في تقديم درس في صفة أو غير صفة أو من خلال مساهمة بعض التلاميذ في تقديم ندوة صحية أو دينية أو أدبية أو علمية... إلخ.

1- تدريب المتعلمين – في مواقف طبيعية – على الإصغاء، عن طريق توفير الفرص المناسبة أمام الطلاب، وتدريبهم على الفن اللغوي من خلال الاستماع إلى توجيهات المعلم وسرده القصص الملائمة على أسماع التلاميذ واختبار قدراتهم على الاستماع الجيد من خلالها، وتدريبهم على الإصغاء لبعضهم عندما يتحدث أحدهم في الصف أو خارجه والتدرج في مجال الاستماع، على إبداء الرأي إزاء ما يستمعون إليه، وصولاً إلى تدوين الملاحظات ومناقشة ما يستمعون إليه عن طريق الحديث الشفوي أو بواسطة الكتابة في الصحف أو المجلات، أو غير ذلك من وسائل الاتصال.

أنواع القراءة:

هناك عدة تصنيفات للقراءة، من أشهرها:

أ- تصنيفها من حيث الغرض:

1- القراءة التحصيلية: ويراد بها استظهار المعلومات وحفظها، ويحتاج هذا النوع إلى كثرة الإعادة والتكرار، ومن خصائصها أنها بطيئة وتتسم بالأناة وعقد الموازنات بين المعلومات المتشابهة والمختلفة.

2- قراءة جمع المعلومات: وفيها يقوم القارئ بالرجوع إلى المصادر لجمع ما يحتاج إليه من معلومات، وهذا النوع يتطلب من الدارس مهارة السرعة في تصفح المراجع ومهارة التلخيص.

3- القراءة السريعة الخاطفة: وتهدف إلى معرفة شيء معين في لمحة من الزمن، كقراءة فهارس الكتب وقوائم المؤلفين والأدلة بأنواعها.

4- قراءة التصفح السريع: وتكوين فكرة عامة عن موضوع، كقراءة تقرير أو كتاب جديدة.

5- قراءة الترفيه: والمتعة الأدبية، والرياضة العقلية، كقراءة الأدب والنوادر والقصص والفكاهات والطرائف، وهي قراءة تخلو من التعمق والتفكير وكد الذهن.

6- القراءة النقدية التحليلية: والغرض منها الفحص والنقد، وذلك كقراءة كتاب أو نتاج ما، للموازنة بينه وبين غيره.

7- قراءة التذوق: والتفاعل مع المقروء، وهذا النوع أشبه بقراءة الاستمتاع، حيث يتأثر فيها القارئ بشخصية الكاتب، ويشاركه فيما يقرؤه له مشاركة وجدانية.

8- القراءة التصحيحية: وهي قراءة استدراك الأخطاء اللغوية، والإملائية، والأسلوبية، والصيغ اللفظية، وتهدف إلى تصحيح الخطأ، كقراءة المعلم دفاتر التلاميذ.

9- القراءة الاجتماعية: ويقصد بها التعرف إلى ما يحدث لفئات المجتمع من مناسبات سارة أو محزنة، كقراءة صفحات الوفيات والدعوات، والغرض منها المشاركة وتقديم الواجب الديني أو الاجتماعي.

ب- تصنيفها من حيث الشكل والأداء:

أولاً: القراءة الجهرية:

وتتم بتحريك أعضاء التصويت (الحنجرة، اللسان، الشفتان) لإخراج الأصوات التي ترمز إليها الحروف أو الكلمات أو الجمل بعد رؤيتها والانتقال إلى مدلولاتها، وهي تتطلب جهداً ووقتاً أكثر من القراءة الصامتة.

وتستخدم في قراءة بعض المقالات القصيرة، أو الأخبار، أو القطع الأدبية أو القصائد الشعرية للاستماع لموسيقى الشعر، أو الإرشادات، أو الاحتياجات أو الوعظ... إلخ.

ومن خلالها يستطيع المعلم تعرف مواطن الضعف والعيوب الفردية لدى طلبته ليتسنى له متابعتهم وعلاجهم. وهي تتطلب إتقان النطق أو إخراج الحروف من مخارجها الصحيحة، وقراءة الجمل التامة، كما تتطلب حسن الأداء لتعبر عن المعنى تعبيراً دقيقاً من خلال نبرات الصوت وتنويعها حسب ما يتطلبه المعنى، ويتأتى ذلك من خلال التدريب والمران المستمر من قبل المعلم لطلبته.

ثانياً: القراءة الصامتة:

إن إتقان القراءة الجهرية يعد متطلباً أساسياً للقراءة الصامتة، حيث مهارة الطلاقة القرائية والدقة، والمواءمة بين حركة العين وتصور الألفاظ وفهم معانيها دون إخراج أصواتها إخراجاً فعلياً، فالعين ترى الأشكال وتنتقل إلى مدلولاتها الذهنية من غير تحريك الشفتين واللسان والحنجرة، ولعلنا نرى بعض الأشخاص الذين لم يتعودوا القراءة الصامتة، يقرءون بصوت خافت محركين شفاههم، ولذلك فللقراءة الصامتة أهمية كبيرة: فيها يتحقق الفهم والاستمتاع بالمادة المقروءة، والسرعة، وهي تختصر الزمان الذي تتطلبه القراءة الجهرية اختصاراً كبيراً، وهي القراءة الأكثر استخداماً لدى الناس في المواقف الحياتية، من قراءة كتاب أو

صحيفة أو قصة أو رسالة أو بحث... إلخ، والفهم من خلال القراءة الصامتة أكثر وأعمق منه في القراءة الجهرية.

ومن المعلوم أن القراءة ليست غاية بل هي وسيلة إلى الفهم ومعرفة مضمون النص المقروء، وعليه فإن التدريب على مهارة القراءة الصامتة يجب أن يتم في المراحل الأولى للطلبة، وأن تنمي لديهم في المنزل والمدرسة، وفي جميع مراحل التدريس، لا سيما بعد المرحلة الأولى، غير أنه يجب أن تتلازم القراءة الصامتة مع القراءة الجهرية وبخاصة في المرحلة الأساسية الأولى، ويكون للقراءة الجهرية الجزء الأكبر من الحصة.

ثالثاً: قراءة الاستماع:

وهي استقبال التلميذ للمعاني والأفكار من خلال ما يسمعه من الألفاظ أو الجمل أو العبارات التي ينطق بها القارئ أو المتكلم في موضوع ما. ويتم الاستماع من خلال الإنصات والفهم وإدراك المسموع، مع مراعاة آداب الاستماع، وملاحظة نبرات الصوت وطريقة الأداء اللفظي.

والاستماع يدرب الطالب على حسن الإصغاء وحصر ـ الذهن ومتابعة المتكلم، وسرعة الفهم والمشاركة في المناقشات والأحاديث العادية التي تدور بين الطلبة.

أسباب ضعف القراءة:

يعزى الضعف في القراءة إلى أسباب عديدة، فقلما يجد المعلم أو الطبيب أن العجز أو الضعف الذي يعاني منه الطفل في القراءة ناشئ عن عامل واحد، وفي أغلب الأحوال يكون هذا الضعف ناتجاً عن عدة عوامل تضافرت معاً لتمثل حاجزاً يحول بين الطفل وبين تقدمه الملموس في القراءة.

والقراءة عملية معقدة تقوم على اكتساب وتطبيق مجموعة من المهارات متعددة الجوانب تعمل معاً في تناسق تام، ولا يتم اكتساب هذه المهارات إلا من خلال التمرس والتدريب المتواصل تحت الإشراف الدقيق.

ولأن القراءة عملية معقدة كان من الطبيعي والمتوقع أن تواجه عديداً من المشكلات التي تعوق تنمية المهارات التي تشتمل عليها، ولا تزال هذه العوامل العديدة تعمل منفردة أو مجتمعة في أغلب الأحيان على إعاقة استمرار التقدم في مهارة القراءة حتى يتم تحديدها وعلاجها.

وسنتطرق في هذا البحث إلى بيان أسباب ضعف القراءة التي يتعرض إليها الطلاب وكيفية التعامل معها.

أولاً: الأسباب العضوية، مثل:

1- العيوب البصرية.

2- العيوب السمعية.

3- عيوب النطق والكلام.

4- العوامل العصبية.

5- العوامل العقلية.

6- مشكلات الصحة العامة.

ثانياً: الأسباب الانفعالية والبيئية والتربية (التعليمية)، مثل:

1- التوافق مع الذات والمجتمع.

2- الأسباب البيئية.

3- الأسباب التعليمية.

أولاً: الأسباب العضوية

1- الأسباب البصرية:

يؤدي القصور في الجوانب البصرية إلى ضعف أو انعدام في القدرة على القراءة على الرغم من أن بعض الطلبة قد يستطيعون القراءة بشكل جيد مع معاناتهم من قصور في الإدراك البصري، ولكن هؤلاء الطلبة أكثر عرضة لمشكلات القراءة ومن الصعب تدريبهم عليها، ومعرفة الأسباب تعتبر ضرورية جداً للعمل على تصحيح نواحي القصور أو العيوب البصرية التي يعاني منها الطلبة حتى وإن كانوا لا يعانون من أي صعوبات في القراءة، وعلاج هذه العيوب

يساعد على تعلم القراءة بشكل أفضل، ويمكن تعرف هذه العيوب البصرية من خلال التعاون بين البيت والمدرسة والمراكز الطبية المختصة، سواء قبل دخول المدرسة أو بعد دخولها. وهناك اختبارات يقوم بها الآباء لأبنائهم وأخرى يقوم بها المعلمون لطلبتهم للكشف عن هذا القصور البصري لدى الطلبة، وبالتالي التعاون بين البيت والمدرسة لمعالجة هذا الضعف أو القصور ليتسنى للطلبة القراءة الجيدة.

دور المعلم في ملاحظة العيوب البصرية:

يمكن للمعلم ملاحظة الأعراض السلوكية التالية لدى الطلبة ليتبين معاناتهم من القصور البصري:

1- تقلص عضلات الوجه.

2- مسك الكتاب قريباً من الوجه.

3- التوتر أثناء النشاط البصري.

4- إمالة الرأس للأمام.

5- إمالة الرأس للخلف.

6- توتر عضلات الجسم في أثناء النظر إلى الأشياء البعيدة.

7- الوضع غير المناسب لجلسة الطالب.

8- تحريك الرأس كثيراً في أثناء القراءة.

9- حك العينين مراراً.

10- ميل الطالب لتجنب الأعمال التي تحتاج لتدقيق النظر.

11- ميل الطالب لتخطي السطور وتتابعها أثناء القراءة.

إن ملاحظة اثنين أو أكثر من هذه الأعراض، والتأكد من استمرارها يعد من مسؤوليات المعلم وعليه مناقشتها مع الآباء والإدارة المدرسية، وطبيب المدرسة بغية توفير الفحص الدقيق لبصر الطلبة، واتخاذ الإجراءات المناسبة تعليمياً وعلاجياً.

2- العيوب السمعية:

كشفت الدراسات والبحوث العلمية عن ارتباط مباشر بين ضعف القراءة والقصور السمعي، ويمكننا معرفة مدى أهمية سلامة القدرات السمعية إذا علمنا أن كل طفل يتعلم القراءة معتمداً على ما استوعبه واستخدمه من لغة تأثرت بدورها ما سمعه من مفردات وتراكيب لغوية.

ويجب أن نتذكر أن معظم طرق تدريس القراءة في المرحلة الأولى تعتمد بدرجة كبيرة على ما يعطيه المعلم من تعليمات وتوجيهات شفوية، وعلى ذلك يفقد الطالب الذي لا يسمع جيداً الكثير مما يتمتع به غيره من الطلبة ذوي القدرة العالية سمعياً، وذوي العادات السليمة في الاستماع والتركيز.

ويتوقف مدى أثر الضعف السمعي على مجموعة من العوامل:

نوع الضعف السمعي ودرجته، والمدة الزمنية التي مضت على هذا الضعف قبل اكتشافه، ونوعية البرامج التعليمية، وتوافر الوسائل للتنسيق بين جهود الآباء والمعلمين وذوي الاختصاص ودافعية الطالب ورغبته في القراءة.

دور المعلم في ملاحظة العيوب السمعية:

(قد يلاحظ المعلم أياً من السلوكات التالية لدى الطلبة في الصف ليدرك أن هذا الطالب يعاني من مشكلة سمعية):

1- عدم الانتباه في أثناء الأنشطة التي تتطلب الاستماع.

2- تكرار عدم الفهم أو إساءة الفهم للتعليمات الشفهية الصادرة له في مجال التدريبات الشفوية على التراكيب اللغوية.

3- توجيه إحدى الأذنين، أو إمالة الرأس للأمام تجاه المتحدث عند الاستماع إليه.

4- تركيز النظر على وجه المتحدث أو اتخاذ وضع في الجلسة مشحون بالتوتر أو التحفز في أثناء عملية الاستماع.

5- الالتزام بنبرة واحدة عند التحدث أو نطق الكلمات بطريقة غير صحيحة أو على نحو غير واضح.

6- الشكوى من آلام في الأذن أو صعوبة في السمع.

7- الحرص على الاقتراب من مصادر الصوت.

8- أعراض البرد المتكررة وإفرازات الأذن أو صعوبة التنفس.

3- عيوب النطق والكلام:

تتطلب القدرة على استخراج المعاني من الرموز قدراً مناسباً من الثروة اللغوية الكلامية المقرونة بالنطق الواضح السليم، ويتفق جميع الباحثين على أن الحصول على قدر من الثروة اللغوية ضروري للقراءة.

وترتبط عيوب النطق والكلام بصعوبة القراءة ومشكلاتها، وقد دلت على ذلك نتائج البحوث والدراسات، وعادة ما يكون النطق الخاطئ لأصوات الحروف (عيوب النطق) أكثر ارتباطاً بالعجز القرائي من ارتباطه بانخفاض معدل سرعة إخراج هذه الأصوات أو الكلمات (مشكلات الطلاقة اللغوية).

كما يرتبط النطق غير السليم فضلاً عن الصعوبات القرائية بعوامل أخرى، مثل: النمو البطيء للعمليات العقلية والخلل في الجهاز العصبي أو عدم القدرة على التمييز بين الأصوات التي تتألف منها الكلمات، ويرى بعضهم أن عيوب النطق في حد ذاتها تشكل العامل الرئيسي في صعوبات القراءة بالنسبة لبعض الطلبة.

4- العوامل العصبية:

وتشمل الصعوبات الناتجة عن الأعصاب أمرين أساسيين:

أولاً: إصابة أي جزء من المخ أو توقف نموه أو أدائه لوظيفته قبل الولادة أو بعدها.

ثانياً: تفضيل استعمال عضو على آخر في القيام بأوجه النشاط الجسمي، ومهما كانت العوامل التي تسبب ضعف القراءة فإن من الواجب عند دراسة مشكلات الطلبة أن تشمل هذه الدراسة تفضيل الطالب استخدام عضو على آخر، مثل: تفضيل استخدام إحدى اليدين أو العينين على الأخرى، أو استخدام إحدى العينين مع إحدى اليدين في جهتين مختلفتين من الجسم، ولهذه الظاهرة علاقة بالضعف القرائي، فقد نرى بعض الأطفال لا يدركون وجود نظام واحد لتتابع

حروف الكلمة، فهي أحياناً في اتجاه اليمين وأحيانـاً في اتجـاه اليسـار، ويـؤدي ذلـك إلى ميـل الطالـب إلى عكس التتابع الطبيعي لحروف الكلمة عند القراءة.

5- العوامل العقلية:

أثبتت الدراسات أن هناك ارتباطاً بين مهارة القراءة والذكاء، غير أنه لا يمكن الاعتماد عـلى درجـة النمو العقلي وحدها في تحديد مدى إتقان الطلبة لمهارة القراءة أو معدل الذكاء، فكل منهما يتأثر بعوامل أخرى تجعل من عمليات قياسهما بدقة أمراً صعباً للغاية، ومع ذلك فإن التشخيص الدقيق للعجز القـرائي وتحديد العلاقة بين الذكاء ودرجة مهارة القراءة من الأمور المهمة وخاصـة بالنسـبة للتلاميـذ الـذين يقـل معدل ذكائهم عن المتوسط. غير أننا يجـب أن نعلـم أن التلميـذ محـدود القـدرة العقليـة يمكنـه بـل وفي مقدوره أن يستمر في تقدمه في القراءة بمعدل مناسب إذا ما تمت قوائمه العملية التعليمية مع حاجاته.

6- مشكلات الصحة العامة:

إن تعلم القراءة عملية صعبة وشاقة، ويحتاج تعلم القراءة إلى أن يكـون الطالـب يقظاً ومنتبهاً ونشطاً في عملية التعلم، وأي عـرض جسـماني أو عضـوي مـن شـأنه الإقـلال مـن نشـاط وحيويـة التلميـذ سيشكل حتماً عائقاً يحول بينه وبين التركيـز أو المسـاهمة بشـكل مسـتمر في عمليـة الـتعلم. ومـن هـذه المشكلات:

أ- الأمراض المزمنة وسوء التغذية:

إن الطلاب الذين يعانون من أمراض مزمنة أو من سـوء تغذيـة سـيعانون مـن ضـعف التركيـز في الأنشطة التعليمية المختلفة. وأغلب الظن أن هؤلاء الأطفال يفوتهم الكثير مما يدرس لهم بسبب الغيـاب المتكرر عن المدرسة، ونتيجة لذلك يصبح التعلم بالنسبة لهم عملية صعبة بدرجة كبيرة. وعنـدما تنضـوي عملية تعليم القراءة على بذل جهد إضافي للحاق بما فاتهم طيلة فترة غيابهم بالإضـافة إلى ضـعف الحالـة الصحية العامة من إجهاد ووهن وسـوء تغذيـة، فلـيس مـن الغريـب أن يبـدأ هـؤلاء الأطفـال في كراهيـة القراءة وتجنها.

دور المعلم:

1- في حالة الشك في المستوى الصحي العام للتلاميذ، لا بد من قيام الجهات المعنية (المعلم، طبيب الصحة المدرسية، أولياء الأمور... إلخ) بمناقشة المشكلة واتخاذ القرارات المناسبة إزائها.

2- إن مشكلة سوء التغذية للتلاميذ ما زالت تشكل هاجساً هاماً تسعى الدول لوضع الحلول المناسبة لها لما لهذا من انعكاسات سلبية على عملية التعليم والتعلم، فالبطن الجائع يعطل العقل، وغريزة الجوع أقوى الغرائز الإنسانية، لذا تسعى الحكومات والمدارس على توفير بعض الوجبات الغذائية للطلاب، حتى أن بعض المعلمين يتبنون أساليب خاصة لتعديل السلوك من خلال إمداد بعض الطلاب بكميات محدودة من الأطعمة المغذية كجزء من البرامج التعليمية.

3- في حال التغيب عن المدرسة، يكون المعلم مسؤولاً عن توفير نوع من الرعاية الخاصة تعالج ما فات الأطفال تحصيله أو اكتسابه من المهارات بحيث تجنبهم الشعور بالارتباك أو القلق أثناء متابعتهم للدروس مع زملائهم، وقد يلجأ المعلم إلى طلب العون من أشخاص داخل المدرسة أو الاعتماد على التعاون مع الآباء وأسرة الطالب.

ب- الإجهاد العام:

إن الضعف في القراءة لدى بعض الطلاب قد يكون الإجهاد الناتج عن بعض العادات غير السليمة من خلال مشاهدة عرض التلفزيون إلى ساعة متأخرة من الليل والتي تعوق المشاهد من أخذ قسط من الراحة تؤدي في النتيجة إلى ضعف في القراءة وفي عملية التعلم.

وفي مثل هذا الحالات لا بد من مناقشة العادات المتعلقة بمشاهدة التلفزيون مع والديه ومع الطفل نفسه، والاتفاق مع الأسرة على خطة وبرنامج لمشاهدة الطالب بعض البرامج الهادفة ولفترة محدودة فقط لا تؤثر على صحة الطالب أو جهده.

ج- اضطرابات الغدد:

اثبتت البحوث العلمية أن اضطرابات الغدد وخاصة اختلال الغدة الدرقية في القيام بوظيفتها تؤدي إلى عدم القدرة على القراءة، فقصور الغدة الدرقية يؤدي إلى (البدانة) وإلى (التبلد الذهني)، بينما يؤدي إلى ازدياد نشاط الغدة الدرقية إلى فقدان الوزن والنشاط والشعور بالإجهاد والضيق أو القلق.

وقد أثبتت الدراسات الحديثة وجود علاقة بين عدم القدرة على القراءة وهرمون الغدة الدرقية. كما أثبتت الدراسات العلمية أنه عندما تلقى الأطفال الرعاية والعلاج الطبي السليم فإنهم يحرزون تقدماً ملحوظاً في القراءة، وعلى ذلك لا بد من إحالة أي طفل عند الاشتباه في وجود أي أعراض الاختلال الوظيفي للغدة الدرقية أو أي اضطرابات في وظائف الغدد الأخرى إلى الفحص الطبي.

ثانياً: الأسباب الانفعالية والبيئية والتربية (التعليمية):

1- التوافق مع الذات والمجتمع:

لقد لوحظ أن التلاميذ الذين يفشلون في تعلم القراءة وإتقانها عادة ما تظهر عليهم علامات وأعراض سوء التوافق الانفعالي والاجتماعي بدرجة أكثر مما تظهر على غيرهم من التلاميذ الموفقين في دراستهم، كما لوحظ أن المشكلات الشخصية والاجتماعية تعوق منذ البداية التقدم في تعلم القراءة وإتقانها.

والشعور بالإحباط يعد من الأسباب التي تجعل الطلاب العاجزين عن القراءة معرضين للاستثارة، فيميلون للسلوك العدواني بهدف لفت النظر إليهم والاستحواذ على إعجاب الآخرين، إلا أن ذلك يؤدي إلى نتائج عكسية نظراً لما يسببه من فوضى واضطراب في قاعة الدرس.

ويتعين على المعلم القيام بمساعدة هؤلاء التلاميذ وإرشادهم للسلوك المناسب في قاعات الدرس، وعلى المعلم أن يلاحظ ظهور أعراض المشكلات الانفعالية أو مشكلات التوافق ويحيلها إلى المرشد الاجتماعي في المدرسة وإدارة المدرسة لوضع الحلول المناسبة لها.

كما أن عدم تمكن التلميذ من تعلم القراءة بشكل مرضٍ يعني الإحباط الشديد بالنسبة له، كما تؤدي محاولاته الفاشلة في القراءة إلى إظهاره في وضع غير لائق، فإن ذلك يؤدي إلى شعوره بالخجل ويتطور ذلك إلى الإحباط وعدم الشعور بالطمأنينة، مما يؤدي إلى عدم التوافق الانفعالي، وبعض هؤلاء التلاميذ يتكون لديه بسهولة أنه (غبي). وقد يتعزز هذا الشعور لدى المعلم وولي أمره إذا فشلوا في فهم المشكلة الحقيقية للطالب ووضع الحلول المناسبة لها لإنقاذ الطالب.

لذا فإن تكامل شخصية التلاميذ عند التحاقهم بالمدرسة تولد لديهم رغبة قوية لتعلم القراءة، فيسعون للتفوق فيها وكسب إعجاب آخرين، ومع ذلك قد يعني تعلم القراءة لبعض هؤلاء التلاميذ شعوراً بالفشل والإحباط أمام ما يعترضهم من مشكلات قرائية، ويؤدي حرمانهم من التقدير إلى الإحباط والشعور بالفشل، وهذا يؤدي بدوره إلى التأثير في الجانب الانفعالي وما يتبعه من عدم توافق في الشخصية وعدم التوافق الاجتماعي، وبذلك يرتبط العجز القرائي بعدم توافق الشخصية.

2- الأسباب البيئية:

يتوقف تحصيل الطفل في القراءة على قوة الشخصية وعلى متطلبات برامج القراءة. فالأطفال الذين ينتمون لأسر أو عائلات يسود فيها التوتر قد يبدأون تعلم القراءة كمتعلمين تعساء غير آمنين.

وتعتبر البيئة المنزلية من أهم العوامل المؤثرة في تعلم الطلاب للقراءة، ويأتي بعض الطلاب من بيئة منزلية يشيع فيها الحب والتفاهم، وتتاح فيها الفرص للتنمية الفردية ويسود فيها الإحساس بالطمأنينة والأمان، ويأتي البعض من بيئات تفتقر إلى كل ذلك، بل وتسودها المشاجرات والخلافات بين الوالدين، وإهمال الطفل وتجاهل فرديته وتعنيفه أو المبالغة في تدليله والسيطرة الوالدية والقلق والعدوانية والمنافسة المدمرة بين الأخوة... يؤدي ذلك إلى التوتر العصبي والإحساس بعدم الأمان.

وقد أثبتت الدراسات على الطلاب الذين يعانون من الضعف في القراءة أنهم يعانون من المشكلات العائلية في بيوتهم ومن العلاقات الوالدية المتوترة والإهمال ومشاعر الغيرة بين الأشقاء والاتجاهات السلبية نحو المدرسة.

كما أن الإهمال أو انعدام الفهم المتعاطف قد يولد لدى الطفل الشعور بأنه غير محبوب وغير مرغوب فيه، كما تؤدي المبالغة في حماية الطفل أو السيطرة عليه صعوبات في توافقه مما يؤدي إلى إعاقة روح المبادرة لديه، لذا فإن التلميذ الذي يقع تحت ضغط غير عادي من ظروفه المنزلية قد يصبح متعلماً قلقاً غير آمن وقد يتراجع بسرعة عندما تزداد مطالب تعلم القراءة.

3- الأسباب التعليمية:

تعتبر الظروف التعليمية من أهم الأسباب التي ينشأ عنها العجز القرائي، وحيث أن عملية القراءة كما أوضحنا من قبل، عملية معقدة تتضمن مهارات وقدرات عديدة مترابطة ومتداخلة، ويؤثر ويتأثر كل منها بالمهارات الأخرى، وقد لا يتمكن التلميذ من اكتساب بعض المهارات التي يتضمنها برنامج القراءة أو يواجه صعوبة في محاولاته للتدرب عليها إذا ما ركز البرنامج على بعض هذه المهارات وأهمل البعض الآخر.

وعند معالجة العوامل التعليمية وتأثيرها في عملية القراءة لا بد من التعرض لعدد من هذه الممارسات التعليمية:

أ- الإدارة المدرسية والمعلم:

يتوقف قدر كبير من أهداف برامج تعليم القراءة على المعلم، والذي عليه أن يسعى إلى تحسين طرق التدريس ومراعاة الفروق الفردية لدى الطلاب، وربط تحصيل الطلاب بقدراتهم النمائية المختلفة، ومراعاة أساليب التفكير واتباع أساليب التشويق والتحضير لدى الطلاب، وأن ينتقل المعلم من العموميات إلى الخصوصيات وأن يسعى لكسب ثقة التلاميذ ومحبتهم حتى يتمكن من إكساب الطلاب مهارات القراءة والكتابة بأسلوب سلس وفاعل، وهناك عوامل تتعلق بالمدرس وتؤثر سلباً على قدرة الطلاب القرائية، وأهمها: ضعف الإعداد الأكاديمي

الثقافي للمعلم، ونقص الإعداد المهني له، الأمر الذي ينشأ عنه ضعفه قرائياً ضعفاً ذاتياً، وعدم قدرته على كيفية معالجة موضوعات القراءة مع تلاميذه، والتلاميذ السعداء هم الذين يحظون بمعلم كفء، تم تدريبه بصورة جيدة، قادر على توفير الجو النفسي المناسب لعملية التعلم وتحقيق التوازن بين المهارات القرائية المختلفة.

ب- ما يرجع إلى النظم الدراسية:

1- عدم أداء المناهج القرائية إلى تحقيق أهدافها.

2- سوء اختيار موضوعات القراءة وعدم الاهتمام بحسن إخراج كتاب القراءة من ناحية الصور والضبط بالشكل.

3- عدم تعاون مدرسي المواد الأخرى مع مدرس اللغة العربية في الحرص على القراءة السليمة في موادهم، والارتفاع بمستوى التلاميذ القرائي فيما يعالجونه من الموضوعات العلمية والثقافية.

4- نظام الترفيع التلقائي للطلاب دون إجراء تقويم حقيقي لترفيع من يستحق ورسوب من يستحق الرسوب.

5 - عدم الاعتناء بمكتبات المدارس وتزويدها بكتب تراعي كافة المستويات الطلابية، وخصوصاً الصفوف الابتدائية.

ج- تجاهل الفروق الفردية:

يمكن لتدريس القراءة للصف الأول الأساسي والصفوف التالية أن يكون فعالاً بالنسبة لجميع التلاميذ إذا راعى ما بينهم من فروق فردية، وإلا نشأت مشكلات عديدة في مجال تعلم القراءة.

د- طرق التدريس:

تنشأ معظم حالات الضعف في القراءة عن فشل التلميذ في اكساب المهارات الأساسية، أو عن تعلمها بشكل خاطئ، ومع تعقد عملية القراءة وازدياد متطلباتها يكون الاحتمال كبيراً في وقوع التلميذ ضحية لعدة مشكلات غالباً ما يكون السبب فيها عدم فعالية طريقة التدريس.

ومن الأساليب التي تؤدي إلى استمرار مشكلة الضعف القرائي لدى الطلاب هي:

1- قصور طرق التدريس في إشباع حاجات التلاميذ، مما يترتب عليه فشلهم في اكساب المهارات الأساسية.

2- طول المنهاج الذي يستنفذ معظم جهد المعلم ووقته.

3- عدم مراعاة المنهاج للفروق الفردية وعدم ملاءمتها لطرق التدريس.

4- تجاهل المنهاج لميول واهتمامات الطلاب.

5- عدم ربط الأنشطة الصفية ببرنامج القراءة.

لذا على المعلم مراعاة العوامل التالية لتجاوز المعيقات التي قد تعترض طريقة لعلاج الضعف القرائي لدى تلاميذه:

1- اتباع أسلوب التشويق واستثارة اهتمام التلاميذ، وذلك بالانتقال السريع من رواية أو قراءة مسلية إلى أخرى والربط بين النشاط القرائي والأنشطة الصفية الأخرى.

2- أن يراعي المعلم التنسيق فيما بين الأنشطة اللغوية المختلفة: المحادثة، الكتابة، الاستماع، القراءة.

3- التأكيد على التدريبات اللغوية المتصلة، وإجراء بعض التدريبات الأساسية ونقل أثر ما تعلمه من خلال التدريبات إلى عملية القراءة ذاتها.

4- دراسة الاتجاهات الحديثة في التعلم وتحليل إيجابياتها وسلبياتها.

5- إيجاد نوع من التوازن بين المهارات المختلفة التي تتضمنها القراءة، ويكون ذلك بمعالجتها في إطار من التكامل.

6- توظيف المكتبة المدرسية وتطوير دورها لتنمية مهارات الطلاب في القراءة من خلال البرنامج المقرر ومن خلال التدريس الصفي، وتوسيع دائرة اهتمامات الطلاب في مجال القراءة، والتعاون مع أمين المكتبة والذي يستطيع إمداد المعلم بما يحتاجه من مواد ووسائل مختلفة لتنمية المهارات القرائية والتخطيط لتفريد التعليم وللبرامج العلاجية، ويمكن للمكتبة عرض ما لديها من كتب ومواد

أخرى بطريقة جذابة، وتنظيم الندوات، وتزويد المكتبة بكافة أنواع الكتب ولكافة المستويات خصوصاً كل ما من شأنه علاج الضعف القرائي لدى الطلبة.

مشكلات القراءة

لا بد للمعلم أن يستخدم أدوات علمية محددة للوقوف على مشكلات القصور والضعف في القراءة لدى الطلبة بشكل دقيق، وتتمثل هذه الأدوات في الاختيارات التشخيصية أو الملاحظة المنتظمة المستندة إلى أدوات ملاحظة محددة، وكذلك دراسة الحالة أو المقابلة الفردية، أو الاطلاع على البطاقة التقويمية.

وإن الدراسة الميدانية والملاحظة المباشرة كشفت عن شكوى المعلمين والمعلمات من مشكلات قرائية يعاني منها الطلبة.

الصعوبات أو المشكلات والحلول المقترحة لها

1- التأتأة والتعثر في النطق:

والمقصود بها التعثر في القراءة والخلط بين الحروف والأصوات المتقاربة في الأداء اللفظي والصوتي.

العلاج: إذا لم يكن هناك سبب عضوي لهذه التأتأة أو التعثر فإنه يمكن للمعلم أن يقوم بإخضاع الطالب الذي يعاني من هذه الصعوبات إلى جلسات متكررة للتدرب على النطق والحديث من خلال قوائم كلمات متشابهة في الرسم يعالج بها نطق الطالب بصرياً وسمعياً وتدريبهم على التعرف على الحروف والكلمات حين رؤيتها والنطق بها.

2- القراءة العكسية:

قد يلجأ بعض الطلبة إلى القراءة العكسية في الكلمات، ويعود ذلك إلى حركة العين التي قد تتجه من اليسار إلى اليمين، وبالتالي فإنهم يقرءون الألفاظ والجمل بصورة معكوسة. وهذه الظاهرة تحتاج إلى تدريب لحركة العين لتعتاد التوجه من اليمين إلى اليسار أثناء القراءة.

العلاج: أ- تدريب الطلاب على تحليل الكلمات، وتدريبات تتضمن تتبع الحروف / الألفاظ الاتجاه الصحيح مع اقتران ذلك بحركة الأصبع أو استخدام وضع الخطوط تحت الحروف في أثناء القراءة.

ب- تدريب التلاميذ على تحليل الكلمات، مراعاة اتجاه العين أثناء القراءة مع الاستعانة بالإصبع.

3- التكرار:

العلاج: ويتم من خلال تدريب الطلاب على معرفة كلمات جديدة، وتشجيعهم على التروي والتمهل والإبطاء في عملية القراءة، واتباع القراءة الجهرية الجماعية مع الطلاب في وقت واحد وبصوت مناسب.

4- إحلال كلمة محل أخرى عن طريق التخمين:

العلاج: تدريب الطلاب عن طريق ألعاب، بكلمات يتوافر فيها عنصر التحليل الصوتي، واستخدام مادة قرائية أسهل وأيسر من الكلمات التي يخطئون في قراءتها، وتزويد الطلاب بمجموعة لغوية عن طريق المناشط المختلفة.

5- مشكلة الحذف والزيادة:

والمقصود بهذه المشكلة هو أن يلجأ الطالب إلى حذف كلمات موجودة، أو زيادة كلمات غير موجودة، وهذه الظاهرة ناتجة عن عدم قدرة الطلبة على التركيز، والحفظ الآلي غير المقترن بفهم المعنى.

العلاج: ويتم معالجة هذه المشكلة من خلال التركيز على المعنى واستخدام البطاقات الخاطفة والتي يستخدم فيها جملاً تامة وأخرى غير تامة ويقارن الطلبة بينها، والتركيز على القراءة والفهم والاستيعاب وتمثل المعنى... واستخدام القراءة الجماعية مع اشتراك المعلم فيها.

6- إغفال سطر أو فقرة:

يمكن أن يكون ضعف البصر سبب هذه الظاهرة، ومن المعلوم أن الطفل لا تكتمل لديه حاسة البصر تماماً إلا بعد الصف الثالث.

العلاج: ويتم ذلك من خلال كتابة الحروف بخط واضح، وترك فراغات واسعة بين الأسطر أو وضع خطوط تحت الأسطر في أثناء القراءة، وقد يكون القلق والإجهاد وراء هذه الظاهرة، ولذلك يجب أن نجنب الطلبة هذا الإجهاد وهذا القلق، وعدم القراءة لمدة طويلة، لأن ذلك يؤدي إلى عدم القدرة على التركيز البصري فضلاً عن التركيز الذهني.

7- الطلاقة القرائية، أي العجز عن القراءة السريعة:

لا شك أن الطلاقة في القراءة تمثل هدفاً ومهارة أساسية من مهارات القراءة، غير أن كثيراً من الطلبة لا يمتلكون هذه المهارة، ويقرءون قراءة متقطعة متعثرة.

العلاج: أ- على المعلم أن يجعل سرعة القراءة هدفاً خاصاً، من خلال كثافة التدريبات القرائية الجهرية مع مراعاة علامات الوقف والتنغيم في أثناء القراءة، وتشجيع الطلبة على المحادثة الشفوية والحوار، ولا شك أن النموذج القرائي الذي يقدمه المعلم أو الطلبة الجيدون سيكون ذا أثر كبير للطلبة الذين يعانون من هذه الصعوبة، حيث تلعب المحاكاة والتقليد دوراً هاماً في التعليم.

ب- وكذلك تدريب التلاميذ على التصفح السريع للعثور على كلمة معينة في جملة أو على جملة في فقرة أو في صفحة، ويكون ذلك شفوياً وتحريرياً.

8- صعوبة تذكر المقروء، أي عدم القدرة على قراءة الجمل غيباً:

يعاني بعض الطلبة من حفظ المفردات أو الجمل أو الدرس بصورة غيبية آلية دون ربط شكل الكلمة مع لفظها.

العلاج: يمكن معالجة هذه الظاهرة بتثبيت شكل الكلمة من خلال نطقها مقرونة بالصور، واستخدام لوحة الجيوب في عملية التحليل والتركيب، وقد تكشف هذه العملية عدم معرفة الطالب بالحروف، أو عدم القدرة على تركيب أو تحليل الكلمات، وفي هذه الحالة يجب إتقان الطلبة لمعرفة الحروف شكلاً وصوتاً والقدرة على تركيب مقاطع وكلمات:

أ- كما يمكن استخدام مادة قرائية أسهل والتركيز على المعنى وإثارة الدوافع والحوافز للقراءة.

ب- تدريب الطلاب على التلخيص.

9- عدم التمييز بين الحروف المتشابهة رسماً في القراءة:

يعاني بعض الطلبة من عدم التمييز بين الحروف المتشابهة رسماً في القراءة مثل (الباء والتاء والنون والياء) أو (السين والشين) أو (الفاء والقاف) أو (اللام والكاف)... إلخ.

العلاج: أ- التدريب المكثف لنطق هذه الحروف من بطاقات معدة مسبقاً، وملاحظة الفروق في رسمها ونطقها، والتدرب على قراءة مفردات تشتمل على هذه الحروف من مخزون الطلبة اللغوي باستخدام السبورة أو لوحة الجيوب والبطاقات، وإعطاء الطلبة أمثلة من المفردات تحتوي هذه الحروف، وكتابة جمل وعرضها على اللوحات الجدارية وقراءتها بين حين وآخر.

تدريب: في كل سطر من السطور الآتية ثلاث كلمات.

المطلوب: أن يضع الطالب دائرة حول الكلمة التي تختلف في شكلها عن الكلمة الأولى من كل سطر كما يلي:

شمع	شمع	سمع
خيط	حيط	خيط
غروب	عروب	غروب
نجار	نجار	تجار
بيت	بنت	بيت
راوية	زاوية	راوية
خروف	خروف	حروف
يطرب	يضرب	يطرب

ب- تدريب التلاميذ على الحديث وتدريبهم على - من خلال قوائم معدة - على التعرف على الحروف حين رؤيتها والنطق بها.

10- عدم معرفة صوت الحرف مقروناً بشكله:

ويمكن معالجة هذه المشكلة من خلال الاهتمام بعملية تجريد الحرف بصوته ورسمه، وكذلك تدريب الطلبة على قراءة مفردات مما يتوافر في مخزونهم اللغوي مع الحركات، وتكثيف التدريب وعدم الانتقال من حرف إلى آخر إلا بعد الإتقان التام للحرف الأول لفظاً وشكلاً.

11- عدم التمييز بين الصوت الطويل والقصير:

وتعالج هذه الصعوبة من خلال إبراز نطق الصوت مع الحركات بالفتحة أو الضمة أو الكسرة، وتنبيه الطالب إلى الفرق بين صوت الحرف مع الحركة وبدون الحركة، والمقارنة بين صوت الحرف القصير والطويل من خلال مفردات مختارة، وإعداد بطاقات لكلمات فيها أحرف طويلة بالحركات الثلاث، والتدريب على القراءة بين الحين والآخر، وعلى المعلم أن ينتبه إلى تطبيق هذه الخطوات متسلسلة فلا ينتقل المعلم من خطوة إلى التي تليها إلا بعد إتقان الخطوة الأولى.

تدريب: يكلف المعلم / الطالب / قراءة الكلمات في التمرين التالي مع إشباع الحركات

يكتبُ	يكتبوا
لعبَ	لعبا
درس	درسوا
تقرأ	تقرءوا

12- عدم تمييز صوت التنوين والنون الساكنة:

عاني الطلبة من صعوبة في التمييز بين صوت التنوين في أوضاعه المختلفة، وقد نتغلب على هذه الصعوبة من خلال التدريب المكثف حين يعرض المعلم كلمات منونة ويقرأها أمام الطلبة، ثم يقرأ الطلبة من بعده مع إبراز صوت المنون، والتنبيه إلى الفرق بين صوت تنوين الضم وصوت تنوين الفتح وصوت تنوين الكسر، ويمكن المقارنة بين أصوات الحروف المضمومة والمنونة بالضم في كلمات مثل: (قلمُ محمدٍ جميلٌ)،(هذا طالبٌ مجتهدٌ).

وكذلك المقارنة بين الحروف المكسورة وتنوين الكسر، مثل: (في الكتابِ صورةٌ جميلةٌ)، (قرأت في كتابٍ جميلٍ).

وكذلك الحروف المفتوحة وتنوين الفتح، مثل: (اشتريت كتاباً مفيداً، قرأ محمد الكتابَ)، ويمكن إعداد بطاقات جمل فيها كلمات منونة، ويتم تدريب الطلبة تدريباً مركزاً ثم نطقها حتى يميز الطلبة الفرق بين كل نوع من أنواع التنوين.

تدريب: يطلب المعلم من الطالب أن يقرأ الكلمات التالية، ثم يقوم بتنوين كل كلمة طبقاً للنموذج:

جندي	جنديٌ	جندياً	جنديٍ
قصة			
قارب			
شجاع			
سفينة			
سوق			
صيف			
طبيب			
زهرة			
بيت			

منفصلة عن الصورة، كما يمكن إعداد بطاقات للكلمات التي يتكرر خطأ الطلبة في قراءتها وعرضها على اللوحة الجدارية في الصف لتبقى في مرمى بصر الطالب وبالتالي في ذاكرته القريبة لتخزن فيما بعد في ذاكرته البعيدة.

تدريب: يطلب المعلم من الطالب أن يضع خطا تحت الكلمة في القائمة التي على اليسار، وتتماثل في الشكل والرسم مع الكلمة التي على اليمين، كما يلي:

جسد	حشد	جسد	حسد	مسد
دخل	دجل	زجل	دخل	رجل
بنت	خشب	زيت	بيت	بنت
نظيف	حفيف	ظريف	نظيف	رغيف
صغير	صغير	كبير	غفير	منير
أقلام	أحلام	أقلام	أعلام	أفلام
يصوم	يلوم	يقوم	يعوم	يصوم

ويهدف هذا التدريب إلى تنمية فهم الكلمات لدى الطلبة، وما بين الكلمات من ارتباطات بين إدراك المعنى وتمييز الشكل.

16- عدم القدرة على فهم واستيعاب النص، أي قصور فهم المراد من المادة المقروءة:

وهذا الضعف ناتج عن عدة القدرة على التركيز وتمثل المعنى لدى الطلبة، ويمكن معالجة ذلك من خلال اختيار جمل ونصوص سهلة، وتدريب الطلبة على قراءة الفهم والاستيعاب، وإعداد بطاقات للأسئلة يحاول الطلبة الإجابة عنها في أثناء القراءة، وإثارة دوافع وحوافز للطلبة للقراءة، واستخدام بطاقات خاطفة لعبارات وجمل تدل على استجابة الطلاب لها على أنهم قد فهموا معناها.

كما يتم العلاج من خلال مادة قرائية أسهل، والتركيز على المعنى وإثارة الدوافع والحوافز للقراءة.

17- عدم القدرة على الوصف من خلال التعبير، أي الصعوبة في ملاحظة التفاصيل في وصف شيء من الأشياء:

وهذه المشكلة مرتبطة بالمشكلة السابقة (عدم قدرة الطالب على فهم واستيعاب النص)، وقد يكون استخدام التدريبات التالية نافعاً في علاج هذه الظاهرة: إكمال الإجابات الناقصة، ووضع خط تحت الإجابة الصحيحة، والربط بين إجابات أسئلة لتكوين فقرة محددة، وتدريب الطلبة على نطق الكلمات وقراءتها.

تدريب: يختار الطالب الكلمة المناسبة من الكلمات الثلاث الموضوعة بين قوسين في كل جملة من الجمل التالية، ثم يضع تحتها خطا.

1. الدجاجة (تصنع، تبيض، تأكل) البيض.
2. النحلة (تضع، تقطف، تصنع) العسل.
3. العصفور (يضحك، يغرد، يتكلم) كل صباح.
4. الطائرة (تطير، تقلع، تهبط) على أرض المطار.
5. طارق (يقطف، يقول، يكسر) الأزهار من الحديقة.
6. الطالب (يقرأ، يغني، ينظر) القصة على أصدقائه.

18- عدم القدرة على محاكاة وتوظيف الأساليب اللغوية:

من المعلوم أن اللغة العربية تتضمن أنماطاً لغوية كثيرة، ويشتكي المعلمون من عجز الطلبة عن محاكاتها فصلاً عن توظيفها المناسب في تعبيرهم الشفوي والكتابي، ويمكن للمعلم أن يعالج مثل هؤلاء الطلبة من خلال تدريبات مكثفة على الأساليب والأنماط اللغوية المختلفة، ليتمرسوا باستخدامها، ويعتادوا على توظيفها في لغتهم المنطوقة والمكتوبة.

وفيما يلي بعض التدريبات التي يمكن أن يعطيها المعلم لطلبته:

تدريب: 1: أعط مثالاً في جملة من مخزونك اللغوي على كل الأساليب اللغوية التالية:

1. الاستفهام الاستنكاري
2. أسلوب النداء
3. أسلوب التعجب
4. أسلوب المدح
5. أسلوب الاستدراك
6. أسلوب الأمر
7. أسلوب التخيير
8. أسلوب العرض
9. أسلوب الاستغاثة
10. أسلوب النداء

تدريب: 2: صنف الأساليب التالية:

	الأسلوب	نوعه
	ما أجمل الشمس !	التعجب
	وامعتصماه.	
	ألا تحبون أن يغفر الـلـه لكم.	
	يا أيها الذين آمنوا اجتنبوا كثيرا من الظن.	
	لله دره من فارس.	
	كيف نفعل ذلك؟	
	كيف سافرت إلى فلسطين؟	
	نجح الطالب بتفوق.	
	جاء محمد بل أبوه.	
	اقرأ شعرا أو نثرا.	

19- عدم استخدام المعاجم وتوظيفها:

يعتبر استخدام المعاجم وتوظيفها إحدى المشكلات التي يواجهها الطلبة، ولذا يحسن بالمعلم تدريب الطلبة على استخدام المعاجم بنوعيها ليتمكنوا من الوصول إلى معاني المفردات التي يحتاجونها في قراءاتهم، وعدم اللجوء إلى إعطاء المعاني بصورة مباشرة. فبعد قراءة نص من النصوص، يطلب المعلم من الطلبة استخراج بعض معاني المفردات من المعجم اللغوي وتدوينها في دفاترهم، ثم قراءة ما دونوه ليصار إلى الطلب منهم توظيفها في جمل مفيدة من مخزونهم اللغوي. وفي هذا تدريب لهم على استخدام المعاجم وتنمية لثروتهم اللغوية، والقدرة على توظيف المفردات في تعبيرهم الشفوي والكتابي.

ويبدأ المعلم بتدريب الطلاب على استخدام المعاجم الحديثة (كالمعجم الوسيط)، حيث ترتيب المفردات فيه حسب الأحرف الهجائية. فإذا امتلكوا هذه المهارة انتقل المعلم إلى تعريفهم بالمعاجم القديمة، كمعجم لسان العرب (لابن منظور) حيث تم تنظيمها في أبواب حسب الحرف الأخير من أصل الكلمة، ثم تنظيمها في فصول حسب الحرف الأول منها فالذي يليه وهكذا...

20- عدم استخدام علامات الوقف والترقيم:

يصعب على بعض الطلبة استخدام وتوظيف علامات الوقف والترقيم، سواء في القراءة أو الكتابة، وذلك لعدم معرفتهم بمواطن استخدامها ومعانيها. ولذا يحسن بالمعلم تدريب الطلبة على الالتزام بعلامات الوقف أثناء القراءة والكتابة، وذلك بعد مناقشتهم في مدلالوت هذه العلامات. وفيما يلي تلخيص لذلك:

1. الفاصلة (،):

وهي تدل على وقف قصير. وتوضع بين الجمل القصيرة التامة بالمعنى، وبعد المنادى، وبين المفردات المعطوفة، وبعد حرف الجواب، وبين جملتين مرتبطتين بالمعنى والإعراب...

2. الفاصلة المنقوطة (؛) أو القاطعة:

وهي تدل على وقف أطول مـن الوقـف عنـد الفاصـلة، وتوضـع بـين الجملتـين المترابطتـين بـالمعنى دون الإعراب...

3. النقطة (0):

وهي تدل على وقف تام. وتوضع في نهاية الجملة التامة المعنى، المستقلة عما قبلها وعما بعدها...

4. النقطتان (:):

وتدلان على وقف متوسط. وتوضعان بعد (قال) ومشتقاته، وقبل التفصيل في الكلام أو التفسـير، وبعـد كلمة (مثل).

5. النقط الثلاث (...):

وتوضع للدلالة على كلام محذوف أو كلام ناقص...

6. علامة الاستفهام (؟):

وتوضع في آخر الجملة الاستفهامية.

7. علامة التعجب (!):

وتوضع في آخر كل جملة تدل على تعجب، أو تأثر، أو استغراب، أو استنكار، أو تأسف، أو دعـاء، أو بعـد الترجي والاستغاثة...

8. المزدوجان "   ": ويوضع بينهما الكلام المنقول أو المقتبس.

9. القوسان (   ): وتوضعان لإبراز العبارات التي يراد لفت الانتباه إليها.

1. العارضة (ـ):

وتوضع لفصل الكلام في الحوار، عدم الاستغناء عن ذكر الأسماء ؛ وقبل الجملة الاعتراضية وبعدها.

11. القوسان المعقوفان أو المعكوفان [   ]: وتوضعان لحصر ما زاد عن النص الأصلي.

12. القوسان المزهران {   }: ويستعملان لحصر الآيات القرآنية.

ويمكن للمعلم إعطاء تدريبات خاصة للطلبة لتدريبهم على توظيف واستخدام علامات الوقف والترقيم سواء في القراءة أو الكتابة.

الفصل الخامس

الأناشيد ، المحفوظات ، الشعر

- أساليب وطرائق تدريس الأناشيد
- أساليب وطرائق تدريس المحفوظات
- تدريس الشعر

الأناشيد ، المحفوظات ، الشعر

الأناشيد والمحفوظات:

الأناشيد: هي قطع شعرية سهلة في أسلوبها وطرائق نظمها وفي مضامينها، وتنظم على وزن مخصوص، وتصلح لتؤدى أداءً جماعياً، وتهدف إلى غرس هدف انفعالي له علاقة بحياة الطالب.

أهداف تدريس الأناشيد:

1- تزويد الطلاب بمجموعة من المفردات اللغوية والتي تساعدهم في دروس التعبير، وتنمية ثروتهم اللغوية " ألفاظاً وجملاً وأفكاراً ".

2- تجديد نشاط الطالب، وزيادة حبهم للمدرسة، وزيادة ثقتهم بأنفسهم.

3- تنقل إلى الطالب القيم والمثل العليا، ونزعات الخير والعواطف النبيلة والأخلاق القويمة، وترقى من ذوقهم الفني وحبهم للأدب وجمال الأسلوب.

4- تدريب الطلاب على جودة الإلقاء والجرأة في الحديث، وعلى حسن الاستماع وجودة النطق لتصحيح بعض العيوب في لغتهم.

5- إدخال السرور والفرح إلى نفوس الطلاب، وحل مشكلة الخجل الزائد لدى بعض الطلاب.

6- بعث الحركة والنشاط في نفوس الطلاب، وإشغال أوقات فراغهم وإبعاد الملل والضجر عنهم، وتشجيعهم على المشاركة في الأنشطة الصفية.

7- بناء طفل عربي يحب لغته ويعتز بأمته العربية.

8- تزويد الطلاب بالصور الشعرية الراقية الرقيقة لتبقى معه طوال حياته مثل:

* أنا الديك أنا الديك : كوكو ريكو، كوكو ريكو

إذا ما الصبح قد حان :ملأت الكون ألحانا

وصحت نهاركم بانا : بأني لست كسلاناً

أنا الديك أنا الديك : كوكو ريكو، كوكو ريكو

* بلادي بلادي بلادي لك حبي وفؤادي

* بلادي أحب البلاد إليْ

* تظل بلادي هوىً في فؤادي

9- تذوق الشعر العربي، وغناء الشعر بأي لحن أو أداء يراه المعلم مناسباً.

10- تنمية الحِسْ الموسيقي لدى الطالب.

الفرق بين الأناشيد والمحفوظات

1- يشترط في الأناشيد أن تكون شعراً، بينما قد تكون المحفوظات شعراً أو نثراً.

2- قد تنظم الأناشيد بأوزان وبحور متنوعة الأشكال مختلفة عن أوزان المحفوظات، وقد تكون المحفوظات نثراً حراً.

3- تقتصر مضامين الأناشيد على النواحي العاطفية والأخلاقية والوطنية، بينما تتسع قطع المحفوظات علاوة على ذلك لتشمل مضامين فلسفية وعقلية عميقة، لذا تتعدد أغراضها وغاياتها اللغوية.

4- غالباً ما تؤدى الأناشيد أداءً جماعياً أو شبه جماعي، أما في المحفوظات فالأداء فردي دوماً.

5- يشترط في الأناشيد أن تلحن ولو بدون أدوات موسيقية، في حين ليس من الضرورة تلحين المحفوظات بالطريقة ذاتها.

6- غالباً ما يشيع تدريس الأناشيد في الصفوف الأولى لقربها من نفوس التلاميذ، في حين تقدم المحفوظات في مختلف مراحل الدراسة.

شروط اختيار الأناشيد

1- أن تكون ملائمة للمستوى العقلي والنمائي واللغوي للطالب.

2- أن تذكر الطالب بالمناسبات الدينية أو الاجتماعية أو القومية أو الوظيفية.

3- أن تكون هذه الأناشيد ملائمة للمستوى اللغوي للطالب ولقدرتهم العقلية والنمائية، ومنتمية لبيئتهم اللغوية، وأن تتدرج في مضمونها وشكلها وفق خصائص المراحل النمائية لهم.

4- أن تشبع ميول الطلاب وحاجاتهم الحياتية المتعلقة بألعابهم ولقاءاتهم وعاداتهم ورحلاتهم وتراثهم...

5- أن تنمي في الطالب عادة احترام الآخرين، كالآباء والمعلمين وكبار السن وأصحاب المهن الأخرى في المجتمع.

6- أن تتنوع في أشكالها ومضامينها وطرق أدائها، حتى لا يمل منها الطالب.

7- أن تعالج مواضيع مختلفة، دينية، أخلاقية، وطنية... لتتيح للطلاب مجال سماع ألحان مختلفة، بحيث لا يقتصر النشيد على لون واحد أو نغم واحد في المضمون والأداء.

8- أن تكون ألفاظها وألحانها محببة إلى الطلاب، بحيث يرددها في المدرسة والبيت والشارع والرحلات والباص، وبحيث يتغنى بها أمام أسرته وأهله...

أنواع الأناشيد

تتنوع أشكال الأناشيد بتنوع الأهداف التي نريد تحقيقها، وأهم أنواع هذه الأناشيد:

1) الأناشيد الدينية:

وهي تهدف إلى تنمية العادات الدينية لدى الطالب بما تتضمنه من قدرة الخالق وعظمته، وشكره على النعم التي لا تحصى والتي حبانا إياها والتي لا نستطيع حصرها، والتغني بسيرة الأنبياء الكرام وما قدموه للبشرية من خير وهدى وبشائر، وما تشيعه في النفوس من الإيمان بالله وملائكته وكتبه واليوم الآخر، والتغني بالأعياد والمناسبات الدينية خصوصاً عيد الفطر وعيد الأضحى المبارك واحترامها والابتهاج بها .

2) الأناشيد الوطنية:

ويهدف هذا النوع من الأناشيد إلى التغني بالوطن وأمجاده وبالرموز البشرية التي خدمت وطنها، ومن أجل حث أبناء الوطن بالسير على طريق الأجداد والآباء الذين خدموا الوطن بأموالهم وأرواحهم ودمائهم والتغني بتراث الوطن وأمجاده وتاريخه وبذل الغالي والنفيس في الدفاع عنه وحمايته على الدوام.

3) الأناشيد العاطفية:

وتهدف هذه الأناشيد إلى إثارة العواطف الشريفة في نفوس الطلاب مثل حب الوالدين وتقديرهما وحب الأخوة والأخوات والأسرة والأجداد والجدات والأخوال والخالات والأعمام والعمات وحب الجار وحب جمال الطبيعة وحب الخير للبشرية وحب السلام والعدالة للشعوب جميعاً.

4) الأناشيد الاجتماعية:

وتهدف هذه الأناشيد إلى توجيه سلوك الطلاب إلى التوائم مع مجتمعه والتفاعل معه بهدف تنمية روح الاحترام والتقدير بين أفراد المجتمع، وتقبل واحترام آراء الآخرين وتقدير جميع المهن والأعمال في المحتمع مهما كانت

بسيطة وإشاعة روح الود والتعاطف والاحترام والتعاون بين جميع أفراد المجتمع وحب الخير للجميع.

5) الأناشيد الترفيهية:

وهي الأناشيد التي تدخل الفرح والسرور والمرح إلى نفوس الطلاب، فتزيل عنهم الملل والضجر وتزيل الحواجز الروتينية بين المعلم والمتعلم، وهذا النوع من الأناشيد يحقق المتعة للمتعلمين كبارهم وصغارهم بما تتضمنه من مرح هادف وبما يرافقها من حركات وانفعالات أثناء تأديتها، ونلاحظ ترديد الطلاب لمثل هذه الأناشيد خلال الرحلات المدرسية في الباصات والساحات والمنتزهات بحيث يخرج الطلاب عن الروتين فيرقصون وينشدون ويفرحون ويرددون العديد من الأناشيد التي تعلمها الطلاب في المدرسة.

6) الأناشيد التعليمية:

وهذه الأناشيد لا تخرج في معناها وأهدافها ومضامينها عن الأنواع السابقة من الأناشيد، ولكنها تهدف بشكل مباشر إلى إكساب الطلاب بعض المبادئ أوالحقائق أو السلوكات الأخلاقية أو لتحقيق بعض الأهداف المتعلقة بالمواد الدراسية، ولكن ينبغي في مثل هذا النوع من الأناشيد أن تراعي السهولة والبساطة والبعد عن القضايا الشكلية المعقدة.

أساليب وطرائق تدريس الأناشيد

يعتمد تدريس الأناشيد في الصف الأول والثاني الأساسي على أسلوب السماع والمحاكاة لعدم قدرة الطلاب في هذا السن على اتقان القراءة، ويسير المعلم في تدريس الأناشيد في هذه المرحلة وفق الخطوات التالية:

1- التمهيد: يمهد المعلم لدرس النشيد بمقدمة شائقة تضع الطلاب في جو النشيد، من خلال المحادثة بحيث يربط فيها موضوع النشيد بخبرات الطلاب السابقة، كما يمكن الاستفاده من الوسائل التعليمية التي يعرضها ويوظفها المعلم لهذا الغرض.

2-   ينشد المعلم النشيد أمام الطلاب كاملاً مع اللحـن الـذي يـراه مناسـباً، ويمكن للمعلم أن يستعين بآلة موسيقية أو لحن النشيد بواسطة الفـم، أو قـد يستعين المعلـم بشريط مسجل عليه اللحن ويكرر ذلك عدة مرات.

3-   يكرر المعلم الأنشودة عدة مرات ملحنة كي يسمعها الطلاب ويقلـدونها، ويستخدم المعلم خلال إنشاده أمام الطلاب الحركات والتعبيرات المناسبة.

4-   يقسم المعلم طلابه إلى عدة مجموعـات، ويغنـي النشـيد معهـم بحيـث تردد المجموعات من بعده واحدة بعد الأخرى.

5-   يستعين المعلم بمن حفظ مـن التلاميـذ لترديـد مـا حفظـوه مـن النشـيد ملحناً، ثم تردده مجموعة من الطلاب بعد زمـيلهم، ثـم طالـب آخـر ومجموعـة أخـرى... ثم طلاب الصف جميعهم.

6-   يتبع المعلم الأسلوب نفسه متدرجاً من الشطر إلى البيت، ثم إلى البيتـين فالمقطع... وهكذا حتى آخر النشيد، ويستمر المعلـم في الأسـلوب نفسـه حتـى يتمكن أغلـب الطلاب من حفظ النشيد في الحصص المقررة لـه، ولا ضرورة للتشـديد عـلى الطلاب في حفـظ النشيد من الحصة الأولى، وأن يتحلى المعلم بالصبر في تحفيظ طلابه للنشيد بأسلوب محبـب لهم.

7-   يقوم المعلم بتقريب معنى النشيد الإجمالي إلى أذهان الطلاب.

طرق تدريس الأناشيد

1) الطريقة الكلية:

وهذه الطريقة تناسب الصفوف الإبتدائية الدنيا، بحيث تكون الأناشيد قصـيرة وسـهلة، ويطلـب من الطلاب حفظ القطعة كاملة دون تجزئة مستعيناً بالتكرار المستمر إلى أن يحفظ الطلاب النشيد.

2) الطريقة الجزئية:

يقوم المعلم بتجزئة القطعة إلى أبيات، أو بتقسيمها إلى مجموعات من الأبيات، بحيث تشكل كل مجموعة وحدة معنوية، ثم يقوم الطلاب بترديد كل وحدة وتكرارها حتى يحفظوها، ثم ينتقلون إلى الوحدة التي تليها، وهكذا حتى يتم حفظ النشيد كاملاً.

3) طريقة المزاوجة بين الطريقتين:

يلجأ المعلم في هذه الطريقة إلى محاولة تحفيظ طلابه الأنشودة كاملة في البداية بحيث يقوم بتكرارها حتى يتسنى للطلاب حفظ ما يستطيعون من أبياتها، ثم يعمد المعلم إلى تقسيمها إلى وحدات معنوية مركزاً على الأبيات التي لم يتمكن الطلاب من حفظها خلال القراءة الكاملة، ويستمر بذلك حتى يتمكن الطلاب من حفظ النشيد كاملاً.

4) طريقة المحو التدريجي:

وفي هذه الطريقة يكتب المعلم القطعة على لوح إضافي، ويقرأها ويلحنها، ثم يقوم بمناقشتهم في معانيها، وبعدها يعمد المعلم إلى محو بعض الكلمات من الأبيات، ويطلب من الطلاب استذكارها، وهكذا يستمر بذلك حتى يتمكن الطلاب من حفظها واستذكارها غيباً.

نموذج إعداد درس نشيد للصفوف الإبتدائية الدنيا

الأهداف (النتاجات الخاصة):

1- معرفة مميزات العيد وفوائده وما يدور حوله من مظاهر الفرح والسرور.
2- معرفة معنى عيد الفطر وعيد الأضحى للمسلمين.
3- معرفة معاني المفردات: الهناء، الطرب.
4- إيقاظ الشعور الديني تحو العيد وما يدور حوله من عادات ومبادئ ومثل حميدة.
5- إكساب الطلاب مهارة الإلقاء وضبط الشكل والتغني بالنشيد.

المواد والأدوات والتجهيزات (مصادر التعلم):

الكتاب المدرسي.

الصور ولوحات تبين مظاهر العيد.

السبورة والطباشير.

لوحة الجيوب.

البطاقات (للكلمات الصعبة ومعانيها).

ورقة عمل تبين مظاهر عيد الفطر، وأخرى مظاهر عيد الأضحى المبارك.

استراتيجيات التدريس:

أوراق عمل.

توظيف الكتاب المدرسي.

لوحة تظهر مظاهر العيد من فرح وسرور.

المناقشة.

أسئلة وأجوبة.

اتباع الأسلوب المناسب في حفظ النشيد.

البطاقات الخاطفة.

أداء النشيد بشكل حركي تمثيلي.

الإجراءات:

1- التهيئة المناسبة للدرس من خلال عرض صور أو لوحة تظهر العيد ومظاهره وفتح باب النقاش مع الطلاب من خلال الأسئلة والأجوبة، وعما يفعله الناس قبل مجيء العيد من استعدادات على مستوى الفرد والأسرة والمجتمع والدولة، وأجعل الطلاب يعددون مظاهر الفرح والبهجة بالعيد تمهيداً للدرس واستنباطاً لعنوانه فيما لا يزيد عن ثلاث دقائق.

2- اعرض لوحة مكتوب عليها نص النشيد بخط جميل وواضح:

العيد

العيدُ جاءَ أهلاً بِهِ

كُلُّ الهَناء في قُرْبه

أهلاً بِهِ أهلاً بِهِ

عيد السَّعادةِ والطَّرب

عيد التهاني واللَّعب

أهلاً بِهِ أهلاً بِهِ

3- يقرأ المعلم النشيد قراءة نموذجية متأنية معبّرة، ليحسّوا بالجمال الأدبي للقطعة ويتذوقوه وينفعلوا به ويقلدوه، مع الانتباه إلى مدى إصغاء التلاميذ أثناء قراءة المعلم.

4- يقوم المعلم بتكرار النشيد ملحناً مستخدماً الحركات والتعابير المناسبة ويردد الطلاب النشيد من بعده.

5- يقوم المعلم بتقسيم الطلاب إلى مجموعات، ويغني النشيد معهم بحيث تردد المجموعات النشيد من بعده.

6- يقوم المعلم بعرض بطاقات تحمل الكلمات الصعبة والمعقدة، ثم يوضح معانيها ويكتبها على السبورة.

الهناء : الفرح

الطرب: السرور

7- يقوم المعلم بواسطة النقاش والحوار بشرح معنى كل بيت والمعنى الإجمالي للقطعة بالاشتراك مع الطلاب.

* الأبيات: (1، 2، 3) معناها: أن العيد قد جاء ومعه السعادة والفرح والسرور.

* الأبيات: (4، 5، 6) معناها: أننا نحب العيد لأن فيه الهدايا ولعب جميلة، ولأننا نهنئ بعضنا البعض بالعيد، ولأن الله أمرنا بالفرحة والبهجة فيه احتفالاً بتمام النعمة بالصوم والحج.

8- بعد الانتهاء من شرح المعنى، يعاود الطلاب قراءة النشيد بالتناوب إلى أن يتم حفظ النشيد.

9- يقوم بعض الطلاب بإلقاء النشيد ملحناً بصوت جميل مع الحركات والتمثيل.

استراتيجيات التقويم

1- يُسَمِّع المعلم لمن حفظ من الطلاب فرداً فرداً مع الحرص على ضبط النطق.

2- إجراء مسابقة بين الطلاب على حسن الإنشاد واختبار قدرة كل منهم على الإلقاء الصحيح والتمثيل وأداء كل فقرة باللهجة أو النبرة المعبرة عن المعنى.

3- أوجه إليهم بعض الأسئلة للتأكد من فهمهم للمعنى المطلوب وما تمعن عليه القطعة من قيم واتجاهات مثل:

س1) ماذا يفعل الناس قبل العيد ؟.

س2) ماذا يعمل الأطفال يوم العيد ؟.

س3) لماذا يحتفل المسلمون بالعيد ويفرحون به ؟ ؟

س4) ماذا نسمي شهر الصوم ؟.

س5) أين تقع الكعبة المشرفة ؟.

س6) من منكم زار الكعبة المشرفة مع أسرته ؟.

العوامل التي تساعد الطالب على سرعة حفظ النشيد

1- شرح معاني الألفاظ والتراكيب بلغة بسيطة يفهمها الطالب.

2- توفير عناصر التشويق في الأناشيد سواء في الأسلوب أو الوزن أو الفكرة.

3- التكرار في فترات زمنية متقاربة.

4- التشجيع المستمر من قبل المعلم والتحفيز والثناء المستمر على الطلاب وبث روح المنافسة بينهم.

5- بث الأمل في نفوسهم وعدم اللجوء إلى التوبيخ مطلقاً، ومراعاة الفروق الفردية في الحفظ بين الطلاب والتحلي بالصبر وطول البال.

6- التسميع الذاتي، أو من خلال الأقران.

ملاحظات حول تدريس الأناشيد في الصفين الأول والثاني الأساسي

1- القراءة الترديدية التي يقلد فيها الطلاب قراءة المعلم النموذجية، يجب أن لا نطيل فيها كثيراً، ثم ننتقل إلى القراءة الفردية حتى يمكننا اكتشاف أخطاء النطق لدى الطلاب وعلاجها في البداية وقبل ثبوتها.

2- ضرورة تلحين النشيد والتغني به مع الحركات والتمثيل من قبل المعلم والطلاب لأن هذا الأسلوب محبب لدى الطالب ويثير فيه السرور والشوق والسعادة ويساعد على سرعة الحفظ.

3- الحفظ يتم بتكرار النشيد ككل عدة مرات، إذا كان قصيراً، أو بتكرار كل بيت أو مقطع على حدة إذا كان طويلاً.

4- أن يكون المعلم دائم النشاط والحركة ودائم العطف يتمتع بروح إنسانية محبوباً لدى طلابه وأن ينزل إلى مستواهم بحيث يفهمونه ويقلدونه ويسعون إلى إرضائه من خلال الحفظ السريع.

المحفوظات

أهداف تدريس المحفوظات

1- تزويد الطالب بثروة أدبية شعرية ونثرية ليستعين بها في المستقبل على التعبير السليم، ومحاكاة الفصيح من أساليب العرب.

2- ربط الطالب بتراثنا الأدبي الرفيع، واعتزازه بانتسابه لأمته.

3- حفظ مجموعة من الآيات القرآنية الكريمة والأحاديث النبوية الشريفة والقطع الشعرية والنثرية.

4- تذوق جمال الشعر العربي والأدب الرفيع.

5- التعرف إلى الجانب الإنساني في النفس العربية.

6- تنمية الإحساس بالقيم والمثل العليا والتحلي بها.

7- تدريب الطلاب على حسن الأداء وجودة الإلقاء وتمثُّل المعنى.

8- التمتع بما في الأدب من جمال الفكرة والعرض والموسيقى، وبعث السرور والراحة في نفس الطالب.

9- إدراك ما في المحفوظات من صور ومعانٍ وخيالات.

10- تعبئة الناشئين دينياً ووطنياً.

أسس اختيار المحفوظات

يراعى اختيار المحفوظات ما نراعيه في اختيار الأنشطة اللغوية الأخرى حتى يسهل على المعلم تحقيق الأهداف المرجوة منها، ومن هذه الأمور مايلي:

1- أن تكون ملائمة لمستوى إدراك الطلاب النمائي واللغوي، بحيث تتدرج على شكل منطقي ليراعي هذه المستويات في طولها وقصرها ومعناها ودرجة صعوبتها.

2- أن تتنوع في أشكالها شعراً ونثراً - وفي موضوعاتها وأن تراعي البيئة ومجتمع الطالب. ومراعاة ميول ورغبات الطلاب، ومراعاة الفروق الفردية بينهم.

3- الابتعاد عن أسلوب العرض المباشر للحقائق والمعلومات والابتعاد عن أسلوب الوعظ والارشاد، بحيث تتضمن معانيها وصورها ما يثير خيال الطالب ويحرك مشاعره المختلفة (الوطنية والدينية والعاطفية...).

4- أن تكون المحفوظات المختارة ملائمة لمستوى الطالب العقلي والنمائي واللغوي.

5- أن تشمل صوراً خيالية لتغني خيال الطالب وتثري تصوراته وأفكاره.

شروط تدريس المحفوظات

1- إذا كان النص قصيراً ومترابط المعنى، فيفضل حفظه كاملاً بدون تجزئة وتكراره عدة مرات حتى يحفظه الطالب.

2- إذا كان النص طويلاً، أو إذا كانت أفكاره متنوعة، فيفضل تقسيمه إلى وحدات، تحفظ الوحدة تلو الأخرى، مع مراعاة الربط بين الوحدات في تتابع حيث يردد الأبيات التي حفظها مع الأبيات الجديدة ويربطها معاً أولاً بأول، مع ضرورة إدراك معنى كل مقطع ثم إدراك المعنى الكلي للقطعة.

3- في الصف الأول الابتدائي يلجأ المعلم إلى تحفيظ الطلاب بطريقة التلقين لعدم قدرة الطلاب على القراءة، وأن لا نطيل في الترديد الجماعي في البداية، مع التركيز على الترديد الفردي لاكتشاف الأخطاء وعلاجها لدى الطالب في الوقت المناسب.

4- النزول إلى المستوى العقلي والإدراكي للطلاب في شرح معاني المفردات والتراكيب المعقدة في المحفوظات، لذا يجب الاهتمام بإظهار المعنى وتذوقه والتأثر به.

أساليب وطرائق تدريس المحفوظات

يمكن تدريس المحفوظات بشكل عام باتباع الخطوات التالية:

1- المقدمة: يمهد المعلم لدرس المحفوظات بمقدمة شائعة ذات علاقة بموضوع النص من خلال إعطاء نبذة قصيرة حول مضمون القطعة ومناسبتها بأسلوب شائق يثير اهتمام ودافعية الطلاب للتعرف إلى النص المراد حفظه.

2- قراءة المعلم: يقوم المعلم بقراءة النص قراءة واضحة ومعبرة وسليمة سواء أكانت مكتوبة على لوحة خاصة أو من الكتاب أو من السبورة أو من خلال أوراق مصورة.

3- يطلب المعلم إلى بعض الطلاب النابهين قراءة النص، بحيث لا يكلف القارئ قراءة كامل النص، بل يوزع أجزاء النص على الطلاب.

4- يوضح المعلم معاني المفردات الجديدة ويسجلها على السبورة.

5- يقرأ الطلاب النص قراءة فردية جهرية.

6- يقرأ المعلم البيت الأول ويطلب بعض الطلاب قراءة البيت أو (الجملة) ثم يقوم بعملية المحو التدريجي للأبيات عن اللوح أو تغطيتها، ليعين الطلاب على حفظ النص.

7- يتوسع المعلم في المحو إلى أن يغدو الطالب قادراً على ترديد البيت أو (الجملة) من الذاكرة.

8- يتناول المعلم القطعة بالشرح بيتاً بيتاً، مظهراً مواطن الجمال في كل بيت مظهراً العاطفة وما تتضمنه هذه الأبيات من معانٍ وطنية وقومية ودينية واجتماعية.

9- يناقش المعلم طلابه في الأفكار العامة التي تتضمنها القطعة وإبراز عناصرها بالحوار والمناقشة الهادفة.

10- يطرح المعلم في النهاية أسئلة تغطي جوانب القطعة كلها بما فيها المفردات والتراكيب اللغوية والمعاني الجزئية والأفكار الفرعية، ويسجل على السبورة الفكرة الرئيسية وأهم الأفكار الفرعية للقطعة.

تدريس المحفوظات للصف الثالث الأساسي

يفضل اختيار قطع المحفوظات السهلة والجميلة لطلاب الصف الأول والثاني الأساسي، ولا يختلف تدريس المحفوظات في هذين الصفين عن السير في تدريس الأناشيد باستثناء طريقة إلقاء المحفوظات والتي تلقى بشكل فردي.

وتختلف طريقة تدريس المحفوظات في الصف الثالث الأساسي عنها في بداية هذه المرحلة وكذلك في المرحلة العليا. حيث يتبع المعلم الخطوات التالية في تدريسها في الصف الثالث الأساسي:

1- التمهيد: يمهد المعلم للدرس بمقدمة شائعة لجذب انتباه الطلاب وخلق الدافعية والاهتمام لديهم للتعرف إلى النص وحفظه .

2- قراءة المعلم النموذجية لقطعة المحفوظات من لوحة كتب عليها النص بخط جميل وملون، أو من الكتاب المدرسي أو من السبورة مع ضرورة تمثيل المعنى أثناء القراءة.

3- يقرأ المعلم قطعة المحفوظات قراءة ثانية.

4- تدريب الطلاب على قراءة قطعة المحفوظات، ويمكن للمعلم أن يلجأ إلى تقسيم الصف إلى مجموعات، تردد كل مجموعة من وراء المعلم قراءة القطعة أو جزءاً منها حسب ما يراه المعلم.

5- يمكن اختيار مجموعة من الطلاب النابهين وتكليفهم بتعليم زملائهم ومساعدتهم في حفظ قطعة المحفوظات بتوجيه وإشراف المعلم.

6- يقوم المعلم بشرح المعنى الإجمالي للقطعة دون الخوض في المعاني الجزئية أو الفرعية.

7- شرح المفردات الجديدة والصعبة شرحاً وافياً على السبورة وتوظيفها في أكثر من مجال.

8- تدريب الطلاب على حفظ جزء من القطعة في الصف.

تدريس المحفوظات في المرحلة الابتدائية العليا

1- تهيئة الطلاب للقطعة بمقدمة مناسبة وشيِّقة لجذب انتباههم وتحفيزهم لمتابعة التعرف إلى النص وحفظه.

2- قراءة المعلم النموذجية للقطعة مع مراعاة تمثيل المعنى.

3- قراءة الطلاب للقطعة مقلدين قراءة المعلم مع توجيه المعلم لهم بضرورة تمثيل المعنى.

4- تقسيم القطعة إلى أجزاء حسب المعنى أو الفكرة، وشرح المفردات والمعاني الجزئية وتسجيلها على السبورة وتوظيف المفردات في جمل مفيدة.

5- تلخيص القطعة بشكل مبسط وتسجيله على السبورة.

6- تدريب الطلاب على الحفظ التدريجي للقطعة خلال الحصة.

تدريس المحفوظات في المرحلة الأساسية العليا

1- يتطرق المعلم إلى حياة صاحب قطعة المحفوظات وتعريف الطلاب على أهم خصائص العصر الذي عاش فيه الأديب أو الكاتب.

2- قراءة المعلم النموذجية للقطعة مع إظهار مواطن الجمال والصور الجمالية والمعاني الوطنية والدينية والقومية وأهم الأفكار الواردة فيها والفكرة الرئيسية وتسجيلها على السبورة.

3- قراءة التلاميذ للقطعة مع تمثيل المعنى.

4- شرح المعاني والمفردات وتوظيفها في جمل جديدة، ومحاولة تذوق النص والحكم عليه بعد فهمه.

5- تلخيص أفكار القطعة وتكليف الطلاب كتابتها على دفاترهم بعد الاتفاق على الأفكار الصحيحة واعتمادها من قبل الجميع من خلال النقاش والحوار.

6- المقارنة بين معاني وأسلوب هذا النص وبين معاني وأسلوب غيره من النصوص.

7- تكليف الطلاب بالبحث عن حياة الأديب وعصره وآثاره ومؤلفاته وأسلوبه من خلال الانترنت أو مراجع يحددها المعلم لطلابه، ونقاش أعمال الطلاب في حصة خاصة يحددها المعلم للاطلاع على أعمال الطلاب وتقويمها، وحفظ أعمال الطلاب الجيدة في مكتبة المدرسة أو في مكتبة الصف ليستفيد منها بقية الطلبة.

تدريس الشِعْر

لا شك بأن الشعر هو مرآة الشعوب فمن خلاله يمكن التعرف إلى أخلاقهم وأذواقهم وفكرهم، وهو فن رفيع من خلاله يستطيع الأديب أن يبث فيه ما في نفسه من لواعج الألم ومظاهر البهجة والسرور، ويضع ذلك في قوالب رائعة تلامس أعماق القارئ والسامع فتزيده روعة في الإحساس ورقة في الشعور.

ويمكننا أن نصنف الأدب شعراً أو نثراً، لكن طبيعة الشعر مغايرة للنثر على جميع المستويات، وقد أدرك العرب القدماء قيمة الشعر والشعراء، فكان الشاعر يمثل العشيرة والقبيلة يدافع عنها، ويرفع من شأنها، ويحط من شأن خصومه وأعدائه، لذلك كان للشاعر عندهم منزلة رفيعة.

وقد عرّف قدامة بن جعفر الشعر، بأنه قول موزون مقفى يدل على معنى، وأنه سمي الشاعر لأنه يشعر من معاني القول وإصابة الوصف بما لا يشعر به غيره.

وأهم ما في الشعر تشبيهاته والتشبيه هو أن تطبع في وجدان سامعه وفكره صورة واضحة عما انطبع في ذات نفسك، لذا فإن الشروط التي يجب أن تتوفر في الشعر لدى القدماء هي:

اللفظ والوزن والقافية والدلالة على المعنى.

أما الشعر لدى الشعراء المعاصرين فشروطه، الموسيقى والخيال والصورة الشعرية والوحدة والفكرة والتجربة الشعرية.

وحين ندرس نصاً يتوجب علينا أن نهتم بالأمور الهامة التالية:

1- المعنى المعجمي للكلمة: وهو المعنى الأصلي للكلمة كما يحدده المعجم.

2- المعنى الإيحائي للكلمة: وهو المعنى الإضافي الذي توحيه الكلمة من خلال السياق، لأن الشعر لا يهدف إلى تفسير الظواهر تفسيراً علمياً، وإنما يصور الشاعر الأشياء بمنظوره الخاص ويعرض هذا المنظور ليقنع القارئ والسامع ويؤثر فيه.

أهداف تدريس الشِعْر

1- تدريب الطلاب على فهم الأساليب الأدبية، وإفساح المجال أمامهم لإدراك أهمية وضوح الفكرة وتسلسلها وحسن التعبير عنها ليفيد منها في تعبيره الشفوي والكتابي.

2- تمكين الطالب من قراءة النص الشعري قراءة صحيحة معبرة عن المعنى، مراعياً في قراءته حسن الأداء وجودة الإلقاء وتمثيل المعنى.

3- معرفة معاني المفردات والتراكيب الواردة في النص الشعري من السياق الذي وردت فيه، وزيادة ثروة الطلاب اللغوية وحصيلتهم من المفردات والمعاني وتوظيفها في حياتهم اليومية.

4- تذوق النص الأدبي الذي يدرسه وتقدير صاحبه وفق أصول نقدية تلائم مستوى الطالب، وإصدار الأحكام على النص الأدبي الذي يدرسه ويبدي رأيه الشخصي فيه استناداً إلى أحكام موضوعية.

5- مساعدة الطالب في تبين جو النص الذي يدرسه والظروف التي قيلت فيه والتي تعكس نفسية وبيئة الشاعر آنذاك.

6- الاعتـزاز والافتخـار بـتراث أمتـه العربيـة والإسـلامية ومـا فيـه مـن قـيم وعادات وأخلاق سامية.

7- التعـرف عـلى عـدد مـن الأدبـاء والشعراء في الـوطن العـربي والإسـلامي بعامة، وفي بلده خاصة في العصور الأدبية المختلفة قديماً وحديثاً.

8- تزويد الطلاب بطائفة من التجارب والخبرات التي مر بها صاحب الـنص زيادة فهمهم للحياة الإنسانية والعواطف والاتجاهات التي تؤثر في حياة الأفراد والشعوب.

9- تهذيب ميولهم وتربية شخصيتهم بما تحملـه هـذه النصوص الأدبيـة في نفوسهم من معانٍ سامية واتجاهات شريفة تؤثر في نفوسهم وتوقظ مشاعرهم وتثير وجدانهم وتوقظ العواطف الشريفة والمعاني السامية النبيلة فيهم.

10- تنمية ميولهم إلى مطالعة النصوص الأدبية المختلفة من قصة ومسرحية ومقالة، وتذوقها لصقل نفوسهم وللاستمتاع بأوقـات فـراغهم، وتشـجيعهم عـلى حفـظ الآثـار والأقوال الجميلة وتوظيفها في كتاباتهم وأقوالهم.

11- إدراك ما في النص من صور ومعانٍ وأخيلة تمثل صورة من صور الطبيعـة الجميلـة أو عاطفـة مـن العواطـف البشـرية، أو تعـرض ظـاهرة مـن الظـواهر الاجتماعيـة أو السياسية أو الطبيعية، وبذلك يتوسع خيال الطلاب ويطلق العنان لأفكارهم وقدراتهم الكامنة.

12- التمتع بما في الأدب من جمال الفكرة وجمال العـرض وجمـال الأسـلوب، وموسيقا اللغة والإيقاع والسجع والقافية، لأن التمتع بالأدب الجميل يورث حب الجمال.

13- بعث السرور والراحة والاستجمام في نفس القارئ أو المستمع، ذاك السرور الشبيه بما يشعر به المتنزه في حديقة جميلة، أو المستمع إلى لحن موسيقى شجي.

كيف نُدَّرس الشعر

إن النصوص الشعرية وما يتوافر لها من الجمال الفني والتي تعرض على الطلاب فكرة متكاملة أو عدة أفكار مترابطة، والتي تزيد في طولها عن المحفوظات، والتي يمكن اتخاذها وسيلة لتدريب الطلاب على تذوق الأدب الرفيع، والتي يمكن اتخاذها كذلك مصدراً لبعض الأحكام التي تدخل في بناء الأدب وتنسيق حقائق لعصر من العصور أو لفن من الفنون أو لأديب من الأدباء، وحتى يتم تحقيق المتعة والفائدة المرجوة من دراسة النصوص الشعرية لا بد من صقل الذوق الفني لدى الطلبة لأن الذوق يرتبط ارتباطاً وثيقاً بمدى ما يملكه الطالب من ثقافة، وهذا بدوره يلقي على المعلم مسؤولية تثقيف الطالب وتوسيع الرؤية أمامه فينضج الذوق على نحو يمكن الطالب من الإقبال على النصوص الشعرية وتذوقها وفهمها وحفظها وتوظيفها في حياته.

وإن الدرس الصفي هو نوع من الاتصال اللغوي بين المعلم وطلابه، وبين الطالب وزملائه، وفي هذا الاتصال يستخدم المعلم وطلابه فناً لغوياً واحداً أو أكثر للتواصل، لذا فإن على المعلم اتقان فنون الاتصال اللغوي والتمكن منها لتعويد طلابه على استخدامها بنجاح واقتدار، فبقدر ما يكون الطالب متمكناً من هذه المهارات يكون ناجحاً في تحصيله العلمي وفي حياته العملية، وهذه المهارات اللغوية هي: التكلم والإصغاء والقراءة والكتابة.

وفيما يلي أهم الخطوات التي يمكن للمعلم اتباعها في تدريس فن الشعر:

1) التخطيط الجيد:

إن البدايات الصحيحة غالباً ما تؤدي إلى نتائج صحيحة، لذا يعتبر التخطيط أولى خطوات التدريس الفعّال، لأنها تأتي قبل البدء بعملية التدريس، فلا بد للمعلم أن تكون لديه معرفة مسبقة عن النص المراد تدريسه مما يزيد من ثقته بنفسه أمام

طلابه، كما يساعده على معرفة التعلم القبلي المطلوب توفيره، وعلى تجهيز المراجع والوسائل الضرورية اللازمة، فهذا يساعده على اختصار الكثير من الوقت والجهد وعلى القدرة على إثارة الدافعية والاستعداد لدى الطلاب مما ينعكس إيجابياً على تفاعل الطلاب ومشاركتهم مع المعلم.

وعلى المعلم عند تحضيره للدرس: أن يقوم بعملية التخطيط التام للدرس منذ البداية حتى النهاية فيحدد ما يلي:

أ-   النتاجات الخاصة (الأهداف): أي يحدد الأهداف الخاصة والنتاجات التي يريد تحقيقها في النهاية، من أهداف معرفية وسلوكية وقيم واتجاهات ومهارات، حتى تكون الطريق واضحة ومحددة أمامه وحتى لا يخرج عن الطريق الصحيح فيتوه المعلم ولا يعرف كيف يسير وكيف يحقق أهدافه.

ب-   تحديد مصادر التعلم من المواد والأدوات والتجهيزات اللازمة لنجاح الدرس، والتي يجب التخطيط لتوفيرها مسبقاً وتحديد دور كل أداة ووسيلة لتوظيفها في المكان والوقت المناسب حتى تؤدي الغرض المطلوب منها والهدف المتوخى من توظيفها.

ج- تحديد استراتيجيات التدريس:

على المعلم أن يحدد مسبقاً أسلوب ونوع التدريس الذي سيعتمده في تنفيذ خطة الدرس تتناسب مع المادة والمحتوى، فهل سيلجأ المعلم إلى أسلوب التدريس المباشر كالمحاضرة أو الأسئلة والأجوبة أو أوراق العمل أو العرض التوضيحي أو العمل في الكتاب المدرسي أو التدريبات والتمارين أو أنشطة القراءة المباشرة، أو أسلوب حل المشكلات والاستقصاء، أو أسلوب التعلم في مجموعات، أو أسلوب التعلم من خلال النشاط مثل المناظرة والألعاب أو المناقشة ضمن فرق أو الرواية، أو تقديم عروض شفوية أو التعلم من خلال المشاريع أو أسلوب التفكير الناقد مثل مهارات ما وراء المعرفة والتحليل، أو أي

أسلوب آخر يـراه المعلـم مناسـباً، والمهـم في هـذا الأمـر أن يخطـط المعلـم مسـبقاً لاعـتماد الأسلوب والطريقة المناسبة والتي تخدم الأهداف وتختصر الطريـق نحـو تحقيـق المطلـوب بأسهل وأفضل الطرق.

د- تحديد الإجراءات اللازمة لتنفيذ الدرس مثل التمهيد للدرس لإثارة شوق واهتمام الطلاب وتحديد التعلم القبلي وربط الدرس بما قبله وبعـده، وتحديـد الأنشـطة اللازمة وتحديد دور المعلم ودور الطالب، وكيفية توزيع الأسئلة على مسـتويات الاسـتيعاب الحرفي والاستنتاجي والتقويمي والإبداعي.

هـ- تحديد استراتيجيات التقويم اللازمة:

على المعلم عند التخطيط للدرس أن يحـدد اسـتراتيجيات التقويـم التـي سـيتبعها، وهل سيعتمد أسلوب التقويم المعتمـد عـلى الأداء مثـل العرض التوضـيحي أو التقـديم أو الأداء أو الحديث أو المحاكاة ولعب الأدوار أو المناقشة والمناظرة، أو هل سـيعتمد التقـويم من خلال القلم والورقة، مثل الاختبارات وتحديد نوع الاختبار المزمع تنفيذه.

أو هل سـيعتمد أسـلوب تقويم الملاحظة، مثـل الملاحظـة التلقائيـة أو الملاحظـة المنظمة، أو هل سيعتمد أسلوب تقويم التواصل مثل المؤتمر أو المقابلة او الأسئلة والأجوبة، أو هل سـيعتمد أسـلوب التقـويم من خلال مراجعة الذات مثـل التقـويم الـذاتي أو يوميـات الطالب أو ملف الطالب أو هل سيعتمد المعلم طريقة أخرى في التقويم.

و- تحديد أدوات التقويم اللازمة:

كذلك على المعلم أن يحـدد الأدوات اللازمـة والتـي سيسـتخدمها في التقـويم مثـل قائمة الرصد أو سلم التقـدير، أو سـلم التقـدير اللفظـي، أو سـجل وصـف سـير الـتعلم، أو السجل القصصي أو أي أداة أخرى يراها المعلم مناسبة للمحتوى والموقف والظرف المطلوب والأداة المناسبة لمستوى وقدرات وإمكانات طلابه.

لذا فالمعلم المثالي هو المعلم الذي لا يقتصر على مادة الكتاب المقرر فقط ولا يعتبره حداً لمعرفته ومعرفة طلابه، إذ عليه الرجوع إلى المراجع والمصادر المختلفة ذات العلاقة بالدرس مما يمكنه من الإجابة على استفسارات الطلبة المختلفة والمتنوعة.

2) التمهيد أو التقديم للدرس:

تعتبر هذه الخطوة من أهم خطوات الدرس فعليها يعتمد نجاح الدرس، وفيها يقوم المعلم بإثارة استعداد الطلاب للدرس من خلال ربط الدرس بمعلومات وخبرات الطلاب السابقة والتحدث عن جو القصيدة العام وعن المناسبة التي قبلت فيها القصيدة وعن حياة الشاعر وعصره وبيئته وذلك حتى يتسنى للطلاب فهم القصيدة بشكل جيد والتفاعل معها والتشوق إلى دراستها وفهمها.

وعلى المعلم أن يكون حاذقاً وفناناً بحيث يكون التمهيد بمقدمة شائعة مثيرة على نحو يوجه أذهان الطلاب وأفكارهم لما سيدور في الحصة، لأن هذا التمهيد يساعد في تقريب الصورة الموجودة في داخل النص إلى أذهان الطلاب وبالتالي يساعد في تحقيق الفهم بصورة سريعة.

3) القراءة النموذجية:

يقوم المعلم بقراءة النص قراءة صحيحة وبصوت واضح مراعياً حُسن الأداء وتمثيل المعنى وبنبرة تدل عن معاني المفردات والأفكار، ثم تأتي بعد ذلك قرارات الطلاب، بحيث يبدأ بقراءات الطلاب النابهين والأقوياء ثم يندرج إلى باقي الطلاب وذلك حتى يتيح الفرصة لباقي الطلاب من الاستماع إلى قراءات زملائهم أكثر من مرة قبل أن يأتي دورهم في القراءة.

ويجب أن يعتني المعلم بتصويب أخطاء الطلاب تصويباً مباشراً أولاً بأول حتى لا يثبت الخطأ في أذهان الطلاب، وينبغي أن نكرر قراءة الطلاب مرة أو مرتين إلى أن يتعرف الطلاب على النص ويحسنوا قراءته بشكل جيد، لأن القراءة الجهرية المعبرة تساعد الطلاب على الاقتراب من النص وتذوقه والاستمتاع به

وفهم بعض أفكاره والاقتراب من مقاصده، وهذه هي الخطوة الرئيسة لفك مغاليق النص وتحليله.

وعلى المعلم أن يدرك أن قراءة الشعر تحتاج إلى فهـم وذكـاء وإحسـاس بـالمعنى الـذي يقصـده الشاعر، فعند إلقائه يجب مراعاة أوزانه ومقاطعه وقوافيه وتمثل المعنى، فيمد ما يجب مـده ويقصـر مـا ينبغي تقصيره، لأن المعلم مرآة للطالب يقلده في حركاته وقراءته ونبراته.

4) تحليل النص وشرحه:

على المعلم أن يدرك أن لكل نص خصوصيته وعالمه المتميز ومفتاحه المناسب لـه. ولا تصلح لـه التحليلات الأدبية الأخرى والجاهزة للنصوص، ولا يجوز أن تفهم الأفكار بمعزل عن سياقها الوجداني، لأن الشاعر وهو يكتب عمله الفني لم يقدم الأفكار بمعزل عن البناء الفني المتكامل لعمله الفني.

لذا فالتحليل الأدبي هو الإنابة والإفصاح عما في النص الشعري من مواطن الجمال غير الظـاهرة للعيان من قيم وعوامل نفسية واجتماعية وآلام وآمال وعوامل عضوية ولغوية، فالطالب بحاجـة إلى مـن يوضح له مغاليق النص ويفتحها له، وهنا يبرز دور المعلم القائد في تمكين الطلاب مـن فهـم الـنص فهمـاً صحيحاً وتذوقه والاستمتاع به.

5) تقسيم النص إلى أفكار رئيسة:

وهنا يجب قراءة النص مرتين على الأقل وذلك لتحديد الأفكار الرئيسة في الـنص وتسجيلها عـلى السبورة بمشاركة الطلاب وتدريبهم على كيفيـة اسـتخراج هـذه الأفكـار، بحيـث تجمع هـذه الأفكار في مجموعات لا تزيد عن أربع مجموعات، تكون في مجموعها موجزاً شاملاً لأفكار النص بحيث تقدم للقارئ فكرة عامة عن النص من بدايته حتى نهايته.

6) الشرح اللغوي للنص:

وفي هذه الخطوة يتم تحويل النص الشعري إلى نص نثري بشرط عدم اللجوء إلى استخدام نفـس كلمات ومفردات الشاعر، بل اللجوء إلى استخدام كلمات

ومفردات مرادفة وقريبة من المعنى بحيث تكون سهلة وبسيطة قريبة من لغة وبيئة الطالب حتى يفهمها بسهولة، وأن لا تكون هذه المفردات صعبة أو طويلة، لأن الاختصار مطلوب في هذه المرحلة مع توضيح معنى النص قدر الإمكان دون تطويل أو خروج عن مقاصد الشاعر، وعلى المعلم إشراك طلابه في النقاش والحوار وتشجيعهم على اختيار المفردات المناسبة والمرادفة وتوظيفها في الشرح والتحليل وذلك لكسر حاجز الخوف لديهم ولبناء قيادات مستقبلية واعدة.

7) نقد الأفكار:

بعد أن يقوم المعلم بالشرح اللغوي للنص وتحويله إلى نص نثري واضح ومفهوم يتم مناقشة الأفكار الجزئية في النص من خلال الإجابة على الأسئلة التالية لكل فكرة تمر معنا وتسجيلها على السبورة:

- أهمية هذه الفكرة، وهل تهم عدداً كبيراً من الناس، فكلما كانت الفكرة تهم عدداً كبيراً من الناس كانت هذه الفكرة عظيمة وصحيحة مثل أفكار العدالة والمساواة والحرية والسلام والدفاع عن الحق وحب الوطن والحفاظ على البيئة ومحاربة الظلم... ؟.
- ترتيب هذه الأفكار وتدرجها وترابطها، وهل جاءت في المكان المناسب ؟.
- هل الفكرة جديدة ورائدة، أم أنها قديمة ومعروفة ؟.
- صحة الفكرة أو بطلانها، واقعية أم خيالية ؟.

8) نقد العاطفة:

للعاطفة دور مهم في نقل العدوى العاطفية بين الشاعر والطالب، وبمقدار ما ينجح الشاعر في كسب تأييدنا له وتعاطفنا معه بقدر ما تكون العاطفة صادقة أدت دورها في النص، فالعاطفة الصادقة هي التي تنقلك إلى جو النص بحيث تعيشه بوجدانك وعاطفتك ومشاعرك وكأنك أنت صاحب النص، بحيث تتفاعل معه بكل جوانحك فتحرك فيك الشوق والوجدان والمشاعر المختلفة.

لذا فعندما نريد نقد العاطفة نعيد قراءة النص من جديد، ثم نسأل أنفسنا بصراحة، هل استطاع الشاعر أن يؤثر في عواطفنا وأن يثير فينا المشاعر والآلام والآمال الكامنة، هل استطاع الشاعر أن يكسب تعاطفنا مع موقفه ؟ أم بقينا محايدين لم نهتم لما قال ؟ فإذا كانت عواطفنا معه بعد قراءة النص وأثرت فينا، قلنا أن العاطفة صادقة وقد أدت دورها في النص، ثم بعد ذلك نناقش هذه العاطفة من حيث كونها عاطفة سوية أو شاذة، عاطفة فردية ضيقة أو عاطفة إنسانية عامة، وما قيمة هذه العاطفة ؟ ؟

9) نقد الخيال:

ونقصد به الصور التي استعان بها الشاعر ليقرب من أذهاننا المعاني العقلية المجردة والتي يقدمها لنا على هيئة صور ملموسة حتى يصبح تأثير شعره أقوى لدى السامعين أو القراء.

وفي هذه الخطوة يبحث المعلم والطلاب معاً في القصيدة من جديد عن الأمور التالية في القصيدة بيتاً بيتاً:

أ- الكتابة.

ب- التشبيه.

ج- الاستعارة التصريحية والاستعارة المكنية.

د- المجاز المرسل.

هـ- المجاز العقلي.

10) نقد الموسيقا:

إن الموسيقى مهمة جداً في التأثير على السامع والقارئ معاً، وكثيراً ما نسمع الطلاب يرددون ويغنون الكثير من القصائد والأشعار بنوع من السرور والنشوة، وفي الشعر تنقسم الموسيقى إلى قسمين:

أ- موسيقا داخلية: وهي التي تنجم عن انسجام الحروف ضمن الكلمة، والكلمات ضمن الجملة، والجملة ضمن التركيب أو البيت بحيث لا يشعر القارئ أو السامع بصعوبة نطقها بحيث لا

تتنافر مع بعضها بسبب اصطدام مخارج الحروف، وهذا النسيج في الأحرف والكلمات والجمل يعتمد على سلامة الـذوق ورهافة حـس الشـاعر، وهـذه تتطلب من الشاعر عدم المبالغة في استعمال مجموعة من الحروف أكثر مـما يتطلب.

ب- موسيقا خارجية: ونعنـي بها حسـن اسـتغلال الشـاعر للبحـر العـروضي والقافية والروي بحيث تتناغم وتتناسب معاً، وكذلك قلة الزحافات والعلل العروضية حتى لا تؤثر سلباً على إيقاع الشعر، وهذا يتطلب مـن الشـاعر، شـاعرية فـذة تطـوع الوزن وتجعل الكلمات تنزل في مكانها المناسب، كما يتطلب ذلك مـن الشـاعر فهـم اللغة والقدرة على تطويعها لتتناسب مع النغم والمعنى والبحر العروضي الذي اختـاره الشاعر.

وعلى المعلم أن لا يكتفي بالأسئلة والمعلومات الموجودة في الكتاب المدرسي فقط، بل يجب عليـه أن يوجه الطلاب إلى استغلال وسـائل التكنولوجيا الحديثـة مـن حاسـوب وانترنـت وغيرهـا مـن الوسـائل الحديثة في تطوير مهارات الفهم والتفكير والبحـث لـدى طلابه حتـى يسـتفيدوا مـن الـنص ويسـتغلوه استغلالاً جيداً، لأن هذه المهارات تندرج تحت إكساب المعارف والتحليل والإبداع والنقد، والتي لا بـد أن تتطور لدى الطالب بإشراف وتوجيه مخطط من المعلـم، وحتى لا يعتقد الطالب بأن الكتـاب المـدرسي المقرر هو نهاية المطاف.

المراجع والمصادر

الأناشيد والمحفوظات والشعر

1- د.البجة، عبد الفتاح حسن، 2002، تعليم الأطفال المهارات القرائية، ط1، دار الفكر، عمان – الأردن.

2- د. وليد جابر، 1991، ط3، أساليب تدريس اللغة العربية، دار الفكر، عمان – الأردن.

3- د. حسن شحادة، ط2، القاهرة – الدار المصرية اللبنانية للنشر.

4- محمد صالح سمك، فن التدريس، 1975، مكتبة الانجلو المصرية – القاهرة.

5- عاشور، راتب قاسم، الحوامدة، محمد فؤاد، أساليب تدريس اللغة العربية بين النظرية والتطبيق، 2003، ط1، دار المسيرة، عمان – الأردن.

6- عاشور، راتب قاسم، المهارات القرائية والكتابية وطرق تدريسها، 2005، ط1، دار المسيرة، عمان – الأردن.

7- أحمد محمد عبد القادر، طرق تعليم اللغة العربية، 1979، ط1، مكتبة النهضة المصرية، القاهرة – مصر.

8- سمك، محمد صالح، فن التدريس للغة العربية وانطباعاتها المسلكية وأنماطها العملية، 1986، مكتبة الانجلو المصرية، القاهرة – مصر.

9- إبراهيم، عبد العليم، الموجه الفني لمدرسي اللغة العربية، ط7، دار المعارف – مصر.

10- أبو عجمية، محمود سمارة، اللغة العربية نظامها وآدابها، وقضاياها المعاصرة، 1989 – عمان.

11- برادة، هدى، الأطفال يقرأون، 1974، الهيئة المصرية العامة للكتاب – القاهرة.

12- جمال، محمد صالح ورفاقه، كيف نعلم أطفالنا في المدرسة الابتدائية، 1975، دار الشعب، بيروت – لبنان.

13- حاتم، عماد، اللغة العربية قواعد ونصوص، 1982، الكتاب والتوزيع والإعلان والمطابع – ليبيا.

14- الخطيب، رناد يوسف، رياض الأطفال، مؤسسة الحنان – عمان – ط2-1987.

15- عبده، داود علي، الأساس في تعليم اللغة العربية للبالغين، عمان – 1971- الأردن.

16- د. خالد الجبر وزملاؤه، مهارات اللغة العربية، 2006، عمان – الأردن.

17- علي أحمد أبولبن، زاد المعلم، 1986، ط1، دار الوفاء للطباعة والنشر – المنصورة – مصر.

18- عماد توفيق السعدي وزملاؤه، أساليب تدريس اللغة العربية، 1991، ط1، دار الأمل للنشر والتوزيع – اربد – الأردن.

19- علي الجمبلاطي، الأصول الحديثة لتدريس اللغة العربية، ط2، 1971، دار النهضة – مصر – القاهرة.

20- محمود رشدي خاطر، ط   رق تدريس اللغة العربية في ضوء الاتجاهات الحديثة، ط4، 1989، دار المعارف – القاهرة.

21- داود عبده، نحو تعليم اللغة العربية وظيفياً، ط2، 1990، دار الكرمل – عمان – الأردن.

الفصل السادس

تدريس الخط العربي

- أهداف تعليم الخط العربي
- أسس تعليم الخط العربي
- أنواع الخط العربي
- مراحل تدريب الطلاب على الخط
- طريقة تدريب الطلاب على الخط

تدريس الخط العربي

تدريس الخط العربي

للخط منزلة هامة بين فروع اللغة العربية، فهو وسيلة التعبير الكتابي، وطريق توصيل الأفكار إلى الآخرين، وفي كتابته الصحيحة التزام بالأشكال الهندسية في رسم الحروف، ووضع النقط ورسم الهمـزات في مواضعها ولقد عبر الخط العربي خلال مساره الطويل عن ملاح حضارتنا العربية الإسلامية، فلكل لغـة مـن لغات العالم خطها الخاص بها، وإن احترام تلك اللغة وخطها من شأن أصحابها، فالفنان المسلم استطاع أن يخضع حروف اللغة العربية المتباينة إلى حاسته الفنية ليخرج منها صوراً جميلة، حيث أكسبها وضوحاً في المعنى وأودعها سراً يحمل الناظر إليها على الإعجاب، فكان الخط العربي كالكـائن الحـي ينمو ويتنـوع ويتجدد باستمرار، فأصبح الخط العربي من الفنون الجميلة التي تشحذ المواهب وتـربي الـذوق وترهف الحس وتغري بالجمال والتنسيق.

وتذكر معاجم اللغة العربية أن الخط والكتابة والتحرير والـرقم والسـطر كلهـا بمعنـى واحـد، وتعني: نقل الأفكار من عالم العقل، إلى عالم مادي على الورق أو الجلد أو ما شـابه ذلـك، فالخط " لغـة " هو الكتابة بالقلم، وخط الرجل الكتاب أي (كتبه) والخط، الطريق الطويل.

وقد عرّف ابن خلدون الخط بقوله: هو رسوم وأشكال حرفية تدل على الكلمات المسموعة الدالة على ما في النفس.

أهداف تعليم الخط العربي

إن الخط أداة اتصال لغوية، ترتبط ارتباطاً وثيقاً بنقـل الأفكـار ونقلهـا مـن الكاتـب إلى القـارئ، وللخط تأثير كبير في نفسية القارئ، فيقدر مـا في الخط مـن حسـن العـرض ووضوح الكلمات وانسـجام الحروف وجمال الشكل، يكون القارئ متمكناً من فهم ما هـو مكتـوب، أمـا إذا كـان الخـط رديء السـمة والمنظر، فاقد الجمال والانسجام، ضائع الوضوح، أثر ذلك على عدم فهم المكتوب بشكل صحيح، ومن هنا نلحظ بأن كثيراً من المعاني والأفكار قد ضاعت وتاهت في رموز الخط الغامضة، لذا فالخط الجميل كالرسم وهو يزيد على الكتابة الاعتيادية أنه يلتزم

أصولاً ومقاييس معينة اتفق على أنها تمثل الخط العربي الجيد، ولهذا كان الاهتمام بتعليم الخط، والعناية به من أهداف تعليم اللغة.

ومن أهداف تعليم الخط ما يلي:

يتوخى من تعليم الطلاب الخط تحقيق الأهداف التالية:

1- رسم الحروف بأشكالها الصحيحة، بحيث يكتب كتابة سليمة مقروءة، وتوثيق الصلة بين الخط والقراءة لأن الخط فرع من فروع اللغة، وله قواعد تحكمه، واتباع هذه القواعد يسهل القراءة ويوضح المعنى.

2- التعرف على الأنواع المختلفة للخط العربي وقواعد رسمها.

3- السيطرة على حركات اليد والتحكم في الكتابة، لأن ذلك يساعد العين على الملاحظة وللأصابع على الدقة والاتزان وضبط أعصاب اليدين أثناء الكتابة.

4- تنمية الذوق الفني عند الطلاب وتقديرهم للجمال، بما في الخط من تناسق وانسجام يرضي النزعة الفنية عند الطلاب.

5- تعليم الخط يساعد الطالب على الكتابة السريعة والواضحة.

6- تدريب الطلاب على الإحساس بالنظافة والنظام وسرعة النقد، حيث يبتعد عن العادات السيئة أثناء الكتابة كوضع القلم في الفم وتلويث الأصابع أو الملابس أو الدفاتر بالحبر، كما تعوده على الصبر والمثابرة، والدقة وإتقان العمل.

7- تنمية المواهب، وتشجيع الإبداعات من خلال كتابة الخط الجميل المميز.

8- إذا أحسن اختيار نماذج من القرآن والسنة والشعر والحكم والأمثال العربية، والتراث العربي فإنها تفيد الطلاب في تعليمه الكثير من القيم والمثل والأخلاق الحميدة، وبعض نواحي الحياة بمعانيها الراقية وأسلوبها المبين وتثري بمفرداتها ومعانيها قاموس الطالب اللغوي.

ويتم تحقيق هذه الأهداف بالتركيز على بعض المعايير التي نحكم من خلالها على جودة الخط، كالوضوح في رسم الحروف والتناسب بينها طولاً واتساعاً ووضع النقط والهمزات، والجمال الذي يتضح في الدقة بالكتابة وانسجام الحروف، وتناسق الكلمات في أوضاعها وأبعادها، وأخيراً السرعة المناسبة.

الخط العربي علم وفن وفلسفة

- إن الخط العربي علم، لأنه يعتمد على أصول ثابتة وقواعد دقيقة تستند إلى موازين علمية وصفها الأقدمون، كما أن دراسة علم الخط قد دخلت كمادة دراسية في حقل التعليم ولا يستطيع أي إنسان إجادة هذا العلم إلا إذا درس أسسه وقواعده بشكل صحيح.

- كما أن الخط فن، وذلك لأن محوره الجمال في التعبير، يتوخاه ويهدف إليه، كما يتطلب استعداداً فنياً يقوم على دقة الملاحظة والانتباه والقدرة على المحاكاة والمشابهة، وهي أمور فنية أصيلة.

- والخط فلسفة، لأن لكل نوع من أنواع هذه الخطوط فلسفة خاصة به، عبرت عن فلسفة مجتمعها وطبيعته، ففي الخط (الكوفي) الذي كان سائداً في العصر الجاهلي، نلاحظ خطوطاً مستقيمة قاسية، عبرت عنها قسوة الحياة الجاهلية الصعبة.

وفي الخط (الثلث) الذي ساد في العصر العباسي، نلحظ تعقيداً في الحروف وجمالاً في الشكل، تلائم مع العصر العباسي بما فيه من تعقيد في الحياة وروعة الحضارة.

وفي الخطين (الرقعة والديواني) في العصر العثماني، نلاحظ ضرورات اجتماعية تمثلت في الوضوح والسرعة، حيث جاءا معبرين عن فلسفه ذلك المجتمع.

وتتضمن الأبجدية العربية ثمانية وعشرين حرفاً، من بينها إثنان وعشرون حرفاً تتصل ما جانبيها، ولهذا يتخذ كل منها أربعة أشكال رئيسية في الكتابة أما

الستة الباقية وهي (أ د ذ ر ز و)، فلا تتصل إلا من جانب واحد، ولهذا يتخذ كل منها شكلين فقط.

وانطلاقاً من شكل الحرف في الكتابة يمكن تقسيم أحرف الأبجدية إلى مجموعات تشترك الأحرف في كل مجموعة منها في الهيكل العام لكتابة الحرف، بينما يتميز الحرف الواحد بعدد نقاطه وبأمكنة هذه النقاط، إلا أن ستة أحرف هي (أ ء ل م هـ و) لا تدخل في المجموعات، بل يتخذ كل منها شكله الخاص وهي بلا نقاط.

وشأشير في الصفحة التالية إلى أشكال رسم الحروف الهجائية في أوائل وأواسط وأواخر الكلمات بعد تقديم الملاحظات التالية المفيدة للقراءة والكتابة:

1. تعد الحروف (أ، و، ي) من حروف المد وأصوات اللين الطويلة، وتقرأ لعدم وجود حروف خاصة بأصوات اللين القصيرة، وقد استحدثت إشارات هي الفتحة "َ "، والكسرة "ِ " والضمة "ُ " لتعبر عن هذه الأصوات.

2. يرمز الحرف غير المتحرك بإشارة "ْ "، وتشير إلى سكون الحرف وتفصل بينه وبين الحرف المتحرك الذي يليه .

3. للشدة أهمية خاصة في كتابة اللغة العربية وفي قواعدها، وهي مضاعفة الحرف الواحد بشكل يكون شطره الأول ثابتاً، والثاني متحركاً وتفتح في وسط الكلمة ونهايتها. كما تقع في أول الكلمة عند التقاء الكلمات أو بعد " ال " التعريف وتكتب "ّ ":
"ّ ، ، ، رتَّب، رُتِّب، برّاد ".

4. كثيراً ما تتخذ الأسماء والصفات المبهمة نهاية خاصة تعرف " بالتنوين " ويسري عليها سواء كانت في المفرد أم في الجمع. ويتبع التنوين كلاً من الحركات الثلاث، فيكون بالفتح أو بالضم أو بالكسر، وتوضع الألف في الفتح " اً "، وفوق الحرف في الضم "ٌ " أو تحته في الكسر "ٍ ".

سيارةٌ   ،   سيارةً   ،   سيارةٍ

بابٌ   ،   باباً   ،   بابٍ

5.في اللغة العربية جنسان هما المذكر والمؤنث، والمـذكر ينتهي عـادة بحـرف سـاكن، تضاف إليه " ة " فيصبح مؤنث، ومن خصائص التاء المربوطة التي تؤنث المذكر، أنها لا تكتـب إلا في آخر الكلمة، وقاصرة على الكلمات المفردة فقط، كما تقلب تاء مفتوحة عندما ترد وسـط الكلمة، وتنقلب هاءً عند الوقف.

طالب   طالبة

ممرض   ممرضة

فنان   فنانة

6.يستعاض أحياناً عند الألف الطويلة " ي " بالألف المقصـورة " ى "، ومـن خصائص هذه الألف أنها لا تكتب إلا في آخر الكلمة وبعد فتحـة، وتوجـد في بعـض الأحـرف، والأفعـال، وبعض الأسماء سواء ما كان منها مفرداً أو جمعاً، وفي بعض الصفات أيضاً:

إلى، لدى، متى، بنى، رمى، بكى، صدى، قرى، كبرى، صغرى.

كما ينون الاسم المنتهي بـ " ى " بإضافة "ً" إلى آخره:

رجلاً، فتىً، مدناً، قرىً

7.تكتب الهمزة " ء " بأشكال متعددة، وفقاً لموقعها من الكلمة، فتكتـب عـلى الألـف من أول الكلمة حتى ولو تقدمها حرف آخر:

أنت، أبي، فإذا، لأنك

وتتخذ لنفسها كرسياً في وسط الكلمة على شكل:

سئل، أسئلة، مسائل، مئة، قائل.

وإذا جاءت الهمزة متوسطة بعد ألف طويلة، أو واو طويلة كتبـت مفـردة: سـاءَل، مروءة.

أما إذا جاءت بعد ياء طويلة كتبت على نبرة مثل: رديئة.

- وتكتب الهمزة على الألف الطويلة على شكل " آ " سواء جاءت في أول الكلمة أم في وسطها، وتسمى " الألف الممدودة ": قرآن، آسيا، آثار، مآذن، مرآة.

8. تعرف الأسماء والصفات في اللغة العربية بإضافة " ال " إلى أولها وتعتبر الضمائر وأسماء الأعلام معرفة دون أن تدخل عليها " ال " وتقسم الأبجدية العربية إلى قسمين بناءً على اتصال " ال " التعريف هما:

- الحروف الشمسية وهي (ت ث د ذ ر ز س ش ص ض ط ظ ل ن).
- وتسمى الأخرى الحروف القمرية وهي (ا ب ج ح خ ع غ ف ق ك م هـ و ي).
- واللام الشمسية تكتب ولا تلفظ، أما اللام القمرية فتكتب وتلفظ.

9. هناك همزة أخرى تكتب في مواضيع مختلفة: منها أول الحروف، وأول الأسماء والضمائر، وأول الماضي الرباعي وأمره ومصدره، على النحو التالي:

(أَكْرَم - أَكْرِم – إكرام، إذا، أن، إما، أحمد، إحسان، أنا، أنت)

10. كثيراً ما تختصر أسنان حرفي (س، ش) في الكتابة، كما تختصر النقاط الثلاث فيكتب الحرفان س، ش، كما يستعاض عن نقاط ش بـ (^) عندما تأتي متطرفة، ويحدث الأمر نفسه بالنسبة لحرف (ن) التي تكتب ( ) أو( ).

11. الخط العربي أنواع كثيرة منها: الخط الكوفي، خط النسخ، خط الرقعة، الخط المغربي، وخط الثلث، وخط الطوما، وخط التعليق (الفارسي)، والخط الديواني، وخط الطغراء، وخط التاج، وخط الإجازة، وخط القيروان، والخط الأندلسي، وخط الحرمين، وخط الرافدين، وخط القرآن، وخط أنتيك، والخط العثماني، وخط البتار... الخ.

الحروف الهجائية

الرقم	الحروف	نطق الحروف	رسم الحرف أول الكلمة	رسم الحرف وسط الكلمة	رسم الحرف آخر الكلمة		رسم الحروف في أوائل وأواسط وأواخر الكلمات		
					حرف متصل	غير متصل	الحرف أول الكلمة	رسم الحرف وسط الكلمة	رسم الحرف آخر الكلمة
	ا	ألف	ا	ـا	ـا		أحمد	باب	بابا
	ب	باء	بـ	ـبـ	ـب		بلح	شباك	تدريب
	ت	تاء	تـ	ـتـ	ـت		تامر	مست شفى	توت
	ث	ثاء	ثـ	ـثـ	ـث		ثعلب	مثلث	محراث
	ج	جيم	جـ	ـجـ	ـج		جمل	مجلة	دجاج
	ح	حاء	حـ	ـحـ	ـح		حصان	مصح ف	انشراح
	خ	خاء	خـ	ـخـ	ـخ		خليل	بخار	خوخ
	د	دال	د	ـد	ـد		درب	مدرب	مراد
	ذ	ذال	ذ	ـذ	ـذ		ذرة	غذاء	لذيذ
	ر	راء	ر	ـر	ـر		رباب	جرس	مطار
	ز	زاي	ز	ـز	ـز		زائر	يزرع	معتز
	س	سين	سـ	ـسـ	ـس		سيارة	يسمع	عروس
	ش	شين	شـ	ـشـ	ـش		شاويش	نشيد	فراش
	ص	صاد	صـ	ـصـ	ـص		صلاح	مصبا ح	إخلاص
	ض	ضاد	ضـ	ـضـ	ـض		ضفدع	مضر ب	رياض

	ط	طاء	ط	ـطـ	ـط		طالب	بطل	ملقط
	ظ	ظاء	ظ	ـظـ	ـظ		ظبي	نظي ف	محفوظ
	ع	عين	عـ	ـعـ	ـع		عطية	معاو ية	نعنع
	غ	غين	غـ	ـغـ	ـغ		غالب	ببغاء	دماغ
	ف	فاء	فـ	ـفـ	ـف		فؤاد	تفاح	خروف
	ق	قاف	قـ	ـقـ	ـق		قاسم	مقعد	ورق
	ك	كاف	كـ	ـكـ	ـك		كتاب	مكواه	سيرك
	ل	لام	لـ	ـلـ	ـل		ليلى	حليب	سنابل
	م	ميم	مـ	ـمـ	ـم		مروان	سمك	ختام
	ن	نون	نـ	ـنـ	ـن		نار	عنب	عمان
	هـ	هاء	هـ	ـهـ	ـه		هشام	سهام	ساعه
	و	واو	و	ـو	ـو		وادي	دور	دلو
	ي	ياء	يـ	ـيـ	ـي		ياسر	فيل	فوزي

أسس تعليم الخط

على المعلم أن يراعي الأسس التالية عند تعليم الخط العربي لطلابه:

1- أن تكون المادة المقدمة للطلاب من بيئتهم وحياتهم اليومية وتلبي حاجاتهم النفسية والاجتماعية وتراعي قدراتهم ومستوياتهم النمائية.

2- تحديد أهداف سلوكية واضحة لكل درس من دروس الخط من خلال التخطيط السليم وتوفير وسائل ومستلزمات كتابة الخط.

3- تدريب وتعويد الطلاب الجلسة السليمة، والإمساك الصحيح بالقلم أو بالريشة.

4- تقديم نماذج مكتوبة بخط واضح ودقيق، متدرجة في صعوبتها وفق مرحلة النمو التي يمر فيها الطلاب ولفت الانتباه لمواطن الجمال فيها.

5- عرض لوحات مكتوبة ومخططة بخط جميل في الصفوف والممرات في المدرسة يكتب بعض الآيات القرآنية، أو الأحاديث النبوية الشريفة، أو بعض الحكم والشعر والأمثال والتي تهذب النفس وتغرس القيم والعادات والأخلاق الحميدة في نفوس الطلاب.

6- تحقيق أهداف درس الخط بصبر وتؤدة، بخاصة في الصفوف الدنيا، إذ أن سيطرة الصغار على حركات الكتابة أقل من سيطرة الكبار.

7- توجيه الطلاب وإرشادهم أثناء الكتابة وتصحيح أخطائهم أولاً بأول، وعدم إحساس الطلاب بالإرهاق والملل.

8- يشترط فيمن يدرس الخط للطلاب أن يكون صاحب خط حسن، لأن ضعف المعلم في الخط يعتبر من العوامل الأساسية في ضعف الطلاب في الخط.

9- يشترط في درس الخط أن يحقق الأهداف الثلاثة التالية وهي:

الوضوح – السرعة – الجمال

أنواع الخط العربي

سأتعرض في هذا الموضوع إلى بعض أنواع الخط العربي الدارج والمألوف وسأترك بقية الخطوط للمعلم أو المهتم، للبحث فيها والتعمق في دراستها:

1) الخط الكوفي:

يعد الخط الكوفي من أقدم الخطوط العربية. وقد انحدر من الخط النبطي، وسمي بالكوفي نسبة إلى مدينة الكوفة في العراق والتي نشأ فيها، انتشر في عهد

الخلفاء الراشدين وهو الذي حمله الفاتحون المسلمون لنشر الدين الإسلامي، وفرضوا وجوب استعمال اللغة العربية لأنها لغة دينهم ولغة القرآن الكريم.

وفي هذا الخط صنعة وإبداع وتجويد، ولقد استمر من القرن الأول إلى القرن الثاني، وبه نسخت أكثر المصاحف التي تعود إلى ذلك العهد.

بسم الله الرحمن الرحيم

قل هل يستوي الذين يعلمون والذين لا يعلمون

—————————————— الكوفي ——————————————

بسم الله الرحمن الرحيم

{ كل نفس ذائقة الموت }

صدق الله العظيم

وتلا ذلك " الخط المحقق " وهو كوفي مصحفي تكامل فيه التجويد والتنسيق وأصبحت الحروف متشابهة والمدات متنافية، وقد تم تزيينه بالتنقيط والتشكيل، وتساوت فيه المسافات بين السطور، واستقل كل سطر بحروفه، وقد بلغ من الجمال والتنسيق حيث كتبت به المصاحف وزينت به المساجد.

2) خط النسخ:

وهو من أكثر أنواع الخطوط انتشاراً واستخداماً في وقتنا الحاضر، وفيه تطبع معظم المؤلفات من كتب وصحف ومجلات....، ومعظم نسخ القرآن الكرين مكتوب بهذا الخط.

وسمي بذلك لأن معظم الكتّاب كانوا ينسخون به الكتب والمؤلفات، ولكثرة استخدامه في نسخ الكتب ونقلها به، واشتق من الخط الكوفي، ويمتاز بقبوله التشكيل وامتداد حروفه وقد كان الخط المعتمد في كتابة المصاحف بعد توقف الخط الكوفي.

بسم الـلـه الرحمن الرحيم

اَ ُ بَ دِ ُ رَ ُ زَ ُ سَ ُ صَ ُ طَ ُ عَ ُ فَ ُ قَ ُ كَ ُ

كَ ُ لَ ٌ مَ ُ مـَ نَ ُ وَ هَهَهَ لآ ىَ

تقليد الكبار سبب رئيسي لانتشار ظاهرة

التدخين بين الصغار

فكن قدوة حسنة لأطفالك

مع تحيات وزارة الصحة

ومن أنظمة وأصول خط النسخ الفنية مايلي:

1- يراعى فيه دقة الخطوط الرأسية الصاعدة والهابطة مثل الألف واللام، وألف الطاء، وألف الظاء، وألف اللام، وألم الميم، والكاف.

2- تكتب الخطوط التي تتجه اتجاها أفقياً أو شبيهاً بالأفقي بعرض القلم مع ميل خفيف.

3- تكتب أواخر بعض الحروف المتجهة قليلاً إلى أعلى بسن القلم الرفيع، كآخر الراء، والزاي، والواو، والسين، والشين، والطاء، والظاء، والقاف.

4- يجوز مد بعض الحروف مثل: جـرى، ولا يجوز ذلك في خط الرقعة كي لا يلتبس أي مد بحرف السين أو الشين.

5- تُحلّى رأس اللام أول الكلام والمفصولة عما قبلها بنقطة في أعلاها، وتشاركها في ذلك الكاف المتطرفة المفصولة عما قبلها.

6- يلاحظ في خط النسخ أن بعض الحروف منحنية على هيئة أقواس، أو على شكل نصف دائرة، أو في خطوط شبه مستقيمة.

7- شكل حروف النسخ مجموعات متشابهة فقط.

3) خط الرقعة:

وهذا الخط يتسم بالبساطة والوضوح، ولهذا نجده قريباً من كتاباتنا التي نستخدمها في وقتنا الحاضر، وكثير منا يرد في كتاباته هذا الخط دون تخطيط مسبق للكتابة فيه، وإنما بصورة طبيعية عفوية، وقد ابتدعه الأتراك ليوحدوا خطوط جميع الموظفين، وقد وضع قواعد هذا الخط " ممتاز بك " في عهد السلطان عبدالحميد سنة 1280هـ

والملاحظ فيه أن جميع حروفه سهلة قاعدية، مسارها السطر لا ينزل عنه إلا حروف الجيم والحاء والخاء والعين والغين والميم، وجميع حروفه مطموسة عدا الفاء والقاف الوسطى.

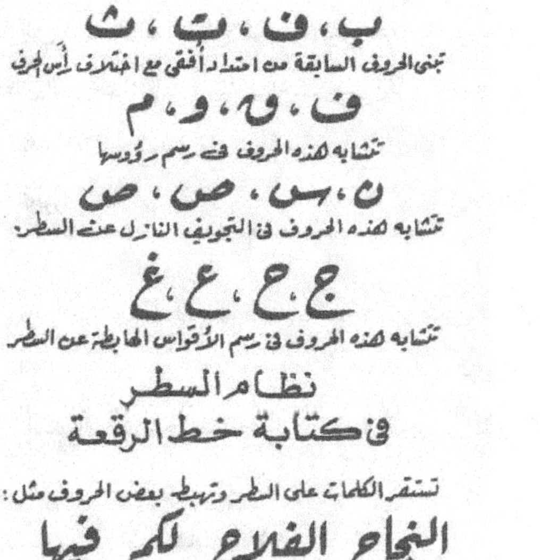

ب ، ن ، ت ، ث

ب ، ن ، ت ، ث
تبنى الحروف السابقة من امتداد أفقي مع اختلاف رأس الحرف

ن ، ق ، و ، م
تتشابه هذه الحروف في رسم رؤوسها

س ، س ، ص ، ص
تتشابه هذه الحروف في التجويف النازل عن السطر

ج ، ح ، ع ، غ
تتشابه هذه الحروف في رسم الأقواس الهابطة عن السطر

نظام السطر
في كتابة خط الرقعة

تستقر الكلمات على السطر وتهبط بعض الحروف مثل :
النجاح الفلاح لكم فيها

تنبه حركة القلم من اليمين إلى اليسار مائلة إلى أسفل

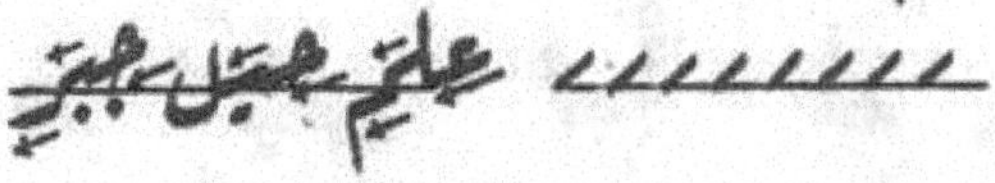

علتم جميل سجبر

تتساوى الارتفاعات في السطر ما عدا بعض الكلمات فإنها تخرج عن
هذا التساوي حتى لا تهبط عن السطر فيختل توازنه .

ولله مني جانب لا أضيعه لحي الحجرات

بعض الكلمات التي تخرج عن التساوي

شكل كتابة الرقعة ونقطها

نقطة   نقطتان   ثلاث نقط   الهمزة

الألف   ٱ ١ ١ ١ كا

الباء

الجيم   عرض القلم   زاوية القلم   عرض القلم

ب ب كهت كا

الحاء   حى حُ حم حم حِ ح   جسم العين

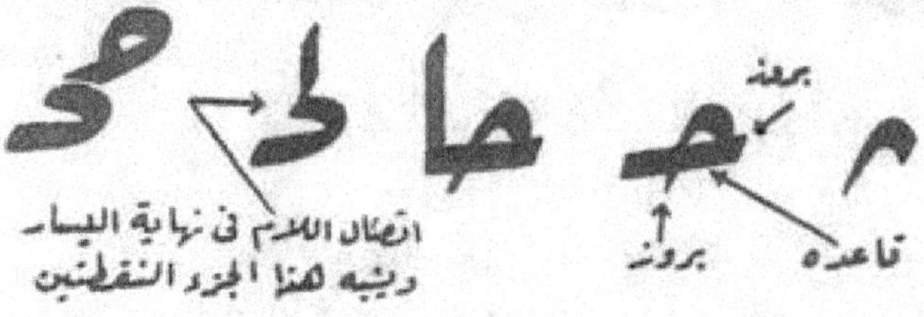

اتصال اللام في نهاية اليسار
ويشبه هذا الجزء النقطتين
بروز

الدال

بداية عريضة
نهاية عريضة
نهاية رفيعة

الراء

من غير بروز
البدء رفيع
الانتهاء رفيع

السين

نقط الشين
نقط الشين
باء

الصاد

فراغ يساوي عرض القلم
فراغ
نقطة الضاد

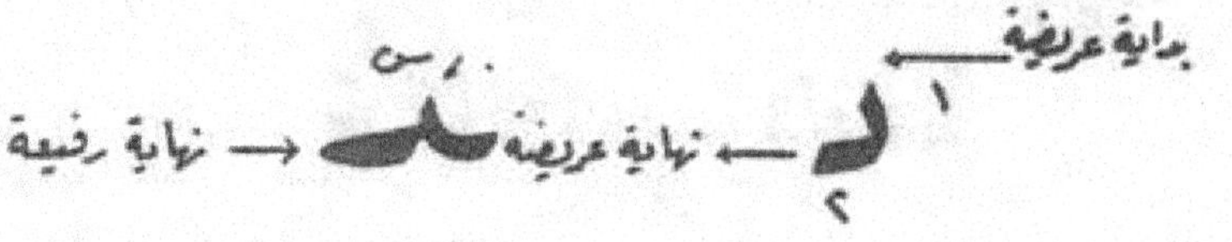

ومن السمات التي يتميز بها خط الرقعة ما يلي:

1- تكون جميع الحروف تقريباً فوق السطر ما عدا الحروف: المـيم والجـيم والعين إذا كانت مفردة أخيرة والهاء متوسطة، فتنزل عن السطر وهـذه الحـروف مجموعـة في كلمة (جمعة).

2- يميل خط الرقعة بزاوية خفيفة من أعلى لأسفل، مما يكسبه هـذا الميـل جمالاً وخفة في عين الناظر فيه.

3- يختلف وضع بعض الحروف فيه وفقاً لموقعها في أول الكلام أو وسطه أو آخره.

4- لا يوجد مد في حروف خط الرقعة على أنه قد تبدأ بعض الكلمات فـوق أواخر الكلمات سابقة وبذلك تختصر المسافة المطلوبة.

5- تتصل معظم حروف خط الرقعة بعضها ببعض، وبخاصـة الصـاعدة مـع الأفقية وتكون معاً زوايا قائمة تقريباً، والخطوط الرأسية متوازية.

6- تكون خطوط خط الرقعـة عامـة خطوطاً رأسـية صـاعدة أو هابطـة أو مائلة والقليل منها مقوس.

4) الخط الفارسي (التعليق):

وقد استخلصه حسن الفارسي في القرن الرابع الهجري، من أقلام النسخ والرقاع والثلث، ثم أصبح له أشكال وأنواع، وقد كتبت به اللغات الفارسية والهندية والتركية إضافة إلى اللغة العربية.

والفرس المستحدثون يسمونه (النسعلق) وهي مختصرة من نسـخ وتعليـق، وقد وضـع قواعـد هذا الخط " مير علي التبريزي " عام 919 هجري، واشتقه من خط النسخ وله فيه كتابات غاية في الحُسْن والجمال.

بسم الـلـه الرحمن الرحيم

قل هل يستوي الذين يعلمون والذين لا يعلمون

الفارسي

ويعد الخط الفارسي من أجمل الخطوط التـي لهـا طـابع خـاص يتميـز بـه عـن غـيره، إذ يتميـز بالرشاقة في حروفه فتبدو وكأنها تنحدر في اتجاه واحد، فضلاً عن رشـاقة الرسـم، فقـد يـربط الفنـان بـين حروف الكلمة الواحدة والكلمتين ليصل إلى تأليف إطار أو خطوط منحنيـة وملتفـة ليظهـر فيهـا براعتـه وعبقريته في الخيال والإبداع.

5) خط الثلث:

والخط الثلثي هو أصعب الخطوط كتابة وأكثرها جمالاً، ويمتاز بالمرونة ومتانـة التركيـب وبراعـة التأليف، ولهذا الخط أساليب مختلفـة بحسـب الخطـاطين، ويبـدو ذلـك في طريقـة التشـكيل والتجميـل والتركيب الذي يبدو خفيفاً أحياناً وثقيلاً أحياناً أخرى، وقد سمي بذلك لأنه في حجم يساوي خـط النسـخ الكبير والذي كان يكتب به على الطومار أي (الملف المتخذ من البردي أو الورق)، وقـد كـان يتكـون مـن عشرين جزءاً يلصق بعضها ببعض في وضع أفقي، ثم يلف على شكل أسطوانة، وكـان يكتـب عليـه بخـط نسخي كبير عرف بخط الطومار، ومن خط الطومار اشتق خط الثلث والذي يسـمى بـأم الخطـوط، لأنـه يعد أساساً لكثير من الخطوط العربية.

قل هل يستوي الذين يعلمون والذين لا يعلمون

الثلثي

لا وسادة أنعم من صدر الأم ولا وردة أجمل من ثغرها

6) الخط الديواني:

لم يكن هذا الخط وليد التفكير وإنما كان نتيجة جهود كان القصد منها التحسين والإبداع، ولكنه كان وليد الصدفة التي تهيأت لإيجاد غيره فمهدت له فتكون بالتتبع للملائمة والتجانس.

قل هل يستوي الذي يعلمون والذين لا يعلمون

ـــــــــــــــ الديواني ـــــــــــــــ

الخط الديواني:

اعمل لدنياك كأنك تعيش أبداً واعمل لآخرتك كأنك تموت غداً

وهذا الخط كذلك من اختراع الخطاطين الأتراك، ويقال أن أول من وضع قواعد هذا الخط، الخطاط " إبراهيم منيف " عام 860 هجري، وكان ذلك في عهد السلطان محمد الثاني، وقد اختص بكتابة هذا الخط كتّاب ديوان السلطان العثماني، من أجل كتابة البراءات السلطانية.

7) خط الإجازة " التوقيع ":

وهو من الخطوط المشتقة من خط النسخ والثلث، وهو من الخطوط العربية القديمة المعروفة باسم التوقيع والإجازة كالشهادة التي تمنح للمتوفقين في الخط عند بلوغهم الذروة في تجويد الخط والنبوغ فيه، لذلك أطلق على هذا الخط اسم الإجازة أي الشهادة.

وقد وضع أساس هذا الخط " يوسف الشجري " في عهد الخليفة " المأمون " وأطلق عليه الخط الرياسي لأنه أصبح لتحرير الرسائل السلطانية ولقد أجاده

وطوره في فارس الخطاط الرسام " مير علي التبريزي " عام 919 هجري. وقد استعمل في كتابة أسماء سور القرآن الكريم والعناوين الداخلة في الكتب الدينية.

8) رسم الطغراء:

لقد استعمل السلاطين العثمانيون الختم على شكل الطغراء عند توقيع البراءات والمنشورات والرسائل والاتفاقيات...، وكان السلطان المملوكي " الناصر حسن " منذ عام 752 هجري قد استعمل الطغراء، واستمرت الطغراء عند العثمانيين من عهد " السلطان سليمان " إلى آخر عهد " السلطان عبد الحميد ".

وخط الطغراء هو تزاوج بين خطي الديواني والإجازة.

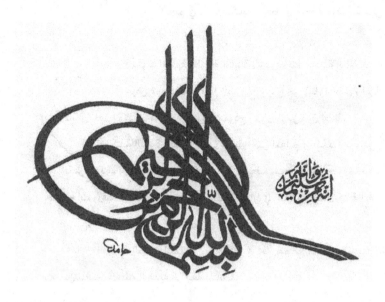

مراحل تدريب الطلاب على الخط

يمر تدريب الطلاب على الخط في مراحل ثلاث هي:

المرحلة الأولى:

وتبدأ هذه المرحلة في الصف الأول الأساسي، ويتم تدريب الطلاب في هذه المرحلة على الكتابة بأن يتبع المعلم الخطوات التالية:

1- يكتب المعلم كلمة أمام الطلاب على ورقة بيضاء غير مسطرة، ثم يطلب من الطلاب كتابتها في أي موقع من الصفحة الأولى ولأي عدد من المرات يريد.

2- يكتب كلمة أمام الطالب على ورقة بيضاء وضع عليها سطر واحد، ثم يدربه على كتابتها.

3- يزيد المعلم عدد الكلمات التي يدرب الطلاب على كتابتها تدريجياً، ويزيد عدد الأسطر المحددة للكتابة، ليهيء الطالب إلى الكتابة على الدفاتر المخصصة للكتابة.

4- يقوم المعلم بإرشاد الطلاب ويوجههم، ويمدهم بالتغذية الراجعة المناسبة.

5-   ثم يسير المعلم في تعليم الكتابة والخط في مرحلـة متقدمـة علـى النحـو
التالي:

أ-   التمهيد للكتابة بطريقة مناسبة ومشوقة تثير دافعية الطلاب.

ب-   عرض نموذج الخط أمام الطلاب، ثم يُقرأ من قبـل المعلـم والطلاب، ثم
يناقش المعنى ويشرح مفهوم النص أو النموذج بشكل ميسر دون إطالة.

ج- كتابة النموذج أمام الطلاب ثم يقرأ مـن المعلـم والطـلاب، مـع شرح كيفيـة
الكتابة بهدوء وإفهام الطلاب بذلك، ويمكـن للمعلـم عـرض نمـاذج حـروف مجسـمة، أو
لوحات ورقية أو استخدام أي وسيلة لايصال المهارة إلى الطلاب لإتقان كتابة الخط بشكل
صحيح.

د- كتابة الطلاب للنموذج (المحاكاة) في دفاترهم مع استمرار التوجيه والإرشـاد
من المعلم، وإعطاء التغذية الراجعة المناسبة.

المرحلة الثانية:

وتبدأ هذه المرحلة في الصف الثاني ثم تنتهي في الصف الثالث، ويقوم فيها المعلم بتدريب طلابه
على الكتابة وفقاً للخطوات الآتية:

1-   يمهد المعلم للكتابة بإثارة دافعية الطلاب لموضوع الكتابة، فيكلف طلابه
بتجهيز دفاترهم وأقلامهم وأدوات الخط استعداداً للكتابة.

2-   يعرض المعلم النموذج أمام الطلاب.

3-   يقرأ المعلم النموذج قراءة سليمة ومعبرة.

4-   يكلف المعلم بعض الطلاب النابهين، قراءة النموذج قراءة سليمة.

5-   ينـاقش النمـوذج بطـرح سـؤال أو سـؤالين لتحديـد المعنـى الإجمـالي
للنموذج.

6- يسطر اللوح تمهيداً للكتابة.

7- يكتب النموذج موضحاً مواقع الحروف وطريقة كتابتها.

8- يدرب الطلاب على كتابة النموذج على اللوح.

9- (المحاكاة)، يكلف الطلاب كتابة النموذج على دفاترهم.

10- يرشد الطلاب ويوجههم أثناء الكتابة، ويزودهم بالتغذية الراجعة المناسبة.

11- يقوم المعلم بتصحيح دفاتر الطلاب ويرصد الأخطاء الشائعة ويعالجها بطريقة مناسبة.

المرحلة الثالثة:

وتبدأ هذه المرحلة في الصف الرابع وحتى نهاية المرحلة الأساسية، ولا تختلف الخطوات التي يتبعها المعلم في تدريب طلابه على الكتابة عن المرحلة التي سبقتها كثيراً إذ يسير وفقاً للخطوات التالية:

1- يهيئ الطلاب للكتابة بالطريقة والأسلوب الذي يراه مناسباً.

2- يعرض النموذج أمام الطلاب.

3- يقرأ النموذج قراءة سليمة معبرة.

4- يكلف الطلاب النابهين قراءة النموذج.

5- يناقش الطلاب بالمعنى الإجمالي للنموذج أو الفكرة الرئيسة منه.

6- يسطر اللوح بشكل مناسب تمهيداً للكتابة.

7- يكتب النموذج أمام الطلاب موضحاً طريقة رسم الحروف بطريقة صحيحة.

8- يكلف الطلاب التدرب على كتابة النموذج على السبورة أو على أوراق خارجية.

9-   يكلف الطلاب كتابة النموذج (المحاكاة) على دفاترهم، مع مراعاة شروط الكتابة الجيدة.

10-   يوجه الطلاب ويرشدهم ويقوّم أدائهم.

طريقة تدريب الطلاب على الخط

ترتكز طريقة تدريس الخط على أسس فكرية عملية يعتمد عليها تكوين المهارة اليدوية، وهذه الأسس متصلة ومترابطة يدعم كل منها الآخر ويؤثر فيه. وهذه الأسس هي:

أ)   الملاحظة: والمقصود بها الإدراك البصري والذهني للنماذج الخطية، وذلك بتمييز أشكال الحروف وأبعادها، والنسب بينها، وكيفية اتصالها بعضها ببعض.

ب) المحاكاة أو التنفيذ العضلي: وفيه يقوم الطالب بكتابة النموذج في كراساتهم ودفاترهم، لذا فإنه إذا تمت مرحلة الملاحظة بشكل سليم وفعّال، زاد أثرها في عملية المحاكاة.

ج) الموازنة والنقد: وهنا يوازن الطالب بين النموذج الموجود أمامه وما كتبه بخط يده.

د) التدريب: ويتم بتكرار المحاكاة بعد الموازنة والإرشاد.

واعتماداً على الأسس السابقة، ترتكز طريقة تدريس الخط والتي نوضحها بشكل عام في الخطوات التالية:

1-   التمهيد:

يطلب المعلم من الطلاب إخراج كراساتهم وأدوات الكتابة، ويقسم السبورة إلى قسمين:

القسم الأول: لكتابة النموذج بالخط المطلوب.

القسم الثاني: للشرح والإرشاد.

2- قراءة النموذج:

يقرأ المعلم النموذج ثم بعض الطلاب النابهين، ويناقش معناها وأهم الأفكار أو العبر أو الحكم الواردة فيها.

3- العرض أو الشرح الفني:

في هذه الخطوة يبدأ المعلم في شرح كيفية كتابة الحرف الذي يريد التركيز عليه في الدرس، مع ملاحظة حركات يده عند الكتابة، ويلون أجزاء الحروف بألوان مغايرة واضحة، مع الاستعانة بخطوط أفقية أو رأسية أو مقوسة، أو بنقط لضبط أجزاء الحروف وتحديدها.

كما يمكن في هذه الحالة عرض نموذج لحجم الحرف، وبعد ذلك يكتب المعلم الحرف المتصل الأجزاء في قسم الشرح على السبورة، ثم يكتبه في كلمته التي ورد فيها في القسم الخاص بالنموذج.

4- المحاكاة:

يبدأ الطلاب في محاكاة النموذج بعد إرشادهم وتوجيههم إلى كيفية إمساك القلم، وإلى مراعاة التأني والصبر والدقة في محاكاة النموذج المطبوع، على أن تبدأ المحاكاة في أوراق خارجية أولاً.

5- الإرشاد الخاص:

عند محاكاة الطلاب للنموذج المطبوع أو المكتوب على السبورة يرى المعلم كتاباتهم، ويتعرف أخطائهم الفردية والأخطاء العامة، ويرشد كلاً منهم (منفرداً) إلى مواطن خطئه، ويوضح له الصواب ويطلب منه تصحيح خطأه.

6- الإرشاد العام:

إذا لاحظ المعلم خطأً مشتركاً في كتابة الطلاب، يطلب من جميع الطلاب الانتباه إليه، ويوضح مواطن الخطأ على السبورة، كما يوضح صورته الصحيحة، ويسارع في محو الصورة الخاطئة حتى لاتنطبع في أذهان الطلاب.

6- موالاة التدريب:

وتستهدف هذه الخطوة كسب المهارة وتثبيتها والاحتفاظ بها لفترة طويلة وذلك بأن يكرر الطلاب محاكاة النموذج محاولين الاستفادة من إرشادات وتوجيهات المعلم، وعلى المعلم أن يتابع عمله بالمرور بينهم ومراقبة أعمالهم والاستمرار في الإرشاد الفردي والإرشاد العام إلى نهاية الحصة.

وعلى المعلم في درس الخط أن يعمل جهده على تجنيب طلابه الملل والسأم وذلك بتنويع النشاط في الحصة، وذلك بالانتقال من التدريب إلى الإرشاد، إلى الموازنة والنقد، وتشجيع المجد والأخذ بيد الضعيف وإضفاء نوع من المرح والحرية الموجهة في الحصة.

الفصل السابع

القصة

- الأهمية التربوية للقصة

- شروط إلقاء القصة

- أسس اختيار القصة

- دور الطالب من القصة

القصة

القصة

تعتبر القصة من طرق التدريس الممتعة للطلاب الصغار والكبار معاً، لأنها تدخل البهجة والسرور إلى نفوسهم وتنمي عندهم روح الخيال، وتعتبر هذه الطريقة من الطرق الأساسية في التدريس في المرحلة الابتدائية.

وتعتبر القصة من طرق التدريس القديمة التي استخدمها الأقدمون في إيصال أفكارهم ومعلوماتهم إلى غيرهم، وقد استعملها الأنبياء والرسل كأسلوب لتقريب الحقائق إلى عقول الناس، كما استخدموا القرآن الكريم كأسلوب لإيصال المعلومات عن الأقوام السابقة كقصة سيدنا إبراهيم وموسى وسيدنا يوسف عليهم السلام، وقوم لوط ونوح وثمود وناقة صالح عليه السلام... وغيرها من المعلومات التي نقلها إلينا القرآن الكريم بأسلوب قصصي رائع ومشوق.

ويفترض في القصة أن يكون لها هدف تربوي واضح وأن لا تكون موغلة في الخيال بعيدة عن الواقع وأن لا تبعث الرعب والخوف لدى الطلاب الصغار، كما يفترض أن تبتعد القصة عن التفصيلات المملة، وأن يقوم المعلم بسرد معلومات وحيثيات القصة على مسامع الطلاب بطريقة منظمة ومرتبة في حقائقها ترتيباً منطقياً.

الأهمية التربوية للقصة

1-   تزيد من ثروة الطالب اللغوية، وتعوده على التعبير السليم في نقل أفكاره إلى الآخرين، وتزيد من ثقته بنفسه في التعبير عن أفكاره دون خجل أو إحراج، كما أنها ترفع من مستوى لغة الطالب وتهذب أساليبه وترتقي بها.

2-   تساعد القصة في إكساب الطلاب القيم والاتجاهات المرغوب فيها بحيث يستنتج الطالب العبرة من القصة دون أن يتطرق إليها المعلم.

3-   تعتبر أفضل طرق التدريس في المرحلة الابتدائية لأنها تلائم طبيعة الطفل ومرحلة نموه، لذا يستطيع المعلم عن طريقها إيصال

المعلومات إلى الطفل وربطها مع بعضها البعض بأسلوب شائق وممتع، كما أنها تزيد من إقبال الطلاب على التعلم من خلال المتعة والسرور التي ترفد بها السامع أو القارئ للقصة.

4-   يمكن للمعلم أن يبتكر من القصة طرق تدريسية أخرى، فيطلب من طلابه تحويل القصة إلى أسلوب الحوار والتمثيل مما يثبت المعلومات في أذهانهم بأسلوب اللعب المشوق وينمي لديهم القدرة على التعامل مع القصة وإكسابهم مهارات تحويل القصة إلى أنماط مختلفة من التدريس.

5-   تزود الطلاب بالكثير من المفاهيم التاريخية والجغرافية والوطنية والعلمية والأدبية والثقافية بطريقة غير مباشرة، فهي تستطيع نقل الأطفال إلى الجو التاريخي الذي حدثت فيه القصة فتعطي الأطفال فكرة عن حياة ذلك العصر والقيم والعادات التي كانت سائدة فيه، ومن خلالها يطلع الطالب على عادات وحضارات المجتمعات الإنسانية الأخرى فيفيد من جوانبها الإيجابية ويتجنب سلبياتها.

6-   تساعد الطلاب على الاستنتاج والخروج بالكثير من العظات والعبر والأثر الوطني السليم، كما أنها تنقل إلى الطلاب أفكاراً أولية عن مفهوم التفسير الثقافي والحضاري.

7-   تنتقل بخيال الطفل إلى حياة أبطال القصة، فيتصور نفسه بينهم ومشاركاً لهم مغامراتهم وبطولاتهم، لذا تحرك لديه العواطف والحماسة وتنمي لديه فضيلة الشعور مع الغير والتفاعل معهم.

8-   تعمل القصص على تنمية خيال الطلاب بحيث تسمو بخيالهم لما فيها من عنصر الخيال وتعودهم الجرأة والشجاعة ومواجهة الجماعات ومخاطبتهم بلباقة ودون خوف.

شروط إلقاء القصة

1- على المعلـم أن يستعمل اللغـة السـهلة والجمـل القصـيرة الواضـحة والبعيدة عن الغموض حتى يتمكن مـن نقل مضمون القصة إلى أذهـان الطـلاب السـامعين بأقصر طريقة وأقل جهد.

2- على المعلم أن يتفاعل مع حوادث القصة بحيث يظهر ذلك على تقاسيم وجهه وحركات يديه، لأن ذلك يشوق الطـلاب إلى متابعـة القصة والانـدماج مـع معلمهـم في أحداثها.

3- يفضل أن يستخدم المعلم اللغة العربية الفصيحة في سرد القصة بحيـث ينتفي الألفاظ والتعابير التي تتناسب ومستوى الصف الذي يتعامل معه.

4- على المعلم أن يعبر في أسلوبـه وطريقـة سـرده لحـوادث القصـة عـن دور كل بطل من أبطال هذه القصة وأن يتقمص أدوارهم بطريقة تنقل إلى السامع التعابير نفسها التي يستعملها بطل القصة والانفعالات التي يمر بها وذلك للتأثير في السامع بحيـث ينـدمج في القصة وكأنه أمام الأبطال الحقيقيين.

5- تتطلب القصة فـن في السـرد والإلقـاء، وعلى المعلـم أن يـدرس القصـة بشكل جيد ويحدد بعض نقاط حوادث القصة والتي تتطلب أن يقف عندها المعلم ويصمت للحظة، حتى يثير اهتمام الطلاب ويشوقهم له.

أسس اختيار القصص

إن المعلم بحكم قربه للأطفال ومعرفته بالمراحل النمائية للأطفال وخصائص كـل مرحلة يكون أقدر على اختيار القصص التي تتناسب مع أعمارهم وخصائصهم النمائية والنفسية والعقليـة، فـما يصلح للكبار قد لا يصلح للأطفال والعكس صحيح.

وهناك بعض الأسس التي يجب مراعاتها عند اختيار القصص منها ما يلي:

1- على المعلم أن يتجنب اختيار القصص التافهة والمبتذلة أو التي تتسم بالرعب والخوف والجزع أو التي تتنافى مع أصول الدين والتهذيب الخلقي، لأن ذلك يعود بالضرر على الطلاب ويخلق منهم شخصيات ضعيفة ومهزوزة.

2- اختيار القصة التي تدور حول نقطة معينة أو هدف محدد حتى يسهل على الطفل إدراكها، بحيث لا نضعه في متاهات تختلط وتتزاحم فيها الأحداث.

3- الابتعاد عن القصص الخرافية البعيدة عن الواقع، وأن نبحث عن القصص التي تزيد من اتساع أفكارهم والتي يمكن حدوثها أو تكون قريبة من الواقع، لأننا نريد من الطالب الاستفادة من مغزى القصة للاستفادة منها في سلوكه وحياته اليومية وتنمية معلوماته وثقافته وثروته اللغوية، وإكسابهم الجرأة والشجاعة في القدرة على الحديث ومواجهة الغير...

4- أن يقوم المعلم باختيار القصص النافعة والمفيدة والتي تدور حول مشاهير الأبطال العرب والمسلمين وأن يركز على القصص التي تدور حول الفضيلة وحسن الخلق ونصرة الحق ومساعدة الضعيف، حتى تكون حافزاً له في اقتدائها في تصرفاته وسلوكه.

5- وعند قيام المعلم بسرد القصة للطلاب لا ضرورة أن يركز على المفهوم الزماني كأن يتناول القرن أو العقد أو السنة، بل يكتفي التطرق إلى مفهومي الماضي والحاضر فقط. كأن نقول لطلبة الحلقة الأساسية الأولى (الصفوف الأول والثاني والثالث الابتدائي)، عندما نتطرق إلى الماضي، كأن نقول: كان في قديم الزمان...

وعندما نتطرق إلى الحاضر نقول: يوجد في وقتنا الحاضر الذي نعيش فيه...

دور الطالب من القصة

1-   على المعلم أن يدرب طلابه ويعودهم على كيفية تلخيص القصة، وكيف يتعرفون على عناصرها الرئيسة، وكيف يلخصون القصة شفوياً أو تحريرياً.

2-   على المعلم أن يطلب من طلابه خلـق قصـص مشـابهة لـما سـمعوها، أو سرد قصص سبق أن سمعوها من ذويهـم أو مـن أجـدادهم أو قـرأوا عنهـا، وتكليـف الطـلاب بتغيير نهاية القصة أو تغيير عنوان القصة...

3-   تكليـف الطـلاب بتصـوير القصـة أو بعـض فصـولها بالصـور والرسـوم المختلفة وعرض هذه اللوحات في الصف وتكليف الطـلاب بـالتعبير والتحـدث عـن رسـوماتهم بلغتهم الخاصة وبتوجيه من المعلم.

4-   ينصح المعلم بعدم توجيه الأسئلة على الطلاب خلال قيامه بسرد القصة لأن ذلك يشتت انتباهم ويفقدهم عنصر ـ التشـويق، بـل عليـه أن يقـوم بطـرح الأسـئلة بعـد الانتهاء من سرد القصة.

الفصل الثامن

التدريس وفق المنحى الترابطي التكاملي

(لصفوف المرحلة الإبتدائية)

- مفهوم الترابط
- مزايا المنحى الترابطي التكاملي
- تعريف المنحى الترابطي التكاملي
- التخطيط وفق المنحى الترابطي

التدريس وفق المنحى الترابطي التكاملي

(لصفوف المرحلة الإبتدائية)

التدريس وفق المنحى الترابطي التكاملي

" لصفوف المرحلة الإبتدائية "

ترمي العملية التعليمية التعلمية في صفوف المرحلة الإبتدائية الدنيا إلى تزويد الطفل بمجموعة من المعارف والمهارات والقيم والاتجاهات التي تساعده على تعرف عالمه الذي يحيط به، ولا شك أن المناهج المدرسية في هذه المرحلة قد تلبي هذا الغرض، لكنها موزعة على مناهج خاصة بكل مادة، كما أن قسماً كبيراً من معلمينا ومعلماتنا ينظرون إلى المواد الدراسية على أنها مواد منفصلة عن بعضها، فلكل مادة ميدانها الخاص بها، فلا تتعداه إلى ميدان آخر، مما أدى إلى جفاف هذه المواد وعدم ارتباطها بالحياة وبالبيئة التي يعيشها الطفل، الأمر الذي جعل بعض الأطفال يشكون في قيمة هذه المواد ووظيفتها بالنسبة لحياتهم.

ولقد جاءت هذه المادة الدراسية لتحفز معلمي المرحلة الإبتدائية الدنيا ومعلماتها على استخدام المنحى الترابطي الذي يستثمر مواطن اللقاء بين المواد المختلفة، ولتدريبهم على التخطيط وفق هذا المنحى، والابتعاد عن تكرار تدريس الموضوعات التي تتلاقى في أهدافها ومضمونها، لأن الربط يتيح للأطفال فرصة تعلم جوانب المعرفة بشكل مترابط، وهذا بالطبع ينسجم مع طبيعة الإدراك المعرفي للطفل، كما يتفق مع توظيف الخبرات التي تكتسب بشكل مترابط أيضاً.

مفهوم الترابط

إن تنظيم المنهاج في مواد أو مواضيع مستقلة يُعد من أقدم الأنماط وأكثرها شيوعاً وأسهلها تنفيذاً، ومعلم الصف الذي يسير على هذا النظام يقضي يومه متنقلاً بين تعلم القراءة والكتابة والحساب والتربية الدينية والتربية الاجتماعية... الخ، فالمواد في هذه المواضيع محدودة ومنسقة تحت عناوين بارزة، بحيث يغدو تعليمها سهلاً، ويمكن اختصاره بالنسبة للمعلم في أربع كلمات هي (إقرأ، أكتب، أجب، سمّع)، وهكذا نجد في هذا النمط أن اتقان المادة الدراسية يصبح لها الأولوية في التعليم، وتصبح هذه المادة هدفاً لا وسيلة، ويكون التركيز على الحفظ والاستظهار فقط.

وقد يتم الربط بين مادتين أو أكثر، دون أن ترفع الحواجز الفاصلة بين المواد، فيدرِّس المعلم موضوعاً عن " النظافة " ورد في كتاب القراءة، في الوقت نفسه الذي يدرّس فيه موضوع " الوضوء " في التربية الإسلامية، وموضوع " أضرار الذباب " من كتاب العلوم وموضوع " التعاون في نظافة الحي " الوارد في كتابة التربية الاجتماعية.

والواقع أن مدى الارتباط بين المواد المختلفة يتوقف على العلاقات التي تقوم بينها، كما يتوقف على مدى إلمام المعلمين بهذه المواد، وبالعلاقات التي يمكن أن تقوم بينها، ويرى أنصار هذا المنحى أنه يؤدي إلى تكامل المعرفة إلى حد ما، وأن الطلاب يلمسون العلاقات بين المواد المختلفة، وبذا تقل تجزئة المعرفة.

تعريف المنحى الترابطي (التكاملي)

إن الدراسة المتكاملة (المترابطة) كما يعرفها همفري ورفاقه (Humphrey& Others) هي الدراسة التي يحاول فيها الطلبة المتعلمون أن يتوسعوا في البحث عن المعرفة في موضوعات متعددة ذات علاقة بجوانب معينة في بيئتهم، وهم هنا يرون العلاقة بين الموضوعات الإنسانية وفنون الاتصال والعلوم الطبيعية والرياضيات والعلوم الاجتماعية والفنون، وأن هذا التعريف يقترب من تعريف شوميكر (Shoemaker 1982) الذي يقول فيه، أن المنهاج المتكامل (المترابط) هو التعليم المنظم بطريقة تجمع الجوانب المرتبطة فيه من عدد من الموضوعات الدراسية بشكل متآلف ومنسجم ليركز على مجال دراسي أوسع، وهو بهذا ينظر إلى التعلم والتعليم بطريقة كليّة ويعكس العالم الفعلي المتشابك.

وفي هذا الإطار يتجاوز درسل (Dressel,1958) ما ذهب إليه همفري وشوميكر ليؤكد أنه في المنهاج المتكامل المترابط، فإن خبرات التعلم المخطط لها لا توفر للمتعلمين النظرة الموحدة للمعرفة المشتركة أو المتفق عليها فقط، بل تحفز المتعلمين وتطور مقدرتهم ليروا أو يدركوا العلاقات الجديدة التي تتأتى أو تترتب

على الوحدة المعرفية المتكاملة المترابطة الجديدة، وبالتالي فإن الطلبة يطورون نماذج وهياكل جديدة.

وهناك المصطلح الآخر المستعمل كرديف لمصطلح المنهاج المتكامل المترابط، وهو التعليم المشترك بين الأنظمة المعرفية المختلفة، وتعريفه حسب قانون التربية، بأنه المنهاج المنظم من مجموعة متقاطعة من المواد الدراسية، ليركز على مشاكل حياتية عامة أو موضوع قائم على مجالات دراسية واسعة تجمع معاً جوانب متعددة للمنهاج في تآلف منسجم ذي معنى مفيد.

وفي هذا السياق يعرف جيكوب (Jacobs,1989) التعليم المشترك، بأنه رأي معرفي وأسلوب مناهج يطبق، بوعي وقصد، الأسلوب واللغة لأكثر من نظام معرفي واحد لعرض فكرة أو قضية مشكلة أو موضوع، أو خبرة مركزية، وهو بهذا يتفق مع إفريت (Everett) الذي يعرف المصطلح نفسه بأنه المنهاج الذي يجمع موضوعات دراسية عديدة في مشروع حي واحد، ذلك أن الطلبة يواجهون الأمور في العالم الفعلي بنشاط واحد أو بموقف واحد.

يتضح من التعريفات السابقة أن أصحاب المنهاج المتكامل المترابط، ينظرون له كأسلوب أو عملية تربوية تهدف إلى إعداد الطلبة إلى التعلم مدى الحياة، وهم بهذا لا يؤيدون التعليم والتعلم المجزأ والموزع في موضوعات دراسية مختلفة في أقسام أو أجزاء تنظيمية مبعثرة.

ومما سبق يتضح لنا أن المنهاج المتكامل المترابط كما يفهمه الكثيرون يحتوي على:

1- توليفة من الموضوعات المختلفة ذات العلاقة.

2- تركيزاً على المشروعات.

3- مصادر تتجاوز الكتب المقررة.

4- علاقات بين المفاهيم.

5- وحدات قائمة على أفكار رئيسية كمبادئ تنظيم.

6- برامج تتصف بالمرونة.

7- تجميع أو تصنيف مرن للطلبة.

8- سلسلة متصلة من التكامل والترابط.

وتؤكد الكثير من الدراسات والأبحاث التربوية على أهمية المنهاج التكاملي الترابطي الإيجابي على اتجاهات الطلبة، فقد أظهرت أبحاث ماكيفر (Maciver,1990) أن الطلبة الذين يتعلمون بواسطة المنهاج المتكامل قد طوروا روح الفريق، وتحسنت لديهم الاتجاهات وعادات العمل، وبشكل عام لخص لبسون (Lipson,1993) نتائج الأبحاث المتعلقة بهذا المنهاج على النحو التالي: •

1- يساعد الطلبة على تطبيق المهارات.

2- يساعد على استرجاع الطلبة للمعلومات من مخزن الذاكرة بسرعة أكبر.

3- المنظورات أو الأبعاد التي يطورها الطلبة تقود إلى قاعدة أوسع من المنهاج المتكامل.

4- يشجع الطلبة على التعلم الأعمق والأوسع.

5- يشجع على تطوير اتجاهات إيجابية لدى الطلبة.

6- يوفر فرصاً أكثر لاستخدام نوعي للوقت مما يؤدي إلى اكتشافات واستقصاءات أكثر في المنهاج.

مزايا المنحى الترابطي التكاملي

إن الترابط الذي تتبناه هذه المادة هو الترابط الذي يتصف بالواقعية، والذي لا يكون فيه الربط قائماً على أسس واهية مفتعلة، ومن أهم المزايا التي يحققها هذا المنحى:

1- تبصر الظاهرة التي يدرسها الأطفال والتعمق فيها، مما يزيد لديهم فرصة التفكير الإبداعي، ويمكنهم من استثمار المعارف التي درسوها داخل المدرسة وخارجها.

2- اختصار الوقت والجهد، فهذا المنحى يخلص المعلمين والمعلمات من التكرار عند تدريس المواد المتلاقية في أهدافها ومضامينها

3- تعريض الأطفال لأكثر من خبرة واحدة، وذلك عن طريق تنقلهم بين صفحات أكثر من كتاب واحد، وحل تدريبات متنوعة في أكثر من كتاب واحد أيضاً.

4- إثارة شوق الأطفال، وإبعادهم عن جو الملل والسأم، وشد انتباههم إلى موضوع الدرس.

5- استدعاء معلومات الأطفال بيسر وسهولة، وتوظيفها في خبرات تعليمية جديدة.

6- توظيف المعلومات والمعارف التي تم تعلمها بطريقة ترابطية منظمة، بما ينسجم مع طبيعة الإدراك العقلي لدى الأطفال فيسهل عليهم الفهم.

7- إفساح المجال لنشاطات متنوعة ومختلفة داخل غرفة الصف وخارجها.

8- حفز المعلمين والمعلمات على تطوير أنفسهم بما ينسجم مع سعة المناهج وشموليتها، وبما يتيح لهم فرصة الإطلاع على غير مواد تخصصهم.

9- الاستفادة من بعض الوسائل المرافقة، إذ يمكن أن يفيد المعلم والمعلمة من الصورة الموجودة في كتاب القراءة أو العلوم لشرح مفهوم في التربية الاجتماعية أو الصحية.

10- تنويع أسئلة التقويم وذلك بالاستفادة من الأسئلة الموجودة في نهاية كل درس من دروس القراءة والعلوم والاجتماعيات... الخ.

11- الاستفادة من أساليب المواد المختلفة، إذ يمكن أن يستفيد المعلم والمعلمة من أساليب تدريس العلوم في تدريس اللغة العربية... الخ.

12- مساعدة الطلبة في الوصول أو الحصول على المعلومات من خلال استخدامهم أساليب تعلم متنوعة يمكن أن يكون بعضها من ابتكار الطلبة أنفسهم.

13- تشجيع الطلبة على التركيب والتأليف من المعرفة وبالمعرفة، وهذه عمليات عقلية متقدمة.

14- خلق أو إيجاد أو توفير مستويات بدء أو بداية متعددة في المادة الدراسية الواحدة ليصبح الطلبة أكثر اشتراكاً واستغراقاً فيها.

15- تشجيع التعددية والتنوعية في التفكير، مما يوفر الفرص لبدائل غير نمطية أو مألوفة في التعامل مع الأفكار أو المواقف أو المشكلات.

16- مخاطبة مختلف أساليب التعلم ومستويات الذكاء لدى الطلبة.

17- تقوية وتنمية عمليات التنسيق والعمل الفريقي للمدرسين والطلبة.

18- مساعدة الطلبة على استيعاب المفاهيم والأفكار والمعلومات من خلال العلاقات أو الارتباطات المنطقية بين الموضوعات المختلفة.

ومن خلال دراستنا السابقة واعتماداً على فوائد ومزايا المنهاج المتكامل المترابط، فكرة وممارسة وتطبيقاً، أنه يساعد في تربية الإنسان الذي يسعى وراء التعلم مدى الحياة (الإنسان الـذي يطلـب العلـم من المهد إلى اللحد)، لأن هذا النمط من الفرد هو الإنسان الحقيقـي الـذي تتـوافر فيـه معـالم الشخصية المتكاملة ذات الفرصة الأكبر والأوفر لاكتمالها وتحقيق ذاتها.

ومن أبرز صفات أو خصائص هذه الشخصية ما يلي:

<u>1- يأتيها التوجيه من داخلها، وتتميز بما يلي:</u>

أ- تتقبل التحديات الجديدة في مواقف التعلم وتبحث عنها.

ب- تحدد أغراضها وأهدافها، وتعرف مسارات عملها وتتابعها من خلال التخطيط لها.

ج- تستخدم المعارف والعمليات السابقة من أجل بناء واكتساب معارف جديدة.

د- تصل إلى المعلومات من مصادر مختلفة وتستفيد منها.

<u>2- تتواصل وتتفاعل بدينامية، وتتميز بأنها:</u>

أ- تعبر عن نفسها بوضوح ودقة.

ب- تصغي بانتباه، وتتسلم رسالة الاتصال وتفسرها وتستجيب لها.

<u>3- تفكر بعمق، وتتميز بأنها:</u>

أ- تظهر فكراً خلاقاً

ب- تتوصل إلى المعاني الكبيرة وتحل المشكلات وتصنع القرارات باستخدام استراتيجيات تفكير مختلفة.

4- تنتج إنتاجاً نوعياً، وتتميز بأنها:

أ- تقوّم العمل وتلائمه ليعكس أفضل جهد ممكن.

ب- تثابر بإصرار للتوصل إلى نتاجات تحقق الأهداف المقصودة.

5- تكون مواطنتها مسؤولة، وتتميز بأنها:

أ- تبدي الاحترام والاهتمام بنفسها وبالآخرين.

ب- تتحمل مسؤولية عملها.

ج- تتفهم العملية الديمقراطية وتشارك فيها.

د- تظهر حساسية تجاه الاختلافات والفروق الثقافية والفردية.

6- تساهم وتتعاون، وتتميز بأنها:

أ- تعمل وتتعاون مع الآخرين وتقدم الأفكار والاقتراحات والجهود.

ب- تظهر خصائص القيادة الإيجابية.

التخطيط وفق المنحى الترابطي

إن أهداف المرحلة الإبتدائية الدنيا تنبثق من هدف التربية العام، والعمل الرئيس للمدرسة الإبتدائية هو توجيه التعلم المضبوط نحو مساعدة على اكتمال النماء الشامل، أي أن التربية القائمة في المدرسة الإبتدائية، وعلى وجه الخصوص في المرحلة الإبتدائية الدنيا، هي - في معظمها - من نوع التربية النامية العامة، والمشكلة التي تواجه معلم الصف هي: كيف يمكن أن يختار الطريقة التي تجعل من العملية التعليمية ذات وزن علمي، وأهمية اجتماعية، وقابلية للتطبيق الواسع ؟.

وبصورة أكثر دقة، هي مشكلة تنظيم نهج تربوي صحيح يبلغ الأطفال إلى الأهداف المنشودة، ومن الواضح أنه إذا لم يقصد المعلم قصداً إلى استخدام المنحى الذي يريد، فإن الحديث عن ذلك المنحى يظل خارج حدود النظام، فإذا لم يخطط المعلمون والمعلمات لربط المواد بعضها ببعض، فإن الحديث عن استخدام المنحى الترابطي يظل عبارات فضفاضة، حتى وإن تم شيء من ذلك، فإن الترابط لا يحدث إلا عرضاً، وبطريق الصدفة، ولهذا لا بد من التخطيط لتدريس المواد المترابطة في سنة دراسية واحدة، أو في فصل دراسي واحد، أو في شهر أو

أسبوع أو يوم واحد، ويمكن أن تكون الخطوات التالية معالم تحدد أطر التخطيط وفق المنحى الترابطي:

1) دراسة المقررات الدراسية:

إن من أول واجبات معلم الصف الذي يسعى إلى تحقيق أهداف الترابط أن يعمد إلى المقررات الدراسية (الكتب والمناهج)، ويبسطها أمامه، ويستخرج من كل مادة المفاهيم الرئيسة التي تتضمنها كل وحدة من الوحدات المقررة، ويسجل تلك المفاهيم في جدول كما في الشكل التالي:

الصف: ــــــــــ الجدول (1) المفاهيم الرئيسة في الوحدات / الدروس المقررة

رقم الوحدة أو الدرس	اللغة العربية	التربية الإسلامية	التربية الإجتماعية	العلوم	الرياضيات	التربية الفنية	التربية الرياضية
.1							
.2							
.3							
.4							
.5							

في هذه الخطوة يلاقي المعلمون بين الموضوعات التي ترمي إلى تحقيق أهداف متماثلة، أو قريبة من حد التماثل في المواد المختلفة، ومن ثم يجاورون بين الموضوعات المتباعدة في الترتيب، بحيث تصبح الموضوعات المتقاربة في أهدافها على شكل وحدة دراسية واحدة، وهذا من شأنه أن يسهل عليهم رسم الخطة الدرسية اليومية التي سيأتي الحديث عنها لاحقاً.

3) تحديد وقت التنفيذ وزمنه:

وفي هذه الخطوة يحدد المعلم الوقت اللازم، والمسموح به لتدريس الوحدة الدرسية المترابطة، فبعض الوحدات قد تحتاج إلى يوم دراسي، وبعضها قد يحتاج

إلى أسبوع أو أكثر، والبعض الآخر قد يحتاج إلى وقت قد يطول أو يقصر حسب تقديرات المعلم.

كما قد يحدد المعلم في هذه الخطوة زمن التنفيذ (الشهر والأسبوع)، دون أن يغفل عن استثمار المناسبات ذات العلاقة في تدريس الموضوعات الدرسية المقررة.

والجدول التالي قد يساعد المعلم في تنفيذ الخطوتين السابقتين.

4) إعداد الخطط الدرسية:

وتتضمن هذه الخطوة الأمور التالية:

أ- تحديد أهداف الموضوعات التي تضمنتها الوحدة المترابطة.

ب- تحديد الوسائل التعليمية / التعلمية اللازمة.

ج- تحديد التعلم القبلي المناسب.

د- اختيار وتحديد الأساليب والأنشطة المناسبة لتحقيق الأهداف.

هـ- تحديد وتجهيز طرائق ووسائل التقويم المناسبة.

ومما يجدر ذكره أن بعض أساليب تحقيق الأهداف قد تناسب موضوعاً ما مناسبة تامة، ولا تناسب موضوعاً آخر بالقدر نفسه، وهنا يتوجب على المعلم أن يقارب بين الأساليب، فيختار أكثرها مناسبة لتحقيق الهدف المطلوب في إطار المادة التدريسية التي يدرسها، ومثل هذا الأمر ينطبق على طرائق ووسائل التقويم وأدواته، لذا ينبغي أن يزاوج المعلم بين طرائق ووسائل التقويم المستخدمة لتناسب الموضوعات الدرسية.

الجدول (2): الموضوعات المترابطة في مقررات الصف:

الرقم	عنوان الدرس في كتاب اللغة العربية		عنوان الدرس في كتاب التربية الإسلامية		عنوان الدرس في كتاب التربية الإجتماعية		تاريخ التنفيذ		عدد الحصص اللازمة
		الصفحة		الصفحة		الصفحة	الشهر	الاسبوع	
1									
2									
3									
4									
5									

المواد المقررة

المادة	عنوان الدرس	صفحة الكتاب

الصف:_______ تاريخ التنفيذ: من ___ إلى ___

عدد الحصص اللازمة: __________

الأهداف المحددة	الوسائل التعليمية / التعلمية	التعلم القبلي	الأساليب والأنشطة المنتمية	طرائق التقويم

وفق المنحى الترابطي

لا	نعم	الجانب المحدد	الرقم
		هل اشتملت الخطة التي تم إعدادها على أكثر من مبحثين دراسيين ؟	1
		هل يمكن تدريس موضوعات الوحدة التي تم التخطيط لها في وقت واحد أو متقارب لو بقيت في أماكنها في الكتب المقررة.	2
		هل جاءت موضوعات الوحدة التي تم التخطيط لها متسلسلة منطقياً بحيث تساعد على تناولها كوحدة مترابطة ؟	3
		هل الربط بين موضوعات الوحدة التي تم التخطيط لها واقعي ؟	4
		هل جاءت أهداف كل موضوع من موضوعات الوحدة التي تم التخطيط لها متتالية ؟	5
		هل تحقق الأساليب المختارة الأهداف التي تم تحديدها ؟	6
		هل طغى أحد المباحث المتضمنة في الوحدة التي تم التخطيط لها على غيره من المباحث ؟	7
		هل أغنى المنحى الترابطي المواضيع التي اشتملت عليها الخطة الدراسية ؟	8
		هل أفادت الخطة الدرسية في أساليب التقويم التي تضمنتها الكتب المدرسية ؟	9
		هل أفادت الخطية الدرسية في الوسائل التي تضمنتها الكتب المدرسية ؟	10
		هل تساعد الخطة الدرسية على توفير الوقت والجهد لكل من المعلم/ة والطالب/ة ؟	11
		هل تساعد الخطة الدرسية على تعريض الأطفال لأكثر من خبرة تربوية واحدة ؟	12
		هل تجنب الخطة الدرسية الأطفال الملل ؟	13
		هل تستدعي الخطة الدرسية معلومات الأطفال السابقة ؟	14
		هل توظف الخطة الدرسية المعلومات السابقة في تحقيق الأهداف التي تم تحديدها ؟	15
		هل تساعد الخطة الدرسية على توفير المجال لممارسة نشاطات متنوعة داخل الصف وخارجه ؟	16

الخلاصة

مما لا شك فيه أن استخدام أسلوب الترابط في تدريس الموضوعات المقررة لصفوف المرحلة الابتدائية الدنيا، يساعد كثيراً في تعليم الأطفال وتعلمهم بطريقة نظامية، ويستطيع المعلم بيسر ـ وسهولة أن يربط بين الموضوعات التي يعلمها في المرحلة الإبتدائية الدنيا، وأن يفتح عيون الأطفال على كثير من الحقائق التي تخفى عليهم، وهم بحاجة إلى من يأخذ بأيديهم لتحقيق الأهداف التي يسعون إلى بلوغها وعندها سيجد الأطفال أن بمقدورهم فهم كل ما يجري حولهم.

المراجع والمصادر

1-   د. سامي عبدالله الخصاونة، المنهاج المتكامل، 2005، مطبعة الجامعة الأردنية – عمان – الأردن.

2-   منشورات معهد التربية – الاونروا / اليونسكو LE.1/96 – إعداد الخطط الدراسية وفق المنحى الترابطي في تدريس الموضوعات المختلفة – آذار 1996.

3-   Humphreys, A. post, T. and Ellis, A. Interdisciplinary Methods: A Thematic Approach. Santa Monica, C A, Good Year Publishing Company. 1981, P 11.

4-   Shoemaker, B. " Intergration Education: A Curriculum for the Twenty First Century ", orgen school study coucil 33/2, 1989.

5-   Dressel, P. " The Meaning and Significance of Integration " – chcagi, university of chicago press 1958.

6-   Jacobs, H. H. Interdisciplinary Carriculum: Design and Implementation, Alexander, V A: Association for Supervisiok and Carrculum Development, 1989.

الفصل التاسع

الأعمال الكتابية الطلابية

- الأعمال الكتابية الصفية
- الأعمال الكتابية اللصّفية (البيتية)

الأعمال الكتابية الطلابية

الأعمال الكتابية الصفية

تلعب الأعمال الكتابية الصفية أدواراً متميزة وهادفة في العملية التربوية، حيث تعمل على تعزيز الأهداف المخططة، وإثارة الإمتاع والتشويق بين الطلبة من خلال تلوين النشاطات التعليمية وتنوعها.

واستناداً إلى المبدأ القائل: (أن التعلم يعتمد على ما يفعله المتعلم نفسه أكثر من اعتماده على ما يفعله المعلم أو المادة التعليمية)، لذا فالأهداف والمعارف والاتجاهات والمهارات والمواقف لا تكتسب أهميتها الحقيقية إلا حين تترجم إلى خبرات أو نشاطات تعليمية يعاينها الأطفال بأنفسهم ويتفاعلون معها، لذا فإن من واجبات التربية العمل على استثمار طاقات ومواهب الطلاب من خلال التخطيط الجيد للدروس والاستعمال الجيد والفعّال للكتاب المدرسي وإبراز الوسائل التعليمية واستعمالها بشكل وظيفي فعّال من قبل المعلم والطالب معاً.

أهداف الأعمال الكتابية الصفية

1- بناء المقدمة للمادة التعليمية أو توضيحها أو مراجعتها أو تقويمها.

2- استثارة الاهتمام، وبناء حسب الاستطلاع وديمومة الانتباه وتحريك ميول الطلاب.

3- توضيح الترابط بين الأجزاء المختلفة للعمل وإبراز التكامل بينها.

4- التدرب على استخدام قاعدة معينة أو طريقة عمل معينة.

5- تعزيز الأهداف المخططة وتقويمها.

6- معالجة الفروق الفردية بين الطلاب.

7- تنمية الثقة بالنفس لدى الطلاب.

8- منح الحرية لما يريده الطالب من عمل ونشاط.

9- التدرب على تلخيص الأفكار الرئيسة في قراءة معينة.

10- التدرب على التقويم وإصدار الأحكام.

11- تحقيق نتاجات تعليمية تعلمية مصاحبة.

أمثلة على الأعمال الكتابية الصفية

1- قراءة الخرائط والأشكال النموذجية التوضيحية في دروس الجغرافيا والتي تتضمن التمارين والتمييز والتطبيق الكتابي.

2- قيام الطلاب بتسجيل المشاهدات التجريبية في حصص العلوم، كل بلغته الخاصة لتنمية الحصيلة اللغوية والتعبير الحر لديهم.

3- مطالبة الطلاب بقراءة نص تاريخي، بكتابة حكمهم على الحادثة أو الموقف الذي قرأوه أو استمعوا إليه، ينمي لديهم مهارات النقد والتقويم وإصدار الأحكام.

4- تكليف الطلاب بقراءة قصيدة شعرية ثم محاولة كتابتها نثراً كل بلغته الخاصة بلغة سليمة وواضحة.

مزايا خاصة للعمل الكتابي الصفّي

1- هناك بعض الطلاب الذين لا يتمتعون باستعداد عالٍ في الأنشطة الشفوية في الصف، لكنهم يستطيعون التعبير عن إمكاناتهم وتحصيلهم في العمل الكتابي، فهذ ينمي ثقتهم بأنفسهم، كما ينمي شخصياتهم بشكل عام.

2- إن العمل الكتابي الصفي يعطي المعلم صورة أكمل وأصدق من العمل الشفوي عن إنجازات طلابه ومستوياتهم.

3- إن العمل الكتابي يعطي المعلم وطلابه حرية أكبر في اختيار العمل وفي تقرير شكل الإجابة.

وهكذا فإن العمل الكتابي الصفي يوسع ويعمق فهم المعلم لطلابه وتقدمهم في تعلم المادة، كما تسمح له باكتشاف مواهبهم والتخطيط لتنميتها، واكتشاف صعوبات وضعف المتأخرين منهم والتخطيط لما يلزم من عمل علاجي.

العوامل المساعدة على توفير الإثارة والإمتاع في العمل الكتابي

إن توفير عنصري الإثارة والإمتاع للعمل الكتابي الصفي، لا يتعارضان مع الهدفية التربوية كشرط أساسي في تنظيمه، بل يساعدان على

تحقيق هذه الهدفية بفاعلية، وأنه لمن الهدر التربوي أن يطلب المعلم مـن الطـلاب القيـام بعمـل كتابي ممل، بينما يمكن أن يكون في وسعه أن يطلب عملاً بديلاً ممتعاً يحقق الغرض التربوي نفسه.

ومن العوامل التي يمكن أن تساعد على توفير الإثارة والإمتاع في العمل الكتابي الصفي، ما يلي:

1- التنويع في مضمون العمل الكتابي وشكله، بحيث يتطلب أنواعاً مختلفة من المهارات.

2- ارتباط العمل الكتابي بالميول والاهتمامات الحقيقية للأطفال.

3- تخطي صور التدريب المجرد أو الترتيب، إلى صور التطبيق في مضامين جديدة.

4- إتاحة الفرصة أمام الطلاب للتعبير عن أنفسهم وشخصياتهم المستقلة قدر الإمكان.

5- تحديه عقول الطلاب، وتطلبه لممارسة بعض أنماط التفكير الراقي أو المبدع.

6- مراعاة الفروق الفردية للطلاب.

7- مناسبة لمستوى الطلاب واستعدادهم للتعلم.

8- تخطيطه مع هدف واضح لا يتعارض مع المواد الأخرى.

9- توقيت العمل الكتابي، حيث أن المعلم الناجح هو الذي يختار الـزمن والوقـت المناسـب والملائم لتنفيذ النشاط الكتابي الهـادف، حيـث يـأتي العمـل سلسـاً عـذباً دون ظهـور أي مواقـف تعليمية مصطنعة أو مفتعله، فالتوقيت المناسب للعمل الكتابي يـوفر الإثارة والمتعـة ويسـاعد بفاعلية في تحقيق تعلم خلّاق.

أشكال العمل الكتابي

يمكن أن يأخذ العمل الكتابي أشكالاً عديدة منها:

1- الإملاء – الخط – التدريبات – التعبير – النسخ.

2- أسئلة المقال.

3- كتابة فقرات – تلخيص فقرات.

4- كتابة عبارة جميلة " أسلوب تعبيري جميل ".

5- أسئلة يُجاب عنها بكلمة واحدة.

6- كتابة قصص قصيرة، أو تكميلها.

7- التعليق على صورة أو رسم، بجملة أو كلمة واحدة.

8- تحويل قصيدة شعرية إلى عبارة منثورة.

9- إصدار أحكام قيمية.

10- تلخيص مقال في صحيفة، أو بحث في أحد الكتب المتوفرة في المكتبة المدرسية.

11- التعبير الحر عما يجول بخاطر الطلاب من اقتراحات وخواطر وأفكار...

12- اقتراح أسئلة جديدة بالتقصي أو النشاطات الجديرة بالنقد حول موضوع معين.

طرائق تصحيح العمل الكتابي الصفي

1- إن من المبادئ الهامة الثابتة: أنه لا خير في إصلاح لا يدرك الطالب أساسه، ولا في صواب لا يستوعبه (يكتبه) الطالب نفسه. لذا لا بد للطالب أن يعرف خطأه وسبب وقوعه فيه، ثم يتم تدريبه على إصلاح هذا الخطأ بنفسه حتى لا يقع فيه مرة أخرى، أي التصحيح الذاتي.

2- يفضل أن لا يكتفي المعلم بتقدير موضوع الطالب بدرجة أو علامة، بل ينبغي أن يضيف إلى ذلك ملاحظة كتابية توقف الطالب على عيوبه، أو يكون لها أثر في تحفيزه وتشجيعه.

3- يجب على المعلم أن يستغل الفرص التي تسنح أمامه ليلفت نظر طلابه إلى أهمية مراعاة الترتيب والتنظيم في العمل الكتابي، ومتابعة ذلك في جميع الحصص حتى تتأصل فيه هذه العادة الجيدة منذ الصغر.

4- يجب أن يتدرب الطلاب إلى اكتشاف أخطائهم وتصحيحها بأنفسهم، ويتم ذلك بطريقة تدريجية تبدأ بتحرير الأخطاء بواسطة القلم، وتزويد الطالب بتوجيهات هادئة لتصحيحها، ثم تتدرج إلى أن تأخذ شكل الإشارة إلى وجود أخطاء حيث يطلب من الطالب اكتشافها بنفسه وتصحيحها.

5- التصحيح التبادلي: من الممارسات الشائعة في تصحيح العمل الكتابي أن يطلب المعلم من الطلاب تبادل دفاترهم (أعمالهم) لتصحيحها خصوصاً في موضوع (الإملاء)، وهناك اعتراضات على ذلك أهمها:

أ- عدم الثقة في دقة التصحيح الذي يقوم به الطالب.

ب- من المرغوب فيه أن لا تقع عين الطلاب على الخطأ قبل انطباع التصحيح في عقولهم.

ج- إن التلميذ يهتم بعمله الشخصي، لذلك ليس غريباً أن ينشغل عن تصحيح عمل زميله بمتابعة ما يحدث لعمله هو من تصحيحات.

6- تصحيح المجموعات: بحيث يختار المعلم في هذه الحصة مجموعة من الدفاتر لتصحيحها، ثم مجموعة أخرى في الحصة القادمة... وهكذا.

7- التصحيح الشامل لجميع أداء الطلبة: أي أن يأخذ المعلم جميع دفاتر الطلاب ويقوم هو بتصحيحها ووضع العلامة عليها وكتابة ملاحظاته على كل دفتر، وهذه الطريقة جيدة، ولكنها متعبة ومرهقة للمعلم خصوصاً إذا كان عدد الطلاب كبيراً وعدد الصفوف التي يدرسها المعلم كثيراً، لذا قد يلجأ المعلم إلى الموازنة بين هذه الطرق جميعاً.

التغذية الراجعة بعد عمليات التصحيح

لا يجب للمعلم أن يكتفي بعملية التصحيح وكتابة ملاحظاته على دفاتر الطلاب وإعادتها إليهم لتصحيح أخطائهم، بل عليه متابعتهم من خلال:

1- ضرورة متابعة أداء الطلبة والتأكد من قيام كل طالب بتصحيح أخطائه بنفسه.

2- تحديد مواطن الضعف المشتركة والشائعة لبناء المناشط العلاجية الفورية وتصحيح الأخطاء المشتركة للطلاب.

3- عدم الانتقال إلى عمل كتابي آخر، إلا بعد اتقان النشاط الكتابي السابق وتلافي الأخطاء السابقة، حتى لا تتراكم الأخطاء التي قد تؤدي إلى ضعف التحصيل الشامل لدى الطلاب.

4- توجيه عبارات التشجيع والتحفيز والرضا عن أداء الطلبة، وخاصة الضعاف منهم.

5- معالجة الفروق الفردية والتي تظهر أثناء عملية التصحيح من خلال التوجيه الدائم والموصول والهادف.

6- كتابة بعض ملاحظات الإطراء للطلاب الموهوبين وملاحظات التشجيع للطلاب الضعفاء، والتي لها الأثر البالغ والمميز في نفوس الطلاب.

7- قيام المعلم بالارشاد والتوجيه الهادف أثناء القيام بالعمل الكتابي.

8- اكتشاف صعوبات محددة ومعالجتها فردياً أو زمرياً في حينها وعدم تأجيلها إلى حصة قادمة حتى لا تتأصل الأخطاء في أذهان الطلاب فيصعب علاجها.

9- التوقف عن العمل الكتابي لأغراض التوضيح أو العلاج أو الحاجة إلى مزيد من الشرح والتوضيح إذا وجد المعلم ذلك ضرورياً لتوضيح قاعدة أو علاج خطأ شائع بين الطلاب.

ويجب على المعلم أن ينتبه إلى بعض الأمور والممارسات أثناء العمل الكتابي فهناك ممارسات سلبية علية الإلمام بها وعدم ممارستها وهناك ممارسات إيجابية ننصحه بممارستها وتطويرها، ومنها:

1- اقتصار النشاط الكتابي على الدقائق الأخيرة من الحصة، مما لا يعطي العمل الكتابي حقه من الوقت، وإلى عدم متابعة أخطاء الطلاب كاملة مما يؤدي إلى ضعف تراكمي لدى الطلاب.

2- الاقتصار في استخدام العمل الكتابي على بعض المواضيع فقط مثل المواقف العملية أو التجريب العملي، وهذا يؤدي إلى فصل العمل الكتابي عن بقية المواد وعدم ترابطها وتكاملها مع بعضها البعض.

3- إن التداخل بين العمل الكتابي والأنشطة الشفوية والعملية لمدة قصيرة ولتحقيق أغراض محددة تعتبر من الممارسات الميدانية الصائبة.

4- استخدام العمل الكتابي مع بداية الموقف التعليمي لجلب انتباه الطلاب وبناء الاستثارة.

5- استخدام العمل الكتابي كمعزز سريع في مراحل مختلفة من الدرس وعدم اقتصاره على بداية الحصة أو في نهايتها فقط.

6- ضرورة استخدام لغة واضحة ومراعياًة مستويات وأعمار الطلاب بحيث لا يستخدم المعلم ألفاظاً أو كلمات ليست في مستوى قاموس الطلاب اللغوي، لأن ذلك سيؤدي إلى عدم فهم الطلاب للعمل المطلوب منهم.

7- جعل المضمون أكثر صلة بحياة الطالب واهتماماتهم وأكثر واقعية وعلى علاقة بحياتهم وبيئتهم.

8- من الخطأ مطالبة الطلاب بحل عدد من المسائل أو الإجابة على عدد من الأسئلة في الكتاب المدرسي المقرر بعد تعلمهم القاعدة الجديدة مباشرة وقبل التأكد من فهمهم لهذه القاعدة، وهكذا يتعرض عدد من الطلاب للوقوع في الأخطاء نفسها مسألة بعد مسألة، أو سؤال بعد سؤال.

9- قد يلجأ المعلم في دروس العلوم أو الاجتماعيات إلى تلخيص مادة الكتاب على السبورة ثم يطلبون من الطلاب بنقل هذه الملخصات على دفاترهم، إن هذا النوع من العمل الكتابي كثيراً ما يكون غير ذي عائد تربوي، خاصة عندما تكون مادة الكتاب معروضة أصلاً عرضاً ملخصاً ومنظماً، لذا فإن هذه الممارسة تمثل نوعاً من الهدر التربوي الخفي، وأنه من الأفضل في مثل هذه الحالات أن يكون العمل الكتابي المرتبط بمادة الكتاب المدرسي من النوع الذي يربي لدى الطلاب بعض الدراسة الذاتية الذكية.

دفاتر العمل الكتابي، وموقف المعلم أثناء العمل الكتابي

1- إن إهتمام الطلاب بدفاترهم يدل على قيمة المادة التي تُعلّم لهم، لذا على المعلم مساعدة الطلاب وتعويدهم منذ الصغر الاعتناء بدفاترهم وتجليدها والحفاظ على نظافتها، وترتيب صفحاتها بشكل منظم ومنسق والكتابة بخط جميل متبعاً أصول الكتابة الصحيحة، وذلك حتى تنمو هذه العادة معه بحيث يطبقها على جميع دفاتره وكتبه.

2- إن الاطفال، خاصة في الصفوف الثلاثة الأولى يجدون متعة في بناء الكتب المصورة بانفسهم ويحبون الرسم والاستماع الى القصص لذا على المعلم في هذا السن عدم المبالغة في الضغط عليهم أثناء تصحيح أخطائهم الكتابية.

3- تخصيص أكثر من دفتر للمادة الواحدة بحيث يمارس الاطفال من خلالها نشاطاتهم المحببة المختلفة، مثل لصق الصور، أو نقل بعض المقتبسات، أو

تلخيص بعض القراءات أو قص ونقل بعض المواضيع والصور من الصحف والمجلات... وهذا يقنع الطالب أن يمارس نشاطاً جديداً كل مرة.

4- ضرورة تجول المعلم بين طلابه أثناء قيامهم بالعمل الكتابي للإجابة عن أسئلتهم واستفساراتهم ومتابعة أعمالهم وتشجيعهم.

5- معرفة الصعوبات التي تجابههم وتقديم التوجيه والمساعدة الفردية للطلاب المحتاجين دون ازعاج بقية الطلاب.

6- توجيه عبارات التشجيع والرضا عن إنجازات الطلاب وخاصة الضعاف منهم.

7- قد يضطر المعلم في بعض المواقف للتدخل ومطالبة الطلاب بالكف عن الاستمرار في العمل، ومن هذه المواقف، مايلي:

8- اكتشاف حاجة معظم الطلاب الى مزيد من التوضيح والشرح للقاعدة أو المفهوم.

9- اكتشاف أن مجموعة من الطلاب تحتاج الى مستوى أبسط من العمل الكتابي.

ملحق رقم (1)

صحيفة رصد التغذية الراجعة من الأعمال الكتابية الصفية

الرقم	مدى الاستفادة من التغذية الراجعة من الاعمال الكتابية	كثيرا	أحياناً	نادراً	مطلقاً
1-	دراسة مواطن الضعف الشائعة والتخطيط لعلاجها				
2-	دراسة مواطن الضعف الخاصة لبعض الطلبة وتخطيط نشاطات تعليمية علاجية فردية ورمزية				
3-	اكتشاف بعض المواهب الخاصة بين الطلبة وتنميتها				
4-	تحقيق التكامل بين النشاطات التعليمية الصفية وغير الصفية				
5-	تقويم طرائق التقويم المتبعة وتطويرها				
6-	تقويم الأساليب في تنظيم الأعمال الكتابية الصفية وتطويرها				

درجة الأداء				الفقرات	الرقم
معدومة	قليلة	متوسطة	جيدة		
				مــدى اسـتخدام العمـل الكتـابي في اختيـار المعلومات السابقة وتحديدها	
				مدى توظيف العمل الكتابي في عمليات التقويم	
				مدى التوسع في العمل الكتابي والتقويمي" مقـال.. موضوعي"	
				مدى انتهاء العمل الكتابي في الوقت المحدد	
				مدى تقويم العمل الكتابي باستمرار	
				مدى شمولية العمل الكتابي	
				مدى توظيف الكتاب المدرسي في العمل الكتابي	
				مدى الانسجام بين العمل الكتابي الصفي والعمل الكتابي البيتي	
				مــدى انـتماء العمـل الكتـابي للهـدف المحـدد والمخطط	
				مدى تنظيم العمل الكتابي	
				مدى تنوع العمل الكتابي	
				مدى مراعاة المعلم عند التخطيط للعمل الكتابي للفروق الفردية بين الطلبة	
				مدى تكامل وترابط العمل الكتابي مع	

					المواد الاخرى
					مدى تصحيح العمل الكتابي باستمرار
					مدى متابعة تصحيح الأخطاء الطلابية
					مدى درجة الرضا عن تحقيق الاهداف المخططة من العمل الكتابي
					مدى الانسجام النوعي والكمي في العمل الكتابي
					مدى المحافظة والترتيب في أعمال الطلبة الكتابية

الأعمال الكتابية اللاصفية

" الواجب البيتي "

كثيراً ما يقف المعلم إزاء تهيئة خطة أدائية لدرس معين، مفكراً ومحللاً، ولا بـد مـن وضـع هـذه الخطة ضمن إطار تنظيمـي مرتـب يشـتمل عـلى الأهـداف السـلوكية والأنشـطة اللازمـة لتحقيـق هـذه الأهداف والوسائل التي تضفي على هذه المادة الدراسية عنصر التشويق وتحريك كـوامن الدافعيـة لـدى الطلاب، ثم يأتي دور عملية التقويم التي يوثق المعلم بنودهـا ليطمـئن عـلى منجزاتـه مـن خـلال الأصول التربوية المتعلقة بحدوث التواصل والتفاعل اللفظي والتي نتوخى من حـدوثها للتأكـد مـن أن تعلـماً قـد حصل.

ومع ذلك فإن الأمر يقتضي إضافة عنصر هام إلى مذكرة التحضير وضمن الأنشطة والإجـراءات ألا وهو " العمل الكتابي اللاصـفي " وهـو مايسـمى بالـ(الواجب البيتـي)، وأعنـي بـذلك وجـوب التخطيط المسبق لهذا النشاط بحيث يتسم بمواصفات تربوية هادفة ضمن الاعتبارات التالية:

1- يعزز علمية التعلم " ضمن إطار المقرر الدراسي " بحيث يوفر للطلاب مزيداً من فرص التمرن والتدرب والإكتشاف.

2- تنمية العادات الجيدة، فمن الملاحظ أن الكثيرين من طلابنا لا يعرفون كيف يدرسون.

3- تلبية الحاجات الخاصة بالطلبة المتفوقين والطلاب الضعفاء.

4- أن يوضح المعلم هدف الواجب البيتي بعيداً عن عن جو العقاب.

وبهذا يكون المعلم قد خطط لتحقيق أهدافه بهدوء وروية بعيداً عن الارتجال والعشوائية والتي قد تأخذ مكانها في اللحظات الأخيرة من الحصة الدراسية.

ونظراً لأهمية هذا الموضوع لجميع المواد الدراسية عامة وللغة العربية خاصة، فإنني سأتوسع في هذا الموضوع متطرقاً إلى بعض الأمثلة للمواد الدراسية المختلفة لمساعدة المعلم في ضرورة استخدام هذا الموضوع لمساعدة الطلاب في تحقيق الأهداف المرجوة منهم.

تشكل التعيينات المدرسية البيتية مسألة مهمة في ميدان التربية والتعليم، وتحتل مكاناً بارزاً من نشاط المعلم والطالب، وتكاد تكون هذه القضية مدار بحث ونقاش في اجتماعات مجالس الآباء والمعلمين ومن الموضوعات الرئيسة التي يدور حولها الجدل.

وتتركز الضّحة على المعلم بالنسبة لهذه المسألة، فهو يعتقد أن التعيينات البيتية أمر لا بد منه لمساعدة الطلاب على بلوغ التحصيل الجيد، لكنه يعترف بقصوره في التخطيط لتعيينات واضحة سواء في معناها أو في أهدافها، وذلك بسبب عدم إعداد المعلم الإعداد الكافي والمناسب لتنفيذ هذا الموضوع، كما أن كتب التربية التي تعالج هذه المسألة تركز اهتمامها على بيان أساس التعيينات وضرورتها بينما لا تهتم بالكيفية التي ينبغي أن تكون عليها، لذلك أصبحت الحاجة ماسة إلى توجيهات عملية توضح أصول التخطيط اللازم والمناسب للتعيينات، وإلى مساعدة المعلم والمدرسة على التخطيط لها بكفاية وفاعلية.

وقد يكون سبب الاعتقاد بأن التعيينات وسيلة تنمي ميـول الطـلاب وتحسـن سـلوكم التحصيلي ناجماً عن الاعتقاد بدور التكرار والحفظ في اكتساب المعارف والمعلومات، لأن التربية التقليدية القديمة قد شددت في فترة من الفترات على عملية تلقين وحفظ واستظهار المعلومات في أثناء عملية التعليم، حيث أن مفهوم التربية الحديث القائم على إكساب الطلاب طرق التفكير السليم لم يكن واضحاً، لذلك لم ينـل الطالب أية عناية في كثير من المدارس ولا يزال بعضها حتى الآن، إلا أن الأبحـاث التربويـة الحديثـة والتي زادت من معرفتنا لطبيعة عملية التعلم والتي هزت طريقة التكرار والحفظ والاستظهار وتحدقها والتي أكدت وجود فروق فردية بين الطلاب ناجمة بشكل رئيس عن الفروق البيئيـة والاجتماعيـة والاقتصادية والثقافية، وبينت قيمة مراعاتها ونددت نتيجة ذلك بالتعيينات الجماعية والتي لا تراعـي هـذه الفروق الفردية.

وقد أثبتت الدراسات الحديثة أنه من الممكن استثمار التعيينات وتوجيهها واستخدامها كحـافز مـن حوافز الإبداع الفردي وتنميـة الاهتمامـات الجديدة لـدى الطـلاب وتغيير السـلوك نحـو الأفضـل واستخدامها لإثارة حب البحث والاستطلاع، لذا اقتنعت هذه المدارس بأن لهذه التعيينـات آفـاق إيجابيـة كثيرة يمكن استغلالها لمصلحة الطلاب إذ كان لهذه التعيينات هدف واضح وأن تؤكد على أن يفهم الطلاب ما يقومون بالتمرن عليه، وأن يتمكنـوا نتيجـة لـذلك مـن قيـاس نمـوهم وأن يـتم ربط هـذه التعيينات بحاجات الطلاب وإمكانياتهم وقدراتهم، وأن لا يعطى جميع طلاب الصف نفس التعيين سواء مـن ناحيـة الكم أو الكيف.

خصائص التعيينات المدرسية البيتية الجيدة

ليس من المهم أن نكلف الطلاب القيام بنسخ الدروس عدة مـرات أو حل عـدد مـن المسـائل في الحساب أو رسم خريطة ملونة لقطر مـا، أو حفظ قصيدة طويلـة، أو رسم نمـوذج للقلب أو الجهـاز الهضمي لكائن ما، إنما المهم أن يكون هذا التكليف مفيداً وهادفاً وفعالاً وله مردود تعلمي ومتوافق مـع قدرات، وطاقات، وإمكانات.

الطلاب وأعمارهم، وفي سبيل ذلك بذل العديد من المربين الوقت والجهد لمعرفة خصائص التعيين الجيد، وفيما يلي أهمها وأبرزها:

1- ربط التعيينات البيتية بفلسفة التربية والتعليم وأهدافها المعمول بها في هذه الدولة ومن ثم في المدرسة ذات العلاقة، لذا يتعين على المعلم أن يدرك ما يطمح إليه التعليم في بلده وذلك لتوظيف هذه التعيينات في خدمة هذه الأهداف ما أمكن.

فإذا كان أحد هذه الأهداف تنمية الاتجاهات الخلقية لدى التلاميذ كالصدق والأمانة مثلاً، يكلف الطلاب بتعيينات تنمي هذه الاتجاهات وتبعدهم عن الغش والخداع والكذب في تنفيذها.

وإذا كان أحد الأهداف تنمية شخصية الطالب وتعويده الاعتماد على الذات، يلجأ المعلم إلى تنويع التعيينات بحيث تؤدي إلى الإبداع الفردي كتشجيعه على التعبير عن الأشياء والأحاسيس والمشاعر التي تتكون لديه في المواقف المختلفة، وعلى النحو الذي يستطيع أو يريد سواء كان ذلك بالكتابة أو بالرسم أو بأي شكل من أشكال التعبير الأخرى.

2- زيادة تحصيل الطلاب في المواد والخبرات التي تتم في المدرسة بإعطائه تعيينات بيتية مكملة، أي إغناء الخبرات المدرسية عن طريق أوجه نشاط مناسبة يتمكن من القيام بها في البيت معززة ومتصلة بتلك الخبرات.

فإذا كان الطلاب يدرسون موضوعاً عن الزراعة، فإنه من المفيد والممتع تكليف الطلاب بزراعة بعض الحبوب مثل الفول أو الحمص أو العدس أو القمح أو الشعير في حديقة المنزل أو الأصص أو في بعض الأوعية ومراقبة عملية الإنبات، أو زراعة بعض الأبصال أو الدرنات أو العقل ومراقبتها والعناية بها ودراستها.

3- الإيمان بالمبدأ الذي يقول: أن عملية التعلم تتم في كل مكان، في المدرسة وفي البيت وفي الشارع وفي السوق وفي الدكان وفي كل مكان.

وعلى سبيل المثال يمكن إعطاء تعيين للطلاب الذي يدرسون التاريخ المحلي يكون عبارة عن مقابلات واتصالات مع الجيران أو الأقارب وكبار السن لجمع معلومات حول حادثة معينة وقعت في الزمن الذي عاصروه، أو الطلب من الطلاب

الاستعانة بالمكتبة أو بعض المراجع للكتابة عن العصرـ الذي قيلت فيه قصيدة ما. أو العمل الميداني للكتابة عن أنواع الحوانيت والمحال التجارية وأسمائها ونوع التجارة فيها، في الحي أو المنطقة التي يعيش فيها الطالب... وغيرها من النشاطات المنتمية للدرس أو الموضوع.

4- يستحسن أن تقوم التعيينات على أساس التخطيط المشترك بين المعلم والطالب في ضوء ميول وحاجات الطالب.

فقد يطلب المعلم من الطلاب الذين يدرسون رواية، أن يحاولوا كتابة رواية من فصل واحد ليقوموا بتمثيلها في الصف، وهذا يستدعي تكليف الطالب بالتخطيط والإعداد للرواية، ويشمل هذا السرد والحوار والحبكة والحيل المسرحية والتدرب على التمثيل... الخ بالتعاون وإشراف المعلم.

5- أن تكون هذه التعيينات ملائمة لسن الطالب وقدراته العقلية. فالتعيينات التي تعطى لطالب الصف الخامس الأساسي ليست بالتعيينات التي تعطى لطالب الصف السابع أو العاشر، والتعيينات التي لطالب ما قد لا تكون مناسبة لطالب آخر، ولو في نفس الصف.

6- ضرورة اتباع أسلوب الثواب والمكافأة والتحفيز على إنجاز التعيين، والمكافأة لها أشكال وأنواع مختلفة منها، المادية ومنها المعنوية، ولكن لا يجوز أن تستخدم بإفراط حتى لا تفقد معناها وهدفها، وحتى لا ينسى الطالب أن الهدف الرئيس هو التحصيل الجيد أو إتقان الخبرة الصحيحة، وليس الهدف هو نيل الجائزة أو إرضاء المعلم.

7- أن تكون التعيينات فاعلة، حيث يشعر الطالب أنه يستفيد منها وأنها ذات علاقة ببيئته وحياته، وإلا كانت عاملاً يولد القلق والتوتر لدى بعض الطلاب، لذا على التعيينات أن تنطوي على قيمة داخلية تنبع من داخل الطالب ومن طبيعته وتستثير دافعاً داخلياً يحفزه على العمل والأداء.

8- أن يعمل المعلم على شحن التعيينات بالدوافع والحوافز التي تحث الطلاب على بلوغ درجة عالية من التحصيل، ويتم ذلك بربط هذه التعيينات بالدوافع

الأساسية لدى الطلاب مثل حب الاستطلاع والاكتشاف وحب جمع واقتناء الأشياء وحب الغريب والجديد المثيرين للاهتمام، ويجب أن يتم ذلك في حدود المعقول والمتاح والممكن.

أهداف التعيينات المدرسية البيتية

إن الأعمال البيتية قد لا تكون محببة لدى كثير من الطلاب، لأن بعض المعلمين يرهقون الطلاب بها، وبعضهم يستخدمها عقاباً أو تلويحاً بالعقاب، وآخرون لا يراعون فيها الفروق الفردية، والقليل منهم يخطط لها بطريقة يحقق بها أهدافاً محددة واضحة المعالم. لذا فإن أي تعيين لا يقوم على تحقيق هدف يخدم تعلم الطالب هو في الحقيقة عبء على الطالب من جهة ومؤشر على نقص الكفايات المهنية في مجال توظيف التعيين من جهة أخرى.

ومن أجل مساعدة المعلم والطالب ومن أجل تحقيق الأهداف المرجوة من هذه التعيينات سنعرض لمجموعة من الأهداف يمكن أن تقوم التعيينات الجيدة والمخطط لها جيداً بتحقيقها:

1- اكتساب حقائق معينة مما يقرأ الطالب أو يسمع أو يلاحظ.

2- تنمية مهارات الدقة والمرونة لدى الطالب.

3- تنمية مهارة التفسير من خلال ما يقرأ أو يسمع أو يلاحظ.

4- تكوين القدرة على تصنيف المعلومات والبيانات تحت عناوين أو موضوعات أو فئات معينة، ثم تبويبها.

5- تكوين القدرة على الربط بين الأفكار والمقارنة بينها.

6- استنتاج المبادئ والتعميمات من خلال تحليل ما يتم تعلمه.

7-توظيف المبادئ والقواعد العامة التي يتم تعلمها في المدارس على المواقف الحياتية المختلفة ذات الصلة، أي ربط التعلم بالواقع وبالحياة.

8-تكون القدرة على تجريب الأفكار الجديدة ومحاكمتها.

9-تكيون الشخصية السوية عن طريق التربية الوطنية والاستجابات الاجتماعية السليمة.

10- تنمية حاسة التذوق وبعث الاستجابات الوجدانية.

وسنحاول فيما يلي بيان كيفية تحقيق كل هدف منها عن طريق أمثلة لبعض المواد الدراسية:

1) اكتساب حقائق معينة مما يقرأ أو يسمع أو يلاحظ.

إن الحياة اليومية تفرض على الإنسان تحصيل حقائق محددة مما يقرأ أو يسمع أو يلاحظ حتى يستطيع مواكبه متطلبات الحياة اليومية وخصوصاً في هذا العصر المفعم بالحقائق العلمية وتطبيقاتها المختلفة، فالسائق مثلاً يحتاج إلى قراءة تعليمات المرور وتنفيذها إذا أراد تجنب مخاطر السير على الطرقات والوصول بأمان وسلامة إلى هدفه.

وكذلك فإن التعيينات التي تهدف إلى تحصيل حقائق محددة مما يقرأ تجعل الطالب يستفيد من كل ما يقرأ استفادته من الكتاب المقرر ذاته، وهذا يستدعي من المعلم التنسيق مع أمين المكتبة في المدرسة لتجهيز قوائم الكتب المطلوبة وتوفيرها للطلاب قبل انتقالهم إلى دراسة موضوعات جديدة حتى تسير التعيينات جنباً إلى جنب مع هذه الكتب المنتمية للموضوع المراد دراسته، على أن تكون هذه الكتب متمشية من قدرات الطلاب ومستواهم النمائي.

وبالإضافة إلى الكتاب فهناك الكلمة المسموعة من خلال المذياع أو التلفاز والتي تعالج الكثير من المواضيع والتي يمكن أن يستفيد منها الطالب وكذلك وسائل الاتصال الحديث مثل الكمبيوتر والانترنت والوسائل المختلفة والتي يستطيع الطالب من خلالها تحصيل الحقائق والمعلومات المختلفة.

وبالإضافة إلى ما سلف فيمكن للمعلم أن يخطط باصطحاب طلابه إلى حضور ندوة أو محاضرة أو مناظرة أو أمسية شعرية، أو لقاء أدبي للاستفادة من ذلك، أو يخطط لإحضار شخص متخصص لإلقاء محاضرة أو ندوة في المدرسة، كإحضار طبيب ليتحدث للطلاب عن أمراض الشتاء وكيفية الوقاية منها، أو إمام الجامع القريب من المدرسة ليتحدث عن الصيام وآدابه خلال شهر رمضان، أو شخص مختص بالتغذية ليتحدث للطلاب عن أهمية وجبة الإفطار... الخ.

وعلى المدرسة أن تعود الطلاب آداب الاستماع كي تعطي ندوات المسؤولين أو المحاضرين فيها الفائدة المرجوة للمستمعين من الطلاب وغيرهم ، وبالإضافة إلى ما سبق ذكره، فهناك شريط الأحداث اليومية الواقعي التي يراها الطالب في كل مكان حوله في المدرسة والشارع والبيت والسوق والباص والتي تطبع في ذهنه العديد من الحقائق والمعلومات مما يرى أو يسمع أو يلاحظ.

لذلك فإن اكتساب الطلاب مهارة الملاحظة الهادفة الواعية القائمة على الربط أو التحليل أو التفسير تصبح مسألة غاية في الأهمية، لذلك فعلى المعلمين والآباء توجيه الطلاب إلى أصول الملاحظة الجيدة لمساعدتهم على كيفية اكتساب المهارات اللازمة لتحصيل حقائق محددة مما يقرأ أو يسمع أو يلاحظ، لذا ينبغي أن تكون التعيينات المتعلقة بالحقائق قصيرة ومحددة حتى يتمكن الطالب من الاستفادة منها.

أمثلة:

في الجغرافيا:

عند دراسة الكرة الأرضية يمكن تكليف الطلاب تسمية القارات والمحيطات الموجودة على سطح الأرض وتسجيلها على دفاترهم، وقد نكلفهم كذلك تسمية الكواكب حسب بعدها أو قربها من الشمس ورسمها على لوحة كرتونية وتلوينها وعرضها في الصف.

في التاريخ:

عند دراسة تاريخ الوطن، يمكن تكليف الطلاب أن يحفظوا شيئاً من الأدب والأحداث الهامة والخطب الوطنية التي كان لها أثر بارز في تاريخ هذا الوطن، ويفضل أن نفسح المجال أمام الطالب كي يختار المادة التي يريد حفظها من الأدب والأحداث والخطب، حتى يصبح التعيين المراد دراسته فردياً ومرتبطاً باهتمامات الطالب نفسه، كما يمكن أن نطلب من الطالب توضيح معاني بعض الكلمات والمصطلحات الجديدة الواردة في هذه التعيينات التي اختارها الطلاب للحفظ والدراسة.

في دروس المجتمع والتربية الوطنية:

يمكن اصطحاب الطلاب إلى دار البلدية أو المجلس القروي أو المحكمة أو إدارة السير أو إلى مركز الأمن المجاور... وتنظيم مقابلات مع بعض الموظفين في هذه الدوائر، ثم الطلب من الطلاب تنظيم هذه الحقائق التي حصلوا عليها ووصف العمل الذي يقوم به كل موظف من الذين تمت مقابلتهم وبيان المراحل التي تمر بها الشكاوي والمراسلات والاتصالات بواسطة الرسوم الهيكلية، ثم اطلب منهم أن يبينوا كيف تسن القوانين وكيف توضع الأنظمة في البلد، وكيف تبحث وكيف تمر في مراحلها التشريعية المختلفة مع توضيح ذلك بالأشكال التوضيحية.

في الرياضيات:

يمكن أن نطلب من الطلاب الذين يدرسون الرياضيات، التعرف إلى المنحنيات المغلقة البسيطة (الأشكال الهندسية) التي يشاهدونها في حياتهم اليومية كالمربع والمستطيل والدائرة ومتوازي الأضلاع والمثلث وإحضار بعض الصور أو النماذج والتي توضح الاستعمال اليومي لهذه الأشكال إلى الصف، ورسمها وتلوينها وكتابة أسمائها تحت أشكالها وعرضها في الصف.

في اللغة العربية:

نطالب الطلاب الذين يدرسون (فن الاستماع) مثلاً، وضع قائمة بالأمور المهمة التي تعلموها من قراءاتهم أو مشاهداتهم عن هذا الموضوع، كما يمكن مطالبة كل منهم اختيار شريك لإعداد تمثيلية قصيرة بعنوان (حسن الاستماع) ليقدمها في غرفة الصف، وقد نطالب التلاميذ تطبيق مبادئ الاستماع الحسن عندما يأتي ضيف أو زائر إلى غرفة الصف.

في العلوم:

يمكن تكليف الطلاب الاستفادة من مكتبة المدرسة أو مكتبة الحي أو الصحف أو المجلات في البحث عن مشكلات السفر إلى الفضاء وجمع حقائق حول مشكلات الأشعة الكونية وإخطار النيازك والشهب وتأثير الحرارة، والضغوط

الجوية والاجهادات والاهتزازات... وغيرها من الأخطار التي يتعرض لها الإنسان، ثم الطلب من الطلاب بيان كيفية قيام الإنسان بمعالجة هذه المشكلات.

في النشاطات المهنية والعلوم المنزلية:

تكثر برامج الإرشاد والتوجيه والدعاية في المذياع والتلفاز وغيرها، والتي تدور حول تحسين البيت وتطويره أو ترشيد استهلاك الماء والكهرباء، أو تجديد أرضيات البيوت وتجديد أثاث المنزل، وتصليح أنابيب المياه والتدفئة والتمديدات الكهربائية... وغيرها، وعلى المعلم استغلال هذه البرامج ويطلب من طلابه الإجابة على أسئلة أعدها بعناية مسبقاً مثل:

ما الحقائق الجديدة التي تعلموها من هذا البرنامج أو ذاك ؟

كيف يمكن أن يحسّنوا بيوتهم ؟

ما الأدوات اللازمة في عملية التحسين، وما أسماؤها ؟

كيف يمكن ترشيد استعمال الماء ؟

كيف يمكن ترشيد استعمال الكهرباء ؟

ماذا تعني كلمة " ترشيد " ؟

ما الحقائق الإضافية التي تعلموها من المراجع والكتب الموجودة في مكتبة المدرسة

أو البيت أو الحي عن هذه الأمور ؟

2) تنمية مهارتي الدقة والمرونة.

تمثل التعيينات أقدم وأهم شكل من أشكال النشاط البيتي، ولما كان بعض المعلمين يجهلون المبادئ التربوية الأساسية الكافية وراء هذه التعيينات، فقد أهملوا اعتبارات رئيسية ينبغي أن تتوافر فيها، حتى تساعد على تنمية مهارتي الدقة والمرونة لدى الطلاب، ومن أبرز هذه الاعتبارات:

أ- أن يكون التعيين هادفاً:

ينبغي أن يكون للتعيين هدف حقيقي، فقد يلجأ معلم التاريخ ويطلب من طلابه حفظ أو استظهار مئة من التواريخ والأحداث دون ان يدرك بأن حفظ هذا الكم الهائل من التواريخ قد يرهق الطالب، وأن حفظ هذا الكم من التواريخ ليست

للطالب بل للمؤرخ، ويكفي للطالب أن يحفظ بعض التواريخ الهامة التي مر بها وطنهم مثلاً، كما يمكن تدريب الطالب على كيفية استخدام وتوظيف القواعد النحوية في الحياة أفضل من حفظ واستظهار هذه القواعد النحوية دون تطبيقها.

ب- أن يفهم الطلاب أهداف التعيين:

يشترط أن لا يقتصر فهم أهداف التعيين على المعلمين وحدهم، بل عليهم التأكد من أن طلابهم يشاركونهم هذا الفهم حتى يعرف الطلاب ما المطلوب منهم وما هي النتيجة التي يجب أن يتوصلوا إليها وما الهدف الذي يرمون إليه.

ج- أن تكون التعيينات فردية قدر الإمكان:

على المعلم أن يدرس طلابه جيداً حتى يراعي الفروق الفردية بينهم عند إعطائهم التعيينات فيعطي الطالب الضعيف ما يناسبه من تعيينات، كما يعطي الطالب الموهوب ما يناسبه من تعيينات خاصة به.

د- بيان مستوى الكفاءة المطلوب:

ينبغي على المعلم أن يبين مستوى المهارة أو الكفاءة المطلوب من الطالب بلوغه في هذا الميدان أو ذاك حتى يسير الطالب في الطريق الصحيح الذي يقوده إلى الوصول إلى إتقان هذه المهارة والتدرب عليها.

هـ- أن تكون عمليات التعيين واضحة:

يشترط أن يدرك الطلاب جميع العمليات التي يتكون منها التعيين، فإذا كان التعيين قائماً على ترابط بين أمر وآخر، كالترابط بين الأحداث والتواريخ، فعلى المعلم أن يوضح هذه العلاقة وأن يدرب الطلاب على رسم الخطوط الزمنية إذا كانت هذه الخطوط تساعد الطلاب على تكوين أو إيجاد ترابط بين الأحداث، لذا فالتعليم النافع المثمر يحتاج إلى أدلة حية وملموسة يعطيها الطالب لطلابه قبل اعطاء التعيينات.

ز- توافر عنصر المكافأة:

ينبغي أن يؤدي التعيين إلى نتائج سارة ومريحة بالنسبة للطالب، وعلى المعلم أن يثني على أعمال الطالب الصحيحة وأن يشارك طلابه السرور والسعادة

على هذه النتائج لأننا عندما ندع الطلاب يدركون أهمية انجازاتهم وأعمالهم فإننا نساعدهم على الشعور بلذة حقيقية على هذا الانجاز وأن تعبهم وجهودهم لم تذهب سدى.

ح- تحديد زمن مناسب لإنجاز التعيين:

ينبغي على المعلم تحديد زمن مناسب لإنجاز التعيين بحيث يعرف الطالب الزمن المحدد لإنجار هذا التعيين، وينبغي تشجيع كل طالب على معرفة طاقاته وقابلياته، وعلى المعلم أن يدرك أن تعدد وتنوع التعيينات يثبت الاتجاهات ويقوي المهارات، وأنه لا يجوز أن ينقضي وقت طويل بين كل تعيين وآخر، خصوصاً إذا أردنا لاستجابات الطلاب أن تكون سريعة.

3) تنمية مهارة التفسير من خلال ما يُقرأ أو يُسمع أو يُلاحظ:

هناك بعض التعيينات البيتية التي تستدعي من المعلم أن يتأكد بأن طلابه يستطيعون تفسيرها واستعادتها بكلماتهم الخاصة. أما المعايير التي تستند إليها هذه التعيينات فهي:

أ- التسلسل:

يشترط أن تكون تعيينات التفسير متسلسلة ومرتبطة باهتمامات الطلاب، فعندما نشرح للطالب كيف نصنع مفتاحاً للعلب من قطعة من معدن، ينبغي أن يشمل شرحنا على وصف للعمليات المختلفة المتتابعة التي يمر بها هذا العمل، كتخطيط الجزء المراد قطعه، ثم قصه، وتنعيم أطرافه ثم عمل مقبض له... الخ.

وعندما نبين للطلاب أسباب وقوف الفرنسيين إلى جانب الثورة الأميركية (1775 - 1781م)، فلا بد أن نشير إلى العداوة الشديدة التي كانت قائمة بين الفرنسيين والانجليز بسبب حرب السنين السبع (1756 - 1763م) وفي دروس أخرى يمكن أن نبني التسلسل على اهتمامات الطلاب أنفسهم، فعند إطلاق قمر صناعي إلى مدار له في الفضاء حول الأرض يبرز هذا السؤال:

كيف استقر هذا القمر الصناعي في الفضاء، وما الذي يمنع سقوط إلى الأرض ؟

وقد يهتم الطلاب بمتابعة وصف الإذاعة والتلفاز والصحافة لما يجري لهذا القمر الصناعي، ثم ينتقلون إلى وصف المراحل المختلفة التي انتهت إلى وصف المراحل المختلفة التي انتهت بإطلاقه إلى الفضاء، وكتابة ملاحظاتهم وتقاريرهم عن هذا الموضوع.

ب- حب الاستطلاع:

لا ينفك الطلاب في جميع المراحل، يطرحون الأسئلة المختلفة أمام المعلم ووالديهم، وكلمة (لماذا) على ألسنتهم دائماً، لماذا يكون العشب أخضر ؟ لماذا تكون السماء زرقاء ؟ لماذا ينمو الجذر إلى أسفل ؟ لماذا انضمت اليابان إلى ألمانيا في الحرب العالمية الثانية ضد الولايات المتحدة والدول الحليفة ؟.

والملاحظ أن الآباء والمعلمين لا يشجعون هذه الأسئلة بسبب جهلهم الأجوبة المناسبة عن الأسئلة، أو لأنهم لا يرغبون في إزعاج أنفسهم بالبحث عن هذه الأجوبة، أو لأن بعض هذه الأسئلة محرجة لهم.

إن حب الاستطلاع هو العامل الأساسي في كل عملية تعلم، ولا يصبح التعلم مثمراً ولا فاعلاً إذا فتح أمام الطلاب باب الأسئلة ليسألوا أو يجدوا الجواب الشافي عن كل سؤال إن أمكن.

وقد لا يستطيع المعلم أن يجيب عن جميع أسئلة طلابه، وهنا تظهر أمانته العلمية عندما يبين لهم أنه لا يعرف الإجابة لأنه معلم لا عالم، ومثل هذا التصرف الحكيم يكسبه احترام الطلاب باعتباره إنساناً عادياً لا يعرف كل شيء، مما يشجع الطلاب وبتوجيه من المعلم على البحث عن الأجوبة بأنفسهم.

وفيما يلي بعض الأمثلة التي بنيت على أسئلة أثارها الطلاب، والمعلم الماهر، الذي يستغل مثل هذه الأسئلة لتكون نقطة انطلاق للتعيينات التالية:

في الجغرافيا:

عند دراسة الكرة الأرضية، نطلب من الطلاب الإجابة عن السؤال التالي:

لماذا يحجب القمر الشمس مع أنه أصغر منها بكثير ؟

يستدرج المعلم الطلاب ليشرحوا بأمثلة من تجاربهم الخاصة، كيف يحدث هـذا الأمـر في الحيـاة اليومية، فمثلاً إذا أغلقنا إحدى عينينا ووضعنا قطعة من النقود بين العين المفتوحة وبين ساعة الحائط أو الصورة الكبيرة المعلقة على الحائط، لا تظهر الصورة، لماذا ؟

في العلوم:

نطلب من الطلاب الذين يدرسون العلوم تفسيراً للمشكلات التي يخلقها الماء العسرـ وكيـف أن الماء اليسر أفضل للغسيل والنظافة، وقد نطلب من الطلاب أن يبينوا كيف يحلون هذه المشكلة في البيت ؟؟.

ج- التعلم بطريق الوحدة:

بالإضافة إلى تنمية حب الاستطلاع وتشجيع الطلاب على السؤال، فإن التعيينات التي تقوم عـلى التفسير تخلق لدى الطلاب عقلاً مستعداً لتلقف الوحدة الدراسية، فمثلاً عند طرح السؤال التالي:

كيف نفسر غليان الماء ؟

إن هذا السؤال يقترح الطريق أمام سلسلة من الأسئلة المتعلقة بـه، كـما أنـه وسيلة لفتح بـاب حب الاستطلاع على مصراعيه لدراسة أثر الحرارة على المـواد الصلبة والسـائلة والغازيـة، وصفات المـادة الصلبة والسائلة والغازية... أثناء دراسة وحدة العلوم العامة.

إن مثل هذه التعيينات لا تساعد على خلق دوافع للاهتمام بالوحدة التالية من المـنهج فحسب، بل تساعد على معرفة الإجابات الصحيحة عن الأسئلة التي تبرز أثناء دراسة الوحدة التالية أيضاً.

ففي أثناء دراسة وحدة (الضوء) مثلاً يساعد تفسيرنا للعمليات التي تقوم بها آلة التصوير عـلى توضيح بعض الأفكار الأخرى.

وفيما يلي مثال يوضح التعيينات غايتها خلق الدوافع والاهتمامات بوحدة المنهج الجديد:

نطلب من الطلاب الذين يدرسون " القمر " في وحدة العلوم العامة أن يوضحوا لنا كيف يعكس القمر ضوء الشمس ؟ وكيف أن ضوءه في الواقع هو ضوء الشمس الذي انعكس عنه. كما نطلب منهم أن يوضحوا لماذا تضيء الشمس نصف القمر فقط ؟ ولإثبات صحة ذلك نعكس ضوء الشمس داخل غرفة الصف بواسطة مرآة.

إن تفسير هذه الظواهر يهيء أذهان الطلاب لتكوين أفكار جديدة عند دراسة وحدة الفلك أو تكوّن الليل والنهار أو تكوّن الفصول الأربع... وهكذا.

د- التواصل:

ينبغي أن يكون الطلاب على علم بالسبل الفنية للاتصال بالغير، إذ من الأهمية بمكان أن نجعل الطلاب قادرين على وضع تفسيراتهم الخاصة بلغتهم الخاصة وأن تكون هذه التفسيرات مستعملة مناسبة للموضوع، فمثلاً إذا كان علمياً يشترط استعمال الكلمات والمصطلحات العلمية المنتمية للموضوع، وإذا كان الموضوع في الأدب أو الشعر، فيجب أن تتناسب الألفاظ والكلمات المستعملة مع هذا الموضوع، ويفضل أن نترك في الموضوع بعض الفجوات والثغرات والتي من شأنها شحذ الاهتمام بدلاً من إعطاء الطلاب كل شيء جاهزاً.

<u>أمثلة</u>

في التاريخ:

نطلب من الطلاب الذين يدرسون التاريخ العام أن يصفوا لنا حياة الفنيقيين وأن يبينوا لنا لماذا يطلق اسم " رسل الحضارة "، وقد نطلب منهم كذلك بيان لماذا يعتبر العالم الحديث مديناً لهم.

في اللغة العربية:

عندما يدرس الطلاب قصيدة " الكرم " للشاعر المخضرم " الحطيئة " يمكن أن نطلب من الطلاب أن يبينوا لنا حياة العرب في العصر الذي قيلت فيه هذه

القصيدة، وحول الموضوع الذي تدور حوله هذه القصيدة، ولماذا يعصب الشاعر بطنه ؟ وقد نطلب منه أن يفرق في المعنى بين ما تحته خط في الجمل التالية وأن يذكر بلغته الخاصة معنى كل كلمة منها:

1- فرّوى قليلاً ثم أحجم بُرهةً.

2- فأمهلها حتى تروّت عطاشها.

3- رَوَى الشاعر القصيدة.

وقد نطلب من الطالب دراسة الحالات النفسية التي تجلت في مشاعر الشاعر وهـي (الجفاء، والقلق والاضطراب، والرضا) والطلب من الطلاب تحديد الأبيات من القصيدة والتي تدل على هذه الحالة النفسية وشرح هذه الأبيات نثراً بلغته الخاصة.

في النشاط المهني:

نطلب من الطلاب الذين يدرسون النشاط المهني، أن يبينوا لنا كيف يمكن استغلال زوايا الغرف في البيوت لإنشاء رفوف للكتب أو اللعب الصغيرة أو التحف المختلفة...

4) تكوين القدرة على تصنيف المعلومـات والبيانـات تحت عناوين أو موضوعات أو فئـات معينة ثم تبويبها:

يشعر الإنسان في الوقت الحاضر بحاجة إلى تصنيف نشاطاته ضمن أقسـام منظمـة، وقـد أصبح هذا التصنيف ضرورياً في عالم يجابه الكثير من المشكلات والتحديات، والكثيـر مـن المعلومـات والأعمال والغرائب، في قليل من الوقت.

ويعتبر هذا التصنيف خطوة أساسية في التفكير المجرد، كما أن التعرف إلى عناصر المشكلة يساعد الدارس على حلها بسهولة وبسرعة.

ولكن ينبغي على الطالب أن يدرك بأن الكثير مـن المعـارف والمعلومـات في الكثير مـن الميادين مصنفة، فمثلاً إن مجالات الجبر والهندسة مختلفـة، إلا أنهـما موضوعان ينتميان إلى عائلـة واحـدة هـي الرياضيات.

وكذلك الفيزياء والكيمياء والأحياء مواضيع مختلفة إلا أنها تنتمي إلى عائلة العلوم العامة.

وسنوضح فيما يلي أهمية التعيينات المبنية على التصنيف:

في اللغة العربية:

نطالب الطلاب الذين يدرسون التربية الرياضية أو الطب أو الهندسة مثلاً تصنيف المصطلحات المتعلقة بها، ثم نطالبهم تصنيف الكلمات الدخيلة على اللغة العربية حسب مصدرها وذلك عند دراسة الكلمات المعربة ثم البحث عن معناها أو مرادفها الحقيقي باللغة العربية.

في العلوم:

نطالب الطلاب الإجابة على السؤال التالي:

ينبغي حجز الكلاب الضالة لأنها قد تساعد على انتشار أحد الأمراض التالية؟

أ- التهاب المفاصل.

ب- داء الكلب.

ج- مرض الديزنطاريا.

د- مرض البوليو.

وقد يتضمن التعيين سؤالاً آخر ذا علاقة مثل:

ماذا نعمل كي يطيع الناس القوانين والتعليمات المتعلقة بالكلاب وغيرها من الحيوانات لحمايتهم من الأمراض التي تسببها ؟

وقد نكلفهم الإجابة عن السؤال التالي:

أي المواد التالية ليس عنصراً ؟

أ- الكبريت

ب- الكالسيوم.

ح- الملح.

د- الهيدروجين.

وأي المواد التالية ليس مخلوطاً ؟

أ- النحاس الأصفر.

ب – النحاس الأحمر.

ج- البرونز.

د- الفولاذ.

كما ينبغي أن يكون التصنيف خالياً من التعقيد وبعيداً عن التسرع، وذلك حتى نساعد الطلاب كي يتعلموا التصنيف الجيد بحيث لا يكون التصنيف ارتجالياً ولا معقداً، وأن يعلم الطالب بأن الحادثة الواحدة أو الموضوع الواحد يمكن أن يوجد تحت أكثر من تصنيف، وذلك حسب العنوان أو الزاوية التي ينظر إليه منها، كما أن تكامل المعرفة يفرض علينا باستمرار فحص الطريقة التي نستخدمها في التصنيف أو التبويب، وذلك لأن مشكلات الحياة اليومية لا تحدث دائماً ضمن أبواب وأنساق مرتبة تماماً.

وفيما يلي أمثلة من بعض التعيينات لتوضيح هذه الناحية:

في العلوم:

نكلف الطلاب تعيين أمكنة نجوم (الدب الأصغر) وكذلك (الدب الأكبر) وغير ذلك من المجموعات النجمية مستخدمين الخرائط الفلكية الأصلية أو التي يرسمها الطلاب، كما يمكن أن نطالب الطلاب بالبحث عن أسباب هذه التسميات.

في الجغرافيا:

نطلب من الطلاب الذين يدرسون الفئات الاجتماعية التي يتكون منها المجتمع العربي (الحضر، الريف، البدو) تسجيل بعض الملاحظات مقابل كل فئة وإحضار بعض الصور من المجلات أو الصحف التي تدل على كل فئة وإلصاقها على لوحة خاصة وعرضها في الصف.

في اللغة العربية:

نطلب من الطلاب تصنيف أقسام الكلمة إلى (الفعل، الاسم، والحرف) وإعطاء أمثلة على كل قسم.

ثم الطلب منهم تصنيف الفعل إلى أقسامه المختلفة من حيث الزمن إلى (الفعل الماضي، الفعل المضارع، فعل الأمر) وإعطاء أمثلة على كل قسم.

ثم الطلب منهم تصنيف الاسم إلى أقسامه المختلفة من حيث الجنس إلى (المذكر، المؤنث) وذكر أمثلة على ذلك وبيان علامات التأنيث.

كما ينبغي أن يكون لكل فئة وضعها الخاص بها، وأن يدرك الطلاب مغزى تقسيم المعلومات والمعارف إلى فئات وأقسام.

فمثلاً عليهم معرفة أن افتتاحية الصحيفة هي التي تعبر عن وجهة نظر تلك الصحيفة، وأن الصحف عادة، تكون مرآة تعكس الرأي العام وتستطيع أن تؤثر في السلطة التشريعية، وهذا ما يدعونا إلى الاهتمام بالافتتاحية وفصلها عن بقية الأخبار والموضوعات التي تحويها الصحيفة.

<u>أمثلة</u>

في اللغة الانجليزية:

نطلب من الطلاب الذين يدرسون كيفية تحسين المفردات اللغوية وضع قوائم بالكلمات المتشابهة في المقطع الأول أو المقطع الأخير منها.

ونطلب من الطلاب البحث في القاموس عن معاني تلك الكلمات وتسجيلها وحفظها واستخدامها في جمل مفيدة.

في العلوم:

نطلب من الطلاب الذين يدرسون العلوم (الكيمياء) أن يذكروا بعض أسماء المنظفات الكيماوية المتداولة بين الناس والتي تستخدمها ربات البيوت، وأن يبينوا تركيباتها الجزيئية، وطرق صناعتها وأوصافها واستعمالاتها الأساسية كما تتكرر في الحياة اليومية، وتصنيفها في جدول كالآتي، وحث الطلاب على إحضار عينات منها إلى الصف:

أهم استعمالاتها	أوصافها العامة	طرق صناعتها	التركيب الجزيئي	اسم المنظف

" جدول يبين تصنيف المنظفات الكيماوية المستخدمة في المنازل "

5) تكوين القدرة على الربط بين الأفكار والمقارنة بينها:

إذا كان علينا أن نفكر، وأن نتخذ القرارات المناسبة لحل قضايانا ومشكلاتنا، فعلينا أن نكون قادرين على ربط الأفكار والمقارنة بينها، ذلك لأن جميع القرارات اليومية التي نتخذها تفرض علينا أن نقارن بين شيء وآخر في ضوء حاجاتنا ورغباتنا وإمكاناتنا ومعاييرنا، كأن نفاضل بين شراء سيارة زرقاء أم حمراء، كبيرة أم صغيرة، هل نذهب في نزهة إلى الجبل أو إلى البحر، هل نشاهد فيلماً سينمائياً أم مباراة رياضية، هل ألبس قميص أم جاكيت... الخ.

إننا على الدوام نقوم باتخاذ قرارات أساسها الاختيار والتفضيل، وكأن حياة كل منا أساسها سلسلة من القرارات والمفاضلات.

ولا بد أن نتطرق إلى بعض الأمور المتعلقة بهذا الهدف وأهمها ما يلي:

أ- الاختيار يعني المقارنة:

إن التعيينات التي تقوم على أساس المفاضلة والمقارنة تساعد الطلاب على تحليل الصفات الأساسية للمواد والأفكار في جميع المستويات التعليمية وبالنسبة لجميع الموضوعات، وتساعدهم على تحليل قدراتهم وقيمهم الخاصة.

أمثلة لتعيينات بيتية تعتمد على الاختيار والمفاضلة

في العلوم:

نطلب من الطلاب الذين يدرسون موضوع " الحرارة " القيـام بدراسـة الـنماذج المختلفـة لتوليـد الحرارة المستخدمة في تدفئة المنازل لإجراء المقارنة بينها ومعرفة أفضلها للاسـتعمال المنـزلي وميـزات كـل طريقة مثل:

المدافئ البترولية (كاز، سولار).

المدافئ الكهربائية.

التدفئة المركزية (الماء الساخن).

مدافئ الغاز الطبيعي.

مدافئ الفحم.

مدافئ الحطب والخشب.

الهواء الساخن.

ولا مانع من أن يستعين الطالب بوالديه أو أحد أفـراد أسرتـه لمسـاعدته في إنجـاز التعيـين، مـع ضرورة تعويـد الطالـب الكتابـة باللغـة العربيـة الفصحى واسـتخدام الكلـمات والمصـطلحات العربيـة الصحيحة.

في اللغة العربية:

نطلب من الطلاب اختيار أحد المواضيع التاليـة لكتابـة موضـوع تعبـير في المنـزل وإحضـاره إلى الصف في الحصة القادمة:

مثال: اكتب في أحد المواضيع التالية:

فصل الربيع

الجامعات منارات علم ومعرفة.

بر الوالدين.

صف مشاعرك وأنت تودع وطنك وأهلك وما فيه من ذكريات.

ب- تكامل الرغائب أمر لا بد منه عند الاختيار والمقارنة:

قد يكون هناك مجال لأكثر من اختيار واحد في بعض الحالات، ولا نعدو الحقيقة، إذا قلنا بضرورة تكامل إمكانات الاختيار والرغائب، لأن هذا التكامل يفتح الطريق الصحيح لحل كثير من المسائل في العلوم المادية والإنسانية سواء بسواء، وكذلك في الفنون والآداب.

لذا فإن معرفتنا متى نختار وكيف " نكامل " بين الاختيارات، أمر لا بد منه في عملية التعليم والتعلم، ولخلق هذه المهارة نحتاج إلى تفكير ناضج وسليم، وعلى هذا الأساس لا بد من تعاون المعلمين والطلاب معاً في وضع التعيينات والتخطيط لها، لما لذلك من بالغ الأهمية والفائدة.

<u>أمثلة</u>

في النشاط التجاري:

نطلب من الطلاب أن يفرقوا بين السندات العادية والسندات الممتازة وأن يبينوا حسنات وسيئات كل نوع والظروف التي يمكنهم فيها تفضيل السندات الممتازة على العادية أو العكس.

في مشكلات العصر الحديث:

قد نطلب من الطلاب الذين يدرسون موضوع " العمل والعمال " أن يبينوا كيف يمكن استعمال التحكيم، والمصالحة، والمساومة الجماعية، لفض النزاعات التي تقع بين أرباب العمل والعمال، والكتابة في هذا الموضوع.

6) استنتاج المبادئ والتعميمات من خلال تحليل ما يتم تعلمه:

إن التعميم يمثل المستوى العلمي للتفكير، بل أن ما أحرزه الإنسان من تقدم في شتى المجالات يعود إلى قدرته على التعميم، وقد أثر هذا التعميم في التغيرات الواسعة التي أحدثتها الثورة الصناعية في المجالات المختلفة وفي شتى الميادين الصناعية والمواصلات والطب والهندسة وفي كل مظاهر الحياة اليومية، فأبعد مكان على الأرض ليس إلا رحلة ساعات تقوم بها الطائرة النفاثة، وقد فتحت الطاقة الذرية والآلة الأوتوماتيكية والصواريخ والحاسوب والانترنت لتقدم أعظم

في عالم الغد، هذا إذا لم يدمر الإنسان حضارته بسبب سوء استخدام ما توصل إليه من تقدم علمي وتقني.

ولقد بدأ هذا التقدم عندما أصبح تفكير الإنسان تعميماً، وعندما طبق هذا التعميم على مختلف نواحي الحياة، فقصة " البلاستيك " مثل واضح على الأثر الدراماتيكي لتطبيق القوانين العلمية وتعميمها، حيث أحدثت صناعة البلاستيك انقلاباً في الحياة المنزلية والصناعية والسفر ونجد ذلك من مناحي الحياة اليومية والصناعية، مثلما أحدث الكمبيوتر والانترنت انقلاباً حديثاً في تطوير صناعة الاتصالات والمعلومات وجعلت من العالم قرية صغيرة.

لذلك وجب على المعلم استغلال التعيينات لتشجيع الطلاب على التعميم بحيث يدرك الطلاب بأن التعميم أو القانون العلمي هو تفسير لسلسلة من الظواهر الطبيعية أو الوقائع أو الأحداث، ومن خلال تعويد الطلاب العمل على هذا الأساس نجنبهم طرق التجربة والخطأ العشوائية أو الحساب التقريبي، ونعودهم الدقة في العمل والتأكد من النتائج.

ومن الضروري كذلك أن نشجع الطلاب على تعميم تفكيرهم وعلى علاج المسائل من خلال المبادئ العامة ، فبهذه الطريقة يستطيعون حل مشكلاتهم بشكل صحيح وفي أوقات قصيرة.

ومن الضروري أن يعلم المعلم والطالب بأن المبادئ العامة يمكن تطبيقها في ميادين الرياضيات والعلوم المادية، بينما يكون تطبيقها أقل وبتحفظ في ميادين العلوم الإنسانية.

ومن خلال أمثلة التعيينات التالية نوضح كيف يمكن تشجيع الطلاب على الوصول التدريجي إلى مرحلة التعميم:

1- نطلب من الطلاب الذين يدرسون الطقس أن يناقشوا بعض الأمثال العربية المتداولة عن الطقس لمعرفة مدى صحتها:

- إذا كانت الشمس حمراء اللون عند الغروب فإن اليوم التالي سيكون صحواً أو صافياً، وإذا ظهر ما يشبه الخاتم حول القمر فمعنى ذلك احتمال سقوط الأمطار.
- إذا أطل شهر آذار كالأسد فإنه سيمضي كالحمل.
- شباط يشبط ويخبط ورائحة الصيف فيه.
- مطر نيسان يسوي العدة والفدان.
- يمكن أن يغلها الله على جمر وأن يمحلها على نهر.

لذا يطلب من الطلاب دراسة هذه الأمثال والبحث عن أمثال أخرى منتمية للموضوع ومن خلال هذه الأمثال يستطيع الطلاب الوصول إلى استخلاص عدد من المبادئ العامة والتعاميم.

2- وفي تعيين آخر نطلب من الطلاب الذين يدرسون الكهرباء بعمل كهرباء مغناطيسية ونطلب منهم أن يلفوا سلكاَ معزولاً حول مسمار كبير ويصلوا طرفي السلك ببطارية جافة، وتقريب مسامير أو دبابيس صغيرة إلى طرفي المسمار، حيث يلاحظوا انجذاب المسامير والدبابيس الصغيرة إلى المسمار الكبير الذي تحول إلى مغناطيس.

وقد نطلب من الطلاب زيادة عدد البطاريات أو إنقاصها، وزيادة عدد لفات السلك المعزول حول المسمار الكبير أو إنقاصها ونطلب من الطلاب تسجيل ملاحظاتهم في كل حالة، ثم تسجيل المبادئ العامة التي تتعلق بالكهرباء المغناطيسية التي استخلصوها من هذه التجارب.

4- وفي تعيين آخر نطلب من الطلاب أن يبينوا لماذا يطلق على كل من (وادي دجلة والفرات) و(وادي النيل) مهد الحضارات، مع تقديم الأدلة

والبراهين على صحة هذا القول والاستشهاد بالأفكار والأمثلة الواقعية والحضارية الماثلة للعيان عن هذه الحضارات حتى وقتنا الحاضر، وإذا وجدنا بعض الطلاب المهتمين بالموضوع، قد نقدم لهم تعييناً عن اليونان (رسل الثقافة والفلسفة) وآخر عن الرومان (رسل الشرائع والقوانين)...

كما ينبغي أن يعلم التلاميذ بأن المبادئ العامة قابلة للتغيير والتعديل، فقد تتغير الشروط والظروف التي أدت إلى استنتاج بعض هذه المبادئ العامة، ومن ثم تحتاج هذه المبادئ إلى المراجعة وإلى البت بمدى صحتها في الظروف والشروط الجديدة.

فمثلاً ينتج عن النظام الحر في الاقتصاد قانون عام هو " قانون العرض والطلب " أي أنه كلما زاد المعروض من سلعة ما، أدى ذلك إلى انخفاض سعرها، والعكس صحيح، إلا أن تدخل الحكومة أحياناً في مراقبة الأسعار وتحديدها، وتحديد الإنتاج في المصانع واستخدام الإعلانات المقنعة... الخ قد تؤثر على هذا القانون الاقتصادي سلباً.

ومن خلال أمثلة التعيينات التالية يمكن تحقيق هذا الهدف:

1- نطلب من الطلاب أن يضعوا قائمة بأسماء السلع التي تشتريها أسرهم بالتقسيط، وأن يسجلوا سعرها إذا تم شراؤها نقداً، والسعر بالتقسيط، وإيجاد الفرق بين السعرين، حتى يستخلص الطلاب بعض المبادئ العامة المتعلقة بالشراء بالتقسيط، وحتى يكون التقسيط معقولاً، ومتى لا يكون ؟

ولكي تكون المبادئ العامة واضحة يجب ربطها بخبرات الطلاب الواقعية والاستفادة من خبرات الغير كالأسرة والوالدين والجيران والأصدقاء.

2- وقد نطلب من الطلاب الذين يدرسون موضوع المنحنيات المغلقة البسيطة أن يستنتجوا التعميم المتعلق بإيجاد قياسات مجموع الزوايا الداخلية لأي مضلع بالدرجات من خلال الجدول التالي،

وذلك بتكليف الطلاب بوصل رأس أي مضلع بباقي رؤوسه لتحديد عدد المثلثات الناتجة عن هذا الوصل:

مثلث

مجموع زوايا المثلث يساوي 180

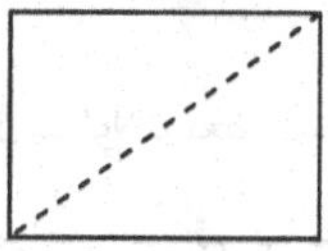

رباعي

(مثلثان)

سداسي

(أربع مثلثات)

الشكل	عدد الأضلاع	عدد مثلثاته	الفرق بين عدد الأضلاع والمثلثات	مجموع قياسات زواياه الداخلية	رسم الشكل
رباعي	4	2	2	$360^\circ = 180^\circ \times 2$	
خماسي	5	3	2	$540^\circ = 180^\circ \times 3$	
سداسي	6	4	6	$720^\circ = 180^\circ \times 4$	
سباعي ن	7 ن	5 ن-2	2 2	$1260^\circ = 180^\circ \times 7$ 180 × (ن-2)	

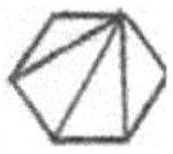

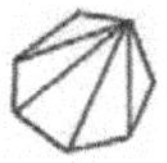

أي أن مجموع قياسات الزوايا الداخلية لأي مضلع = (عدد الأضلاع – 2) × 180

3- وقد نطلب من الطلاب الذين يدرسون الفيزياء بيان أهمية قوانين الصوت، والتغيرات المتعلقة بها، وكيف أن سرعة الصواريخ والأقمار الصناعية والمركبات الفضائية ... قد أثرت على تفكيرنا العلمي.

4- كما قد نطلب من الطلاب بيان مدلولات بعض المبادئ العامة كالحرية والوحدة والاستقلال والعدالة الاجتماعية... وكذلك المراحل التي تمر بها هذه المبادئ والتغيرات التي دخلت عليها في مختلف الأوقات.

5- كما يمكن للمعلم أن يختار مواضيع كثيرة من الموضوعات الكثيرة التي تطرحها المشكلات العامة والهامة في هذا العصر والتي تتعلق بحياة الإنسان والتي يعاني منها مثل: مشكلة الطلاق، غلاء المهور، تعدد الزوجات، مشكلة التلوث، حوادث المرور، مراقبة السير، التعليم الإلزامي، مشكلة التمييز العنصري، تعليم المرأة، مشكلة الاختلاط...، ونطلب من الطلاب البحث في متابعة تطوراتها وبيان التغيرات والتعديلات التي دخلت عليها أو التي يمكن أن تدخل عليها، والمقترحات المعقولة والممكنة لحلها.

7) توظيف المبادئ والقواعد التي يتم تعلمها في المواقف الحياتية المختلفة ذات الصلة:

إن من أهم أهداف التربية الحديثة هو دوام أثر التعلم ونقله إلى الحياة العملية والبيئة الحياتية، ولا خير في تعلم لا ينتقل أثره إلى الحياة، ومن واجبنا نحن كمعلمين أن نساعد طلابنا وأن نمهد لهم الطريق على ربط المعلومات النظرية بالمجال العملي، ويستطيع المعلم من خلال التعيينات أن يضطلع بدور هام في هذا المجال من خلال:

أ- تطبيق المبادئ في مجال الحياة الشخصية:

على المعلم أن يدرس طلابه جيداً وأن يعي حاجاتهم وأن يكون ملماً بالمراحل النمائية لهم ومميزات كل مرحلة وقدرات وإمكانات وطاقات كل مرحلة حتى يتمكن من اختيار التعيينات المناسبة لكل مرحلة عمرية.

لذا وحتى يتمكن الطلاب من تطبيق المبادئ العامة بنجاح وفائدة في الحياة، لا بد أن نساعدهم على تعلم القيام ببعض الأعمال البناءة التي لا بد لإنجازها من توفر جملة من النشاطات العملية، شريطة أن يراعى في تلك الأعمال ومستلزماتها مستويات الأعمال التي نتعامل معها، فتلاميذ المدرسة الإعدادية ذوو السن الواحد، يبدون اهتماماً بالألعاب الرياضية والأعمال التي تتسم بالجرأة والبسالة والمخاطرة، بينما التلميذات في هذا السن تهتم بالمظهر الشخصي وتتجه أنظارهن إلى فتى الأحلام.

وفي المرحلة الأخيرة من المراهقة، تشتد الحاجة إلى كثير من النشاطات الجديدة التي تدور حول العلاقة بين الجنسين والاقتصاد والتأمين المهني وتكوين الشخصية، أما الطلاب الأكبر سناً فيزداد تأملهم للحياة الباطنية والحياة الخارجية فيما يتعلق بالدين والسياسة والكون.

وسنبين فيما يلي كيف يستطيع المعلم استغلال التعيينات البيتية كوسيلة لإغناء الحياة الشخصية للطالب:

1- في اللغة العربية والتربية الإسلامية، يمكن استغلال المناسبات الوطنية والقومية والدينية في شحن مشاعر الطلاب والطلب منهم الكتابة في هذه المواضيع بعد أن يزودهم المعلم ببعض الأفكار العامة والأسس الصحيحة في الكتابة، ويستطيع المعلم أن يطلب من مدير المدرسة أن يزوده بقائمة للمناسبات المختلفة بكل أنواعها ومواعيدها، ويضيفها إلى خطته الشهرية لاستخدامها في المواضيع ذات الصلة وتوظيفها بفاعلية في الوقت المناسب للتعيينات الطلابية البيتية.

2-   أما في اللغة الانجليزية، فقد نطلب من الطلاب كتابة بعض العبارات أو

الرسائل القصيرة مثل:

تهنئة صديق بالنجاح.

دعوة صديق إلى مأدبة.

كتابة رسالة إلى صديق تدعوه فيه لزيارتك.

طلب وظيفة.

3-   ويمكن أن نطلب من الطلاب تفسير بعض مبادئ العلوم العامة مثل:
قوة الدفع والجر والرفع وقوة الاحتكاك وأثر كل منها على حياة الإنسان وعلاقتها بالحياة
العملية وبالبيئة وتطبيق بعض هذه القوى عملياً في الصف.

ب- ضرورة تطبيق المبادئ العامة في المدرسة والبيت والمجتمع:

إن التعيينات البيتية هي نوع من النشاطات المدرسية والتي يفترض أن تهتم بتلبية الحاجات
الرئيسة للطالب وللمدرسة والبيت والمجتمع، لذا على المعلم أن يأخذ بعين الاعتبار عند اختيار تعيينات
للطالب تلبية حاجاته وحاجات المجتمع.

**وفيما يلي نماذج لتعيينات هدفها مساعدة الطلاب على تطبيق المبادئ العامة، لتحسين المدرسة
والبيت والمجتمع:**

1-   نطلب من الطلاب دراسة فواتير الماء والكهرباء وبحث كيفية استخراج
المبلغ المطلوب، من خلال حساب كمية الماء أو الكهرباء المستهلكة وسعر الوحدة، وإحضار
صورة عن هذه الفواتير إلى الصف ودراستها وإجراء مقارنة بين فواتير الطلاب، وبحث سبل
ترشيد استهلاك الماء والكهرباء ومحاولة تطبيق هذه الأفكار والتوصيات.

2-   نطلب من الطلاب تطبيق ما تعلموه في الصف، عن طريق دراسة
عينات مأخوذة من تربة أرضهم أو حدائقهم أو أرض الجوار، وبيان محتواها المعدني والمواد
العضوية الذائبة فيها والحشرات وأية بقايا عضوية وحيوية أخرى، وإحضار نماذج من هذه
التربة

ودراستها والكتابة حول أنواع النباتات التي تصلح للزراعة في كل نوع من أنواع التربة (الرملية، الكلسية، الطينية...).

3- نطلب من الطلاب توظيف بعض الاصطلاحات أو الجمل أو المفردات أو الفقرات الجميلة التي درسوها في حصص اللغة العربية والأدب أو الشعر أو التي درسوها في حصص التربية الإسلامية، وتوظيفها في كتابة بعض المواضيع ذات العلاقة في بعض المناسبات الوطنية أو الدينية أو توظيفها في الاحتفالات المدرسية أو في الإذاعة المدرسية الصباحية أو في الأنشطة ذات العلاقة والتي يختارها المعلم.

4- نطلب من الطلاب الذين يدرسون موضوع الانتخابات النيابية أو البلدية، وضع المقاييس المناسبة للنائب الصالح أو المرشح الكفؤ ومدى انطباق هذه المقاييس على المرشحين، ودور المواطن في اختيار المرشح الصالح بعيداً عن العلاقات الشخصية أو العشائرية أو القرابة أو المصلحة الشخصية.

8) تكوين القدرة على تجريب الأفكار الجديدة ومحاكمتها:

لا شك بأن حضارات الأمم تقاس بقدر تقدمها وتطورها العلمي، لذا أصبح من الضرورة على المعلمين والمهتمين أن يشجعوا الطلاب على الأعمال الإبداعية واستغلال مواهبهم، وأن يجهدوا في صقل عبقرياتهم وإعدادهم لممارسة الحياة النافعة، وذلك لحاجتنا الماسة إلى الجهود الخلاقة لجميع أفراد القوى العاملة.

وعندما يركز المعلمون على الإبداع والتجريب العلمي المتحرر من الخوف سيعثرون على القيمة الكبرى الكامنة في تشجيعهم الطلاب على التجريب والاختبار وعلى اختراع أساليب وطرائق جديدة في صنع الأشياء، وبهذا العمل تنطلق المواهب مبكرة من عقالها ويظهر بيننا العباقرة والموهوبين...

خطوات الأسلوب العلمي

من الضروري أن يفهم الطلاب العمليات أو المراحل التي لا بد للاختراع أو الاكتشاف أن يمر بها، أي على الطالب أن يعرف الأسلوب العلمي والذي يؤدي في النهاية من التوصل إلى نتائج حقيقية ومدروسة وبالتالي إلى الاكتشاف أو الاختراع، لأن هذه المعرفة تجنبهم التسرع في الاستنتاج والعمل في الفراغ.

وفيما يلي بيان للخطوات الأساسية للأسلوب العلمي أو لعملية الاختراع أو الاكتشاف:

1- التعرف على المشكلة وتحديدها:

يعتبر التعرف إلى المشكلة وتحديدها بشكل صحيح ودقيق، أول خطوات الأسلوب العلمي، فالبيت والمجتمع والمدرسة والحياة تموج جميعها بالمشاكل التي تحتاج من يدركها ويحددها ويعمل على حلها، لذا ينبغي تشجيع الطلاب على فحص المشكلات القائمة في بيئاتهم والتدرب على دراستها للإسهام في حلها أو البحث عن حلول معقولة وواقعية لها. فمثلاً:

- كيف نستطيع جعل نوافذ الصف أكثر نظافة ؟
- ما الأضواء والألوان المناسبة لغرفة التدريس ؟
- كيف نستطيع أن نطيل عمر التلفاز في البيت ؟
- كيف يمكن أن نقلل من استخدام الماء والكهرباء في البيت ؟
- كيف يمكن ضبط حركة المرور عند التقاطعات الخطرة ؟
- كيف يمكن منع انجراف التربة بفعل مياه الأمطار ؟
- كيف يمكن أن نساهم في منع تلوث البيئة ؟

فهذه المشكلات وغيرها تثير التحدي لدى التلاميذ وتشعرهم بالغبطة والسرور حين اكتشافها أو وضع الحلول المناسبة والمقبولة لها.

2- جمع المعلومات المتعلقة بالمشكلة:

لنقترح أننا نريد دراسة مشكلة التقاطعات الخطرة في وسط المدينة لاقتراح الحلول المناسبة لحلها والتخلص من أخطارها على حياة المشاة، فإن المعلومات التي يمكن جمعها تتلخص في الإجابة عن الأسئلة التالية :

- ما الوقت الذي يقطع فيه الناس هذه التقاطعات بشكل كبير ؟
- ما عدد المشاة التي يقطعونها في اليوم الواحد ؟
- ما عدد الذين يقطعونها في كل ساعة من ساعات اليوم الواحد ؟
- في أي اتجاه تسير حركة المرور ؟
- هل تمثل التقاطعات صعوبة للسائقين ؟
- ما عدد المصابين في هذه التقاطعات أسبوعياً ؟
- ما المخاطر التي يتعرض لها طلاب المدارس في هذا المكان ؟
- ما الساعات الشديدة الخطر على المشاة في هذه التقاطعات ؟

ولحل هذه المشكلة لا بد للطلاب من جمع المعلومات التي يحصلون عليها وتسجيلها وفتح حوار ونقاش حولها مع طلاب الصف، وأن نتأكد من سلامة الحل الذي يقترحونه، ويمكن الاستعانة بضابط سير أو رجل مرور من الشرطة، للتأكد من صحة هذه المعلومات ومقارنتها مع المعلومات الحقيقية لدى دائرة السير والمرور وتعديل المعلومات التي تم جمعها للحصول على مزيد من الحقائق.

3- فرض الفروض العلمية:

في هذه المرحلة من العمل يصبح الطالب مستعداً لتكوين فكرة عن الحل الصحيح الممكن للمشكلة، ولكن يجب أن يفهم الطالب أن حله المقترح قد لا يكون حلاً كاملاً ويحتاج إلى استكمال وإثبات. وقد يقود هذا النقص إلى اقتراح تركيب إشارة ضوئية لتنظيم المرور، وقد يقترح بعض الطلاب وضع زر للضوء يقوم المشاة بالضغط عليه لفتح الطريق، ولكن قد يسيء الأطفال استخدام هذا الزر، وقد لا يستطيع الطلاب صغار السن من استعماله أو الوصول إليه، وهل يمكن قطع الشارع بدون مساعدة رجال الشرطة ؟... لذا يجب التفكير في حلول أخرى...

4- إجراء التجارب لإثبات صحة الفرض أو عدم صحته:

في هذه المرحلة لا بد من فحص الفرض فحصاً دقيقاً للتأكد من صحته أو عدم صحته، وفي المثال السابق، لا بد من المختصين من الذهاب إلى نقطة التقاطع لدراسة مدى فاعلية الفرض المقترح للاطلاع على مدى فعالية أجهزة السير والمراقبة على أرض الواقع.

5- تسجيل المعلومات وتصنيفها:

لا بد من تسجيل المعلومات والبيانات التي تم جمعها على شكل ملاحظات وصور فوتوغرافية وجداول بيانية وتخطيطية، ثم فرزها وتبويبها في زمر تتدرج فيها هذه المعلومات حسب تجانسها وتقاربها وتشابهها حتى تسهل دراستها وتساعد على الاستنتاج والمقارنة.

6- استخلاص النتائج:

في هذه المرحلة يصل الباحث إلى إجراء الاستنتاج وصياغة القوانين والنظريات والتي تمكنه من تكوين رأياً سليماً عن الظاهرة، ثم يتحقق من صحة الفرض، فإذا ثبتت صحته أصبح قانوناً أو قاعدة أو تعميماً يوضح العلاقة بين الظاهرة المدروسة وأسبابها ونتائجها.

7- إحداث التغيير المطلوب:

في هذه المرحلة يتم استخدام النتائج لإصلاح الحال وحل المشكلة قيد الدرس ووضع الحل موضع التنفيذ ومراقبة الوضع للتأكد من سلامة الحل في مختلف الظروف والأحوال.

9) تشكيل الشخصية السوية عن طريق التربية الوطنية والاستجابات الاجتماعية السليمة:

إن أحد الأهداف الرئيسة للمدرسة تنمية الشخصية السوية للطالب من خلال الحقائق التي يدرسها ويحفظها الطالب عن المواطن والوطنية والإنسانية وخلق الاهتمامات الإيجابية لديه نحو الآخرين. لذا فما قيمة الحقائق الرياضية إذا لم

يستطع الطالب أن يستفيد منها في حياته اليومية. وكذلك الأخلاق والقيم والعادات الحميدة.

وقلما يهتم المعلمون عند اختيار التعيينات بتلك التي من شأنها تنمية الشخصية عن طريق إشراك الطلاب في الحياة الاجتماعية واندماجهم فيها، ومن هنا تظهر الحاجة إلى تنمية حس الطلاب بالحاجات الاجتماعية والتعرف إلى الطرق التي من شأنها أن تساعد على الاستجابة الاجتماعية الموفقة، وعلى الطالب أن يدرك أن المواطن الصالح هو الذي يحس بمشكلات المجتمع ويتفاعل معها ويشارك في حلها، هل مدينته أو قريته بحاجة إلى حملة نظافة ؟ هل هي بحاجة إلى بناء مدرسة جديدة ؟ هل هي بحاجة إلى مركز صحي ؟ هل شوارعها وطرقاتها بحاجة إلى صيانة ؟ هل جيرانه بحاجة إلى المساعدة ؟ هل بالقرب منه أطفال معاقين بحاجة إلى العناية والمساعدة ؟.

إن الوعي بالحس الاجتماعي هو الخطوة الأولى والتي يجب أن تتبعها إرادة الإصلاح والتي تدفع الطالب والمواطن الصالح إلى العمل اللازم لإحداث التغييرات الإيجابية اللازمة.

ويحدث أحياناً أن تبرز بعض المشكلات التي تتضارب حولها الآراء وتتباين وجهات النظر، والتي قد تؤدي إلى ظهور خلاف بين بعض الأطراف، ولكي يكون الفرد واضح الفكر في اتخاذ قراره ينبغي له أن يتحلى بالصفات التالية:

1- معرفة كافة الحقائق عن المشكلة وعرضها بصورة شائقة.

2- معرفة الأطراف والأشخاص الذين يجب أن تعرض عليهم.

3- قبول التسوية إذا أيدتها آراء عديدة، شريطة أن لا تكون التسوية على حساب التضحية بكرامة الإنسان أو بقيمة الفرد.

4- قبول أفكار الآخرين إذا كانت مقبولة ومعقولة من أجل الحفاظ على تماسك الحياة الاجتماعية واحترام التعاون بين الآخرين.

5- أن يكون أسلوب العمل والتعامل مع الآخرين ديمقراطياً واحترام مشاعر الغير.

وفيما يلي بعض النماذج من التعيينات التي تساعد على تحقيق هذا الهدف:

1- نطلب من الطلاب دراسة وتتبع تاريخ أحد العلماء واكتشافاته خدمة للإنسانية، فمثلاً نطلب من الطلاب دراسة أثر معاناة الطبيب " الكسندر فليمنج " خلال الحرب العالمية الأولى وهو يرى المئات من الجنود يموتون نتيجة التهاب جروحهم التي أصيبوا بها في الحرب دون وجود دواء أو عقار يوقف هذه الالتهابات، وشرع بإجراء تجاربه... والتي أدت في النهاية إلى اكتشاف " البنسلين " عام 1928م.

ولذا نطلب من الطلاب تتبع حياة وتاريخ بعض مشاهي العلماء الآخرين والذين أسهموا في خدمة البشرية من خلال شعورهم بالمسؤولية الاجتماعية تجاه أمتهم ووطنهم وتجاه البشرية.

2- يمكننا تكليف الطلاب بحفظ مقطوعات من الشعر الوطني، وبيان الرسالة الوطنية التي حمل لوائها كل من الشعراء أصحاب هذه المقطوعات، والكتابة عن حياتهم وأشعارهم وأحاسيسهم الصادقة والنبيلة التي تجلت في أشعارهم.

3- نطلب من الطلاب أن يدرسوا استقلال البلاد العربية، وبيان كيف شارك أبناء كل بلد عربي في استقلال البلد الآخر، وأن وحدة العرب والمسلمين هي السبيل لقهر الأعداء.

4- تشجيع الطلاب الكتابة حول واجبهم نحو تلبية حاجات مدينتهم وحل مشكلاتها كالقيام بحملات النظافة الدورية في الحي أو الإسهام في جهود الدفاع المدني، وعقد دورات للتدرب على الإسعافات الأولية وكيفية استخدام وسائل الإطفاء، أو جمع التبرعات لمساعدة المحتاجين والفقراء، أو المساهمة في تنشيط الحركة الرياضية والمسرحيات المدرسية...

10) تنمية حاسة التذوق وبعث الاستجابات الوجدانية:

يجدر بنا أن ندرك أن نمو الشخصية وتفتحها لا يتوقفان على الاستجابات الاجتماعية والوطنية والإنسانية فحسب، بل لا بد من إضافة السرور والسعادة والبهجة إلى النفس الناجمة عن الاطلاع على روائع الأدب والشعر أو تأمل لوحة فنية جميلة، أو الاستمتاع بجمال الطبيعة أو الاستماع إلى روائع الموسيقى... إن مثل هذه الأمور تنمي الإحساس النبيل والمشاعر الصادقة في النفس وتصقل الشخصية، كما أن متعة الحياة أو الاستمتاع بها ليست وقفاً على الموهوبين دون الآخرين أو المعوقين... ولكنها حق للجميع على حد سواء.

وهناك بعض الأمور التي يجب إدراكها والتي تتعلق بتحقيق هذا الهدف منها:

1- عدم المبالغة في تحليل الانفعالات:

لا يجوز لنا أن نبالغ في تحليل التفاصيل عندما يكون الطلاب بصدد موضوع انفعالي أو عاطفي، فمثلاً ليس من الضروري أن نزج الطلاب في علم القوافي والأوزان والإيقاع ليستمتعوا بالقصيدة الشعرية التي يدرسونها، لذا يجب على المعلم أن يركز على التعيينات التي تهتم بالاستجابات الجمالية لا بالردود العقلية فقط وذلك من أجل تنمية الاستجابات الوجدانية لدى الطلاب وتهذيبها.

فمثلاً يمكن أن نطلب من الطلاب وصف مشاعرهم عند مشاهدتهم صوراً لمتنزهات جميلة، أو أن يصفوا لنا ردود الفعل في نفوسهم ومشاعرهم الوجدانية التي جاشت بها صدورهم عند سماعهم أو قراءتهم لقصيدة شعرية مؤثرة.

ب- الفهم أساس الاستمتاع والتقدير:

لقد سبق قولنا بأنه لا يستحسن الإغراق في تحليل المواقف والموضوعات الوجدانية المختلفة، لأن ذلك قد يشوه الاستجابات الانفعالية والجمالية، لذا ينبغي على الطالب أن يعرف أن مزيداً من الفهم أو التعمق للموضوع قيد الدرس، يعني مزيداً من الاستمتاع والتقدير، فمثلاً يمكن تشجيع الطلاب إلى استعارة أو اقتناء بعض الأشرطة للاستماع إلى الموسيقى العالمية أو الشعر الرفيع والهادف، وحثهم على قراءة الكتب التي تروي قصة حياة هؤلاء الموسيقيين أو الشعراء أو الأدباء

حتى يطلعوا على الأحداث التي ارتبطت بمؤلفاتهم وأثرت في نفوسهم ومشاعرهم حتى جاشت بهذا الأدب الرفيع.

كما يمكن تكليف الطلاب بدراسة عجائب الدنيا السبع التالية والكتابة عن إحداها وبيان ما تثيره فيهم من المشاعر من خلال الرسم أو الشعر أو النثر.

وعجائب الدنيا السبع حسب التصنيفات القديمة هي:

1- هرم خوفو الكبير أو جميع الأهرامات مع تمثال أبي الهول أو بدونه.

2- حدائق بابل المعلقة مع الجدران أو بدونها.

3- النصب التذكاري الضخم الذي شيدته أرملة الحاكم " موسولوس " في القرن الرابع قبل الميلاد في مدينة هيلاكارناسوس في جنوب شرق آسيا الصغرى.

4- تمثال الآلهة اليونانية " ارتيمس " في افسوس على ساحل آسيا الصغرى.

5- تمثال جزيرة " رودوس " الهائل.

6- تمثال الإله " زفس ".

7- منارة الإسكندرية.

كما يمكن الطلب من الطلاب ذكر ودراسة عجائب الدنيا السبع في العصر الحديث وجمع صور عنها والكتابة عن بعضها، وأسباب اختيارها عجائب في العصر الحديث.

ج- إن التقدير والتذوق الجمالي مسألة فردية أو نسبية:

من الطبيعي أن لا يكون الطلاب جميعاً نسخة واحدة ومن البديهي أن لا يستمتع جميع الطلاب بنفس الأشياء بنفس المقدار، فبعضهم يفضل اللون الأخضر على اللون الأحمر، وبعضهم يفضل الموسيقا الكلاسيكية على الموسيقا الصاخبة....، وهكذا فإن الناس يختلفون في المشاعر والأذواق وفي نظرتهم إلى الأشياء، وكلما كان الوضع غير متكلف أو غير رسمي كانت الاستجابات الوجدانية أقوى وأعمق وأقرب إلى الصدق والحقيقة.

ولتحقيق هذا الهدف يمكن للمعلم اصطحاب طلابه إلى المتحف الوطني أو إلى بعض المعارض الفنية ومشاهدة بعض اللوحات الفنية الرائعة أو الاستماع إلى

تسجيلات لبعض الشعراء أو الخطباء، والطلب من الطلاب تسجيل انطباعاتهم ومشاعرهم بعد تأمل وتذوق هذه الفنون.

كيف نختار التعيينات وكيف نقوّمها

متى وكيف نختار التعيينات:

كثيراً من المعلمين يختارون اللحظات الأخيرة من الحصة لاختيار التعيينات البيتية لطلابهم، وإجراء كهذا لا يخلو من السلبيات، لأنه لا يتيح للطلاب وقتاً كافياً ينقلون فيه هذه التعيينات عن السبورة، أو يطرحون حولها بعض الأسئلة أو الاستفسارات حول طبيعتها وكيفية تنفيذها والمتطلبات الأخرى المتعلقة بها... وغيرها من الملاحظات التي تحتاج إلى وقت وانتباه من المعلم.

وعلى أي حال، فإن الظروف والمواقف وطبيعة الموضوعات، هي التي تقرر موعد اختيار التعيينات في بداية الحصة أو في أثنائها أو عند انتهائها.

وهناك بعض الملاحظات الهامة التي يجب أن ينتبه لها المعلم عند اختيار التعيينات البيتية لطلابه أهمها ما يلي:

1- أن يكون هناك وقت كاف، ليكتب الطلاب التعيين ويطرحوا الأسئلة والاستفسارات حوله ويفهموا المقصود منه.

2- على المعلمين أن ينصحوا طلابهم بتخصيص دفتر أو دفاتر معينة للتعيينات منظمة على النحو التالي أو أي نحو مفيد آخر يراه المعلم:

الرقم	المسائل أو المشكلات المعينة	تاريخ الإنجاز المطلوب	الكتب والمراجع المقترحة

3- أن يصرف المعلم بعض الوقت في تعليم وتدريب طلابه المهارات الجديدة التي تلزمهم لإنجاز هذه التعيينات داخل غرفة الصف أو خارجها.

4- التنسيق مع مدير المدرسة وأمين المكتبة لتأمين الكتب والمراجع التي يحتاجها الطلاب لإنجاز بعض التعيينات لتكون في متناول طلابه قبل تكليفهم بتنفيذ هذا التعيين أو ذاك.

5- تشجيع الطلاب الذين تتوافر في بيوتهم بعض الكتب والمراجع والصحف والمجلات الاستفادة منها، وتوجيه الطلاب إلى الاستفادة من وسائل التكنولوجيا الحديثة مثل الحاسوب والانترنت والوسائل الأخرى.

6- إعطاء الطلاب الوقت الكافي لإنجاز التعيينات، خصوصاً تلك التي تحتاج إلى المراجع والمصادر الأخرى، والتي تحتاج إلى بحث واستقصاء، وأن يعود الطلاب على تنظيم الوقت المخصص لذلك فلا ينقضي دون إنجاز التعيين، وينبغي للمعلم أن يراعي أعمار وفئات الطلاب وقدراتهم عند تحديد نوع التعيين اللازم والفترة الزمنية المناسبة لإنجازه.

تقويم العمل البيتي

من الأسباب التي أدت إلى الإساءة إلى التعيينات البيتية وضعف اهتمام الطلاب بها، هو إهمال المعلمين لها وعدم الجدية في تقويمها أو متابعتها وعدم إعارتها أي اهتمام، وقد يعود ذلك إلى عدم قدرة المعلم على متابعة هذا العدد الكبير من التعيينات الطلابية ونتيجة العبء الوظيفي الثقيل الملقى على كاهل المعلم.

ولكن يمكن للمعلم أن يجد الحلول المناسبة دون التضحية بمصالح الطلاب، من خلال زيادة حجم التعيينات الشفوية على الكتابية، أو تمديد مهلة التعيينات الكتابية أو إيجاد حلول أخرى مناسبة كأن يقسموا التعيينات على النحو التالي:

1- التعيينات التي يقوم الطلاب بتقويمها لأنفسهم.

2- التعيينات التي يقومها الطلاب لغيرهم من زملائهم.

3- التعيينات التي يقومها المعلم لطلابه.

أما التعيينات التي يقوم الطلاب بتقويمها لأنفسهم فهي من النوع ذات الحلول المحدودة.

وقد يلجأ الطلاب عند تقويمهم أعمالهم بأنفسهم إلى تزوير العلامات أو زيادة العلامة لنفسه، وهنا لا ينبغي أن تتوتر أعصاب المعلم، لأن التوتر والقلق قد يؤدي إلى التحدي والوقوع في المحذور، لذا فإن ثقة المعلم بطلابه تزيد في أمانتهم خصوصاً إذا كانت هذه التعيينات فردية وتهدف إلى النمو الفردي، كما على المعلم أن يعلن للطلاب بأنه لن يعتمد العلامات باستمرار ولن يحتسبها دائماً لأن غاية التعيينات قياس النمو والتقدم عند كل منهم.

وقد يرغب المعلمون وضع العلامات على التعيينات بأنفسهم، خصوصاً فيما يتعلق بالتعيينات التهذيبية المربية للنظام، كما قد يكتفون في بعض الأحيان بوضع علامات على بعض الأعمال فقط، وفي جميع الحالات على المعلمين أن يعيدوا أعمال الطلاب وعليها العلامة والملاحظات التي تشرح طبيعة الأخطاء التي وقعوا فيها وكيفية علاجها وتفاديها.

أما عند تقويم التعيينات الطويلة الأجل، فتوزع عناصر التقويم على مختلف العناصر التي يشتمل عليها التعيين وذلك حسب أهميتها، كما يجب أن يعلم الطلاب نسبة علامات التعيينات المحتسبة إلى علامة الفصل عامة، لأنه يصعب التمييز بين النشاط البيتي والنشاط الصفي، لأنهما نشاطان متكاملان، وعلى المعلم أن يدرك بأن التعيينات قد وجدت بالأصل لمساعدة الطلاب على التقدم والإبداع لذا عليه أن يخطط لها بشكل جيد حتى تؤدي النتيجة المطلوبة.

كيف يتعاون الآباء والطلاب على إنجاز التعيينات

قد تختلف الآراء بين الآباء والأُسر حول مساعدة الأبناء أم لا في الوقوف إلى جانبهم ومساعدتهم في أعمالهم الكتابية البيتية، بحجة أن هذه المساعدة قد تلحق الضرر بالأبناء وتعودهم على الاعتماد على الغير في انجازها.

ومن أجل إلقاء الضوء على هذا الموضوع الهام وتوضيح العلاقة بين الآباء وأبنائهم فيما يتعلق في التعيينات البيتية علينا أن نوضح بعض الأمور الهامة لوضع حد للاجتهاد أو الجدل القائم حول علاقة الآباء بأبنائهم في مساعدتهم في التعيينات البيتية، أهمها ما يلي:

1- على المعلمين تبصير الآباء بأدوارهم وعلاقتهم بالتعيينات البيتية:

على إدارة المدرسة أن تضع في اعتبارها توطيد العلاقات بين أولياء الأمور والإدارة من جهة وبين أولياء الأمور والمعلمين من جهة أخرى من خلال التخطيط لتنفيذ عدة لقاءات دورية مع أولياء الأمور من خلال مجلس الآباء والمعلمين أو من خلال نشرات تربوية خاصة يكون أحد أهدافها تبصير أولياء الأمور بأدوارهم الهامة بمساعدة أبنائهم في تنفيذ التعيينات البيتية ضمن شروط.

وفي أيامنا هذه ظهرت دعوة تبنتها التربية، تنادي بمشاركة الآباء مسؤولية انجاز التعيينات البيتية لتؤدي رسالتها في خدمة أبنائهم، وترى بضرورة التعاون والمشاركة الفاعلة، شريطة أن لا يقوم الآباء كلياً بإنجاز التعيينات بدلاً من الأبناء.

ويستطيع المعلمون أن يرشدوا الآباء إلى دورين مهمين في هذا المجال هما:

أ‌- إظهار الاهتمام الكافي بالتعيينات وتقديم الاسناد الصحيح والنصح لإنجازها.

ت‌- مساعدة الأبناء على تحسين خططهم الدراسية وتوفير الجو المدرسي المناسب لهم، وتوفير الشروط المادية والمعنوية لإنجاح هذا النشاط.

2- ينبغي أن يساعد المعلمون الآباء على إظهار الاهتمام وتقديم الإرشاد:

يجب أن يفهم الآباء بأن التعيينات والأعمال الكتابية البيتية هي وجه من وجوه العملية التربوية التي يعيشها أبناؤهم، وعلى المعلمين أن يشجعوا الآباء والأمهات على زيارة المدرسة من حين إلى آخر، والاتصال بالمدير والمعلمين للوقوف على مستوى أبنائهم التحصيلي والسلوكي والنمائي، وأن يستغلوا اجتماع الآباء والأمهات بهم لإعطائهم فكرة عن الأساليب الحديثة في التربية وعن أهمية التعاون بين البيت والمدرسة في مساعدة وتربية أبنائهم، وقد أثبتت الدراسات التربوية تفوق الطلاب الذين يهتم آباؤهم بالمدرسة ونشاطاتها على الطلاب الذين لا يكترث آباؤهم بها.

إن زيارة الآباء لغرف الدراسة ومشاهدة أبنائهم وهم يتفاعلون مع المعلم، سيجعلهم يدركون بأن التعليم ليس مجرد اكتساب المعرفة من الكتب المقررة فحسب، بل إن المعرفة هي الحياة وهي التعلم من الحياة، لذا فقد أصبحت غرفة الدراسة مفعمة بالمظاهر المدهشة لعصرنا العلمي.

كما ينبغي تشجيع الآباء على اصطحاب أبنائهم برحلات عائلية قصيرة، تثير اهتمامات جديدة عند أبنائهم وتشحذ الاهتمامات القديمة، فاصطحاب الأبناء إلى المعارض الزراعية أو الصناعية أو العلمية أو إلى المتاحف القريبة أو المواقع الأثرية أو متاحف التراث أو المزارع أو المصانع... أو إلى المواقع التي تستحق الزيارة تزيد من خبرات ومعارف أبنائهم وتوسع آفاق معرفتهم وخبراتهم، خصوصاً إذا تم التخطيط الجيد لهذه الرحلات القصيرة مثل أخذ الصور الفوتوغرافية أو الحصول على بعض المنشورات أو الكتيبات المتعلقة بهذه الأماكن ومشاركة أبنائهم اللعب والترويح عن النفس، تعطي الطالب دفعة وخبرة تعليمية جديدة.

لذا يجدر بالمعلمين أن يفهموا الآباء بأن هذه الاهتمامات الخارجية أو الجديدة التي تخلقها الرحلات تساعدهم على منح التعيينات مزيداً من الأهمية وتشجع الطلاب على إنجازها بفاعلية كبرى. فالعمليات الزراعية بالنسبة إلى طفل

المدينة تبدو وكأنها أفكار مجردة، لكنه إذا قام برحلة إلى الحقول وشاهد المزارع وهو يعمل واطلع عـلى الآلات والأدوات الزراعية، فإن ذلك يساعده على إدراك كثير من المبادئ المتعلقة بالعلوم والقواعد العامـة للعلوم الإنسانية.

وعلى الآباء كذلك أن يعلموا بأن سلامة أجساد أبنائهم وجـودة صحتهم عامـل أسـاسي في تـوفير مستلزمات الاستعداد للتعلم، فالطالب المريض غير قـادر عـلى مجـاراة زملائه أو متابعـة واجباتـه بهمـة واقتدار، كما على الآباء أن يدركوا بأن أبناءهم مختلفون في قـدراتهم وطاقاتهم واهتماماتهم، وأنـه مـن الضرر إكراه الواحد منهم على عمل لا يوافق ميله أو قدراته أو طاقته وفي مقدور المعلمين إسـداء النصـح والمشورة للآباء في كيفية مساعدة أبنائهم وتوفير الجـو الـدراسي المناسب لهـم حسـب الظروف المتاحـة، فهناك وقت للدراسة، ووقت للعب والراحة، ووقت لمشاهدة التلفاز، لذا ينبغي أن لا يكلف الآباء أبنائهم القيام بأعمال أو قضاء حاجات لهم خلال فترة الدراسة، فنظرة الآباء إلى الأعمال المدرسية البيتية بـاهتمام وتقدير تجعل الطفل ينظر إليها بنفس المقدار من الاحترام والتقدير والاهتمام.

3- المدرسون مسؤولون عن تهيئة المواقف النفسية الصحيحة تجاه التعيينات:

يزداد تحسن المواقف النفسية لدى الطلاب تجاه الأعمال المدرسية البيتية بازدياد فهمهم لهـا. لـذا يجب على المعلمين أن يوجهـوا طلابهـم إلى حسـن الاستماع لمـا يقـال ويجـري في الصـف، وإلى الجـرأة في الاستفسار عن أي جزء أو نقطة لم يفهموها، وأن يسجلوا الملاحظات والمعلومات التـي تتعلـق بالتعيينـات حتى يتمكنوا من معرفة المطلوب منهم أداؤه في الأعمال البيتية.

كما على الطلاب إدراك الغاية الرئيسـة مـن التعيينـات وهـي تنميـة عـادات الدراسـة المستقلة وتطويرها. لذا فإن نقل الحلول أو نسخها عن الزملاء الآخرين يلحق بهم ضرراً بالغاً ويؤثر على مستقبلهم لأنه يعطل قدراتهم الشخصية ومهاراتهم الفردية.

4- المدرسون مسؤولون عن تحسين مهارات الطلاب الدراسية:

على المعلم أن يدرس طلابه جيداً ويحدد نقاط القوة ونقاط الضعف لدى كل منهم، ويحدد قدراتهم وطاقاتهم، حتى يتمكن من إشعار كل طالب بقدراته حتى يتمكن من اكتشاف الصعوبات التي يواجهها عند تكوين المهارات الدراسية، وبقدرته على التقدم والتحسن عن طريق التمرين والتقويم المتواصلين.

كما على المعلم تقديم النصح والإرشاد للطالب حول كيفية كتابة التعيينات، وأن ينصحه بكتابة هذه التعيينات بخط جيد ووضوح، وتقسيمها إلى أجزاء أو عناصر منفصلة، وبتسجيل الملاحظات والتعليقات وأسماء المواد والمراجع والكتب المقترحة والمساعدة.

كما يمكن للمعلم توجيه النصح والإرشاد للوالدين في كيفية إيجاد جو دراسي في البيت والشروط الواجب توفرها لخلق جو دراسي مناسب ومريح.

ولتكوين مهارة حل المسائل لدى الطلاب يشترط تحقيق المتطلبات التالية:

1- توليد الرغبة والاهتمام لدى الطالب.

2- أن يقرأ الطالب المسألة بعناية تامة وأن يفهم كل كلمة فيها وما المقصود فيها وأن يفهم المعطيات في السؤال وما المطلوب منه.

3- أن يسأل الطالب نفسه: ماذا عليّ أن أفعل ؟ ومن أين يجب أن أبدأ ؟ وما الذي يجب عليّ أن أصل إليه ؟.

4- أن يبقى الطالب على علم بالمبادئ العامة وبالقوانين والنظريات الخاصة بكل مبحث، وأن يقوم بمراجعتها من آن إلى آخر، فقد يكون فهمه للمسألة صحيحاً وبدايته صحيحة، ولكنه إذا نسي المبدأ أو القانون المتعلق بالمسألة، تعرقل حله لها.

5- أن يبحث الطلاب عن بعض الحقائق الإضافية التي تلزم للمسألة، فمثلاً عند القيام برحلة جوية في الطائرة إلى منطقة أخرى عليهم أن يتذكروا مثلاً فروق التوقيت بينهما.

6- أن يقوم الطلاب بمراجعة إجاباتهم للتأكد من صحتها، هل هي إجابات معقولة، وهل يمكن تطبيقها وتعميمها في حل مسائل أخرى ؟

كما يمكن للمعلم أن يساعد الطالب على تكوين مهارة التلخيص وأغراضها وشروطها، فالتلخيص الجيد يقوم على التنسيق والترتيب، وأن تكون الملخصات موجزة وواضحة دون المساس بالمفهوم العام للمادة مع الاحتفاظ بالكلمات والمصطلحات الأساسية التي يدور حولها الكلام.

5- مساعدة الطلاب على معرفة أصول الدراسة الجيدة.

إن أفضل وقت يستعد فيه الطلاب للدرس هو نفس اليوم الذي أخذوا فيه الدرس الجديد عملاً بالحكمة المعروفة " لا تؤجل عمل اليوم إلى الغد ".

ومن المشكلات التي يقع فيها الطلاب عند الاستعداد للامتحانات، اكتشافهم بأن عليهم دراسة كمية كبيرة من المعلومات المقررة دفعة واحدة مما يؤدي إلى فشلهم في كثير من الأحيان، لذا على الطالب دراسة المقررات أولاً بأول وكتابة الملاحظات والملخصات عنها في الوقت المناسب للعودة إليها وتذكر المعلومات عند الحاجة.

كما علينا أن ندرب الطلاب ونعلمهم كيف يحللون الأخطاء التي يقعون فيها أثناء فترة الاستعداد وأن يطرحوا على أنفسهم أسئلة مشابهة للأسئلة التي قد تأتي في الامتحان والتدرب عليها، كما عليهم أن يفهموا مقدماً نوع الفحص الذي سيتقدمون إليه، وطبيعة الأسئلة التي ستعطى في الامتحان، وأن يشكل الطلاب نظرة سليمة عن الفحوص بحيث لا تثير في نفوسهم الخوف أو الجزع أو القلق.

6- تشكل القارىء الجيد:

إن إتقان مهارة القراءة تعتبر أساس جميع المهارات الدراسية المتعلقة بالتعيينات، وغالباً ما تمنى التعيينات بالفشل لأن الطلاب لا يعرفون كيف يقرأون، والإجابات المغلوطة وغير السليمة غالباً ما تكون نتيجة قراءة مغلوطة أو نتيجة سوء تفسير الكلمات والمفاهيم.

إن مسؤولية القراءة لا تقع على كاهل معلم اللغة فقط، بل هي من واجب كل معلم، فمعلم العلوم والرياضيات والتربية الإسلامية ومعلم الاجتماعيات يجب أن

يخصص جزءاً من حصته لقراءة نص من الكتاب المقرر أو من كتاب إضافي لتنمية مهارة القراءة والفهم لدى الطلاب.

كما على كل مدرس وفي بداية كل عام أن يعمل بالتعاون مع إدارة المدرسة على إجراء اختبارات تشخيصية للطلاب للكشف عن نقاط الضعف والقوة لدى الطلاب ووضع الخطط العلاجية لمواجهة الضعف القرائي لدى بعض الطلاب، ولوضع الخطط اللازمة لعلاج هذا الضعف في الوقت المناسب.

وفيما يلي بعض التوجيهات العملية، التي تساعد على تحسين القراءة لدى الطلاب:

1-   إجعل الكتاب الموجود مألوفاً عند القاريء حجماً وشكلاً، وإذا كانت مادة القراءة هي ما في الكتاب المقرر، فسيجد الطلاب بأن عناوين الفصول وعناوين أقسامها والعناوين الهامشية تعبيرات بارزة ومألوفة لديه.

2-   توفير كتب إضافية سهلة للطلاب وعرضها عليهم لتوفير الثقة بالنفس لديهم وتعويدهم القراءة والمطالعة بالتدريج حسب قدراتهم وطاقاتهم ومستواهم النمائي.

3-   دع القاريء يستفيد من الأدلة الأخرى الموجودة في الكثير من الكتب مثل فهرس الموضوعات وفهرس الإعلام وفهرس الكلمات الصعبة، وفهرس المراجع، وملاحق الكتب الأخرى، إذ لا يجوز تقليب صفحات الكتاب على غير هدى.

4-   يفضل أن تكون القراءة الأولى للمادة خاطفة أو سريعة من أجل تكوين فكرة عامة عن الموضوع، وبعد القراءة الأولى، تأتي القراءة الثانية ثم الثالثة والتي تتميز بالعمق والدقة، ولا بد هنا من دراسة الخرائط والرسوم البيانية والكلمات الصعبة، وغير ذلك من الوسائل المعينة.

5-   إعمل أن تكون القراءة هادفة، للبحث عن المعرفة، أو معرفة وجهة نظر المؤلـف، أو اكتشـاف

علاقات الأسباب بالنتائج، أو الحصول على تفاصيل معينة، أو البحث عن إجابات لأسئلة معينة...

6-   ينبغي الاستمتاع بالقراءة، فالعالم كله ينفتح أمام عيني الإنسان عندما يقرأ، وعـلى القـاريء أن

يقوّم تقدمه في القراءة من حين لآخر، وأن يسأل نفسه كم كتاباً قرأ هذا الشهر ونوع الكتب التـي قرأهـا،

وهل أصبح قارئاً أفضل ؟ وماذا عليه أن يفعل حتى يستمر في التقدم ؟

الفصل العاشر

التقويم التربوي

- **مفهوم التقويم التربوي**
- **اساليب التقويم**
- التقويم التربوي الحديث

التقويم التربوي

مفهوم التقويم التربوي

إن تقويم الطلاب مهمة رئيسية يؤديها المعلم، وتتطلب مهارة خاصة لإتقانها وخطة مناسبة لتنفيذها، ويترتب على التقويم الصفي إتخاذ مجموعة من القرارات، منها ما يخص الطلاب، ومنها ما يحدد فاعلية التعليم وخططه، لذا فإن عدم توفر برنامج تقويم جيد، يؤدي الى اتخاذ قرارات غير سليمة.

ويقصد بالتقويم: التوصل الى أحكام بالجدارة او الفاعلية عن أفعال وأنشطة او أشخاص او برامج، ووسيلة التقويم هي القياس والتقويم كذلك: هو قياس تحقيق الأهداف التعليمية التعلمية المخطط لها مسبقاً، أي إصدار حكم على مدى ما تحقق من الأهداف المطلوبة.

أما القياس: فهو العملية التي يمكن بواسطتها تعيين قيم عددية لصفات أو خصائص أو أبعاد وفق شروط معينة.

كما يعرف القياس: كذلك بأنه التقدير الكمي لسلوك أو أداء من خلال إستخدام وحدات رقمية أو مقّننة، لذا فالقياس هو أحد أدوات التقييم لأنه يعطي قيمة عددية أو درجة لصفة من صفات الشئ المقاس، وأكثر أساليب القياس شيوعاً لدى المعلمين هو الاختبار والذييعرف بانه (طريقة منظمة لقياس عينة من السلوك)، وهنالك أساليب أخرى لها نفس أهمية الاختبار مثل: الملاحظة والمقابلة والمناقشة والمشاريع ....وغيرها.

والهدف الأساسي للتقويم التربوي: هو تحسين العمل التربوي بقصد الحصول على نتائج أفضل وأكثر تحقيقاً للأهداف التربوية.

كما يعتبر التقويم التربوي أحد عناصر المنهاج الهامة والرئيسية وهي (المحتوى، الأهداف، الأنشطة والطرائق والأساليب ثم التقويم)، لذا يعتبر التقويم من أهم مناشط العملية التعليمية وأكثرها ارتباطاً بالتطور التربوي، وهو الوسيلة التي تمكننا من الحكم على فاعلية عملية التعلم بعناصرها المختلفة، كما يعتبر التقويم معززاً للسلوك التعليمي وداعماً لاستجابات الطلاب الناجحة.

النظرة القديمة للتقويم

كان التقويم قديماً يركز على مدى ما اختزنه المتعلم (الطالب) في ذهنه من معلومات محددة، لذا كان التعليم آنذلك يركز على الحفظ والاستظهار دون النظر الى الفهم أو التطبيق أو نقل أثر التعلم.

أما النظرة الحيثة للتقويم، فلم تعد تعتبر التقويم بحد ذاته غاية، بل أصبحت جزءاً من عملية التعلم، توجهها وتعززها وتصحح مسارها.

وهذا المفهوم الجديد للتقويم، يتطلب التحول الجذري من نظام الامتحانات التقليدي الى نظم تنمي الشخصية المتكاملة والمتوازنة للمتعلم (الطالب) وما يمتلكة من مهارات وحب إستطلاع... مما يمكنه من التعامل مع بيئته وإثرائها كما أصبح للتقويم أهداف متنوعة، أهمها التقويم الصفي، للتأكد من تحقيق الأهداف الطلوبة والوصول الى النتائج المرجوة، ويعتبر تعلم الطلبة هو المنتج الرئيسي في نظام الجودة.

أما الجودة: فهي مدى قدرة الخصائص الاساسية للمنتج على تلبية وتحقيق متطلبات وشروط معينة.

ويركز نظام الجودة في تقويم التعلم على مبادئ أهمها:

1.كل الأفراد قابلون للتعلم وقادرون عليه، ولديهم نقاط قوة يمكن البدء بتعزيزها وتنميتها.

2.المتعلمون يتحملون مسؤولية تعلمهم.

3.المتعلمون معنيون بتحسين عملية تعلمهم.

4.التعلم عملية تشاركية بين المعلم والطالب.

5.يقوم المتعلم (الطالب) بتقويم تعلمه من خلال التغذية الراجعة التي يُزود بها.

6.تحسين الجودة هي قاعدة للتعلم مدى الحياة.

7.المتابعة والرقابة ضرورة من ضرورات ضمان الجودة.

وعلى الرغم أن المنتج في موضوعنا هذا هو (ما يتعلمه الطلبة) الاّ أن هنالك العديد من المعنيين بهذا المنتج وهم:

1.الطلاب أنفسهم.

2.المعلم.

3.الأسرة والعائلة.

4.أصحاب العمل.

5.المجتمع.

6.الدولة.

الأسس والمعايير العامة في عملية التقويم التربوي

1-   إرتباط التقويم بأهداف المنهاج أو المناشط التي يقدمها.

2-   شمول التقويم بجميع عناصر المنهاج أو المناشط التي تقدم.

3-   تنوع أدوات التقويم وأساليبه وفق الأهداف المرسومة، لأنه ليس من العدل إتباع أسلوب واحد لقياس مستوى تحصيل الطلاب أو تحديد مستواه.

4-   توافر شروط الصدق والثبات والموضوعية في جميع أدوات التقويم التي تستخدم.

5-   استمرار النشاط التقويمي وملازمته في جميع مراحل الأنشطة التعليمية، وعدم تأجيله حتى نهاية الفصل أو حتى نهاية العام الدراسي.

6-   مراعاة الفروق الفردية بين الطلاب والأهتمام بجميع الطلبة من ضعاف التحصيل ومتوسطي التحصيل والمبدعين والموهوبين.

7- مراعاة الناحية الإقتصادية من حيث الجهد والوقت والتكاليف وتجنب الروتين وتعقيداته.

8- مراعاة الجوانب الإنسانية، فالتقويم ليس عقاباً، ولكنه وسيلة تشخيص ظاهرة أو مشكلة أو الحكم على سلوك محدد، كما أنه وسيلة للدفع والتحفيز وزيادة الإنتاجية، أو المساعدة على تعرف القدرات المختلفة لدى الطلاب واستغلال طاقاتهم وقدراتهم وتوجيهها بالإتجاه السليم والمفيد.

9- ضرورة مراجعة برامج التقويم باستمرار حتى تتماشى مع أساليب وأدوات التقويم، ولمواكبة كل جديد في مجال تطوير وتعديل المنهاج وليتناسب مع تطور وتغير حاجات المجتمع والتربية الحديثة.

مما سبق نستنتج أن التعليم التقليدي بنظرته القديمة كان يركز على الاختبارات بمختلف صورها بغرض الحصول على معلومات عن تحصيل الطلبة لتقديمها لأولياء الأمور وغيرهم من المعنيين، ومثل هذا التقويم لا يؤثر بصورة إيجابية في التعليم، لأنه يقيس مهارات ومفاهيم بسيطة يتم التعبير عنها بأرقام لا تقدم معلومات ذات قيمة عن تعلم الطالب، ولا يمكن من خلالها تحديد نتاجات التعلم التي أتقنها الطلبة وهم (الطلبة) لا يتشاركون في تقويم أنفسهم.

ونتيجة للتطور أصبح التقويم أكثر شمولاً، وأصبح للطالب فيه دوراً هاماً، ويأخذ في الاعتبار مشاركة المجتمع وأولياء الأمور، ومراقبة تعلم الطلبة وتعليمهم، وفهم احتياجاتهم ومواطن القوة لديهم.

التقويم الواقعي

ومن هنا تم التحول الى ما يسمى بالتقويم الواقعي، والذي لم يعد مقصوراً على قياس التحصيل الدراسي للطالب في المواد المختلفة، بل تعداه لقياس مقومات شخصية الطالب بشتى جوانبها، وبذلك اتسعت مجالاته وتنوعت طرائقه وأساليبه، لذا أوصت المؤتمرات والتي عقدت أخيراً على أن تكون عملية التقويم متكاملة مع عملية التدريس والتي تحتم على المعلمين البحث عن أساليب جديدة لتقويم الطلبة وعدم الأعتماد على أسلوب الاختبارات التقليدية التي تعتمد على القلم والورقة كأسلوب وحيد لتقويم الطلبة، وهذا مما أدى الى ظهور التقويم الواقعي والتقويم المستند على الأداء.

أهداف التقويم الواقعي:
1. تطوير المهارات الحياتية الحقيقية للطالب.
2. تنمية المهارات العقلية العليا لدى الطالب.
3. تنمية الأفكار والاستجابات الخلاقة والجديدة لدى الطالب.
4. التركيز على العمليات والمنتج في عملية التعليم.
5. تنمية مهارات متعددة ضمن مشروع متكامل.

6. تعزيز قدرة الطالبعلى التقويم الذاتي.

7. جمع البيانات التي تبين درجة تحقيق المتعلمين (الطلاب) لنتاجات التعلم.

8. إستخدام استراتيجيات وأدوات تقويم متعددة لقياس الجوانب المتعددة في شخصية الطالب.

أغراض التقويم:

- ❖ تقدير تحصيل الطلاب.
- ❖ تشخيص صعوبات التعلم (لبعض الطلاب أو للجميع) أي التعرف الى مواطن القوة والضعف لدى الطلاب من أجل تعزيز مواطن القوة ولتلافي جوانب الضعف أو التخفيف منها ووضع الخطط اللازمة والمدروسة لذلك.
- ❖ تقويم التجديد في تنفيذ المنهاج وبخاصة طرائق التدريس، وحيث أن المنهاج يتكون من (المحتوى والأهداف والأنشطة والأساليب والطرائق والتقويم) لذا فإن من أغراض التقويم التأكد من مدى ملائمة الطرائق والأساليب الجديدة المطبقة على الطلاب ومدى مناسبتها لمستويات وبيئة الطلاب ولقدراتهم وتقويم نتائج تنفيذها الإيجابية والسلبية.
- ❖ حفز المعلمين على تحسين عملية التعليم والتعلم من خلال الإستفادة من التغذية الراجعة، لتعزيز الإيجابيات في عملية التعليم والتعلم وتعديل الخلل الذي يظهر من خلال ممارساتهم العملية لتحسين الوسائل والطرائق والأساليب وإعادة النظر في التخطيط بما يتناسب مع التغذية الراجعة.
- ❖ تحديد مسؤولية المعلمين وتقويم أدائهم من حيث دراسة نتائج تحصيل طلابهم، لان نتيجة التحصيل للطالب تنعكس على المعلم مثلما تنعكس على الطالب ونتيجة لذلك يراجع المعلم ويقوم أدائه ويعدل في أسلوبه وطرائقه وأنشطته نتيجة لذلك.
- ❖ تعيين أنسب طرق التدريس لدى الطلاب، وتقويم الخبرات التعليمية التي يمر بها الطلبة لمعرفة مدى مناسبتها وملائمتها لهم.
- ❖ التنبؤ بالأداء المستقبلي للطلاب اعتماداً على مستواهم في التحصيل، وتصنيف الطلاب وتوزيعهم على الصفوف وعلى انواع التعليم المختلفة والمتوفرة وفق مستوياتهم التحصيلية والأدائية وبما ينسجم مع ميولهم وقدراتهم واتجاهاتهم وحسب ما يتوفر من أنواع التعليم المتاحة.

❖ تقديم التغذية الراجعة للمدرسة والمؤسسة التربوية على مدى النجاح أو الصعوبات التي تعترض العملية التعليمية التعلمية لوضع الخطط الكفيلة لعلاجها في الوقت المناسب.

لذا فالتقويم عملية مستمرة وملازمة لعملية التعليم والتعلم، لذلك يحتاج المعلم أن يقوّم طلابه في عدة مستويات وعدة مراحل وعدة أساليب أهمها:

1. التقويم المبدئي (التقويم القبلي) Pre-Formative Evaluation
2. التقويم التكويني (التقويم الأثنائي)- البنائي.
3. التقويم الختامي: Summative Evaluation

التقويم المبدئي (القبلي)

ويتضمن هذا التقويم على نشاطات تقويمية تتعلق بتقدير الحاجات وتحديد المستوى الطلابي وتخطيط البرامج وتشخيص إستعدادات الطلبة للتعلم، ويستفيد المعلم من نتائج هذا التقويم في تخطيط خبرات التعلم وتنظيمها بما يتلائم مع حاجات الطلبة واستعداداتهم والأهداف الموضوعة في المنهاج، وقد تتكشف لدى المعلم جوانب قصور لدى بعض الطلبة في خبراتهم أو معلوماتهم السابقة والتي يحتاجونها لاستيعاب الخبرة الجديدة على أسس سليمة.

التقويم التكويني (الأثنائي)- البنائي

وهو نشاط تقويمي يجري أثناء عملية التعليم والتعلم (خلال الحصة)، ويتخلله خبرة التعليم والتعلم من أجل تحسينها وتطويرها، فالتقويم التكويني يصمم لتحسين تعلم الطالب وتحسين تدريب المعلم وتحسين عناصر الخبرة التعليمية في تنظيمها وخطتها ومنهجيتها ووسائلها.

إذاً يجري تقويم التقويم التكويني (البنائي) أثناء الخبرة التربوية إبتداءً من مراحلها الأولى وحتى قبل إنتهائها، وبذلك تتاح الفرصة في كل مرحلة للتغذية الراجعة والتي تزود المعلم بمعلومات تمكنه على أساسها من تعد الخطة وأسلوبه وتحسينها بما يؤكد فاعلية الخبرة التي يقدمها المعلم لطلابه وكذلك تزود التغذية الراجعة الطالب بمعلومات تمكنه من التعرف الى الجوانب التي أحرز فيها الطالب تقدماً، والجوانب التي أظهر فيها الطالب قصوراً، حتى يوجه انتباهه لجوانب القصور ويعالجه في الوقت المناسب وبشكل فوري.

ويمكن ان يتم التقويم التكويني بطرق مختلفة، فغالباً ما يعمد المعلم الى طرح أسئلة تتخل الحصة أو المناقشة او من خلال ورقة عمل، للتأكد من مدى استيعاب الطلبة للخبرات والمعلومات التي تم عرضها، فإذا ما لاحظ المعلم جوانب ما زال بها شئ من الغموض او عدم الفهم أو عدم الوضوح أو القصور.، لجأ الى مزيد من التوضيح وإعطاء الأمثلة والشواهد والتدريبات الإضافية... وعدل من أسلوبه وطريقة

عرضه للمعلومات والأنشطة لتدارك هذا الخلل بشكل فوري وفي الوقت المناسب، وعدم ترك ذلك لحصة قادمة.

كما قد يكون التقويم التكويني على شكل اختبارات قصيرة، يكون الغرض منها التأكد من فاعلية التدريس، كما يمكن للتمارين والتدريبات والواجبات البيتية والأعمال الكتابية على اختلاف أنواعها وأشكالها أن تخدم أغراض التقويم التكويني، لكن يفضل أن يكون التقويم التكويني جزءاً من الخطة الدراسية، وأن يكون المعلم قد أعد له مسبقاً، مثل الأسئلة الصفية أوالاختبارات القصيرة أو التمارين والواجبات الصفية او أوراق العمل، أو بعض الرسومات... وبما يتلائم مع طبيعة المادة وأهدافها المرصودة سلفاً.

التقويم الختامي (البعدي)

أما التقويم الختامي فيتضمن نشاطاً تقويمياً يأتي في ختام مقرر دراسي أو وحدة دراسية من الكتاب المقرر، والهدف الرئيس منه، هو تحديد المستوى النهائي للطلبة بعد الإنتهاء من عملية التعليم والتعلم لفترة محددة، فصل دراسي مثلاً، وتستخدم المعلومات الناتجة عن التقويم الختامي عادة لأغراض إدارية، تساعد في اتخاذ قرار بما يتعلق بمستقبل الطالب، مثل ترفيعة الى صف أعلى أو مرحلة تعليمية تالية أو اختيار نوع التعليم الأكاديمي أو المهني المناسب للطالب وقد تستخدم نتائج التقويم الختامي لبرنامج أو خطة دراسية للتأكد من مدى فاعليتها أو صلاحها، أو مدى الحاجة الى تعديلها وتطويرها.

لذا يمكن تلخيص أهداف التقويم الختامي بالنقاط التالية:

1- تقدير علامات الطالب (تحصيلي)، وذلك لاتخاذ قرار بشأن تحديد مستوى الطالب واتخاذ قرار بترفيعة الى صف أعلى أو مرحلة أعلى... .

2- لبناء خطة دراسية، والتأكد من مدى فاعلية الطرائق والأساليب والأنشطة المستخدمة، وهل تحتاج هذه الأساليب والطرائق الى تعديل أو تطوير أو إضافة.. .

3- إتخاذ قرار في مواصلة برنامج التعليم أو تعديله... بناء على هذا التقويم وهذه النتائج.

أساليب التقويم

لم تعد أساليب التقويم مقتصرة على الأسئلة أو إختبارات التحصيل المقننة أو التي يعدها المعلم أو جهات أخرى، بل أصبح هنالك أساليب هامة أخرى قد يلجأ اليها ويستعين فيها لتقدير مستوى الطالب، نذكر منها ما يلي:

1- الملاحظة: ويقوم المعلم من خلالها بجمع البيانات والمعلومات عن الطالب في موقف تعليمي طبيعي يوحي، لأن تواصل المعلم اليومي مع طلابه يتيح له امكانية مراقبة سلوكهمومهاراتهم واتجاهاتهم وتقييمهم وقياس قدراتهم ومعلوماتهم في جو طبيعي بعيداً عن الخوف أو

الإرباك أو التكلف...، ويفضل أن تكون هذه المرحلة غير مباشرة وفي الوضع الطبيعي للطالب، وأن تكون هذه الملاحظة ذات هدف محدد وليست عشوائية، وتسجل أولاً بأول حتى يكون التقييم دقيقاً وعادلاً وصادقاً.

2- المناقشة: وتتم المناقشة من خلال الأنشطة التعليمية المخططة، والنقاش والحوار الذي يدور بين المعلم والطلبة، والنقاش الذي يدور بين الطلبة الطلبة بعضهم مع بعض، والتي تكشف عن قدراتهم وميولهم واتجاهاتهم ومشكلاتهم.

3- المقابلة: وهو حديث منفرد من المعلم الى الطالب، ويهدف الى الكشف عن قدرات الطالب ومهاراته ومواهبه، وطرق وأنماط تفكيره، كما قد تكشف المقابلة عن بعض الأخطاء والمشاكل لدى الطلاب والتي يمكن تلافيها والبحث عن أفضل السبل لتلافيها وتذليل العقبات والمعيقات في عملية التعلم أو في خبرات الطالب أو مهاراته والتي تستدعي لتذليلها.

4- المشاريع: لاشك بان المشاريع الفردية أو الجماعية التي يقوم بها الطلاب تعتبر من الأساليب المهمة في تعلم الرياضيات أو العلوم أو غيرها من المعارف والمواد الدراسية لأنها تنمي عادة الاعتماد على النفس والعمل بروح الفريق والجماعة واحترام العمل الجماعي والتي تحتاج كذلك الى خبرات تراكمية متنوعة، وتحتاج المشاريع الى وجود خطة معدة مسبقاً لضمان نجاها في فترة زمنية محددة، ووجود خطة مسبقة لتوزيع الطلاب في مجموعات وتحديد دور وصلاحيات كل فرد في هذه المجموعة، والعمل معاً بحيث يكون المشروع مرتبطاً بشكل مباشر مع المنهاج الدراسي وبشكل يضمن مشاركة الجميع في هذا المشروع.

5- التقارير: يمكن أن يلجأ المعلم الى إعداد التقارير عن كل طالب من طلابه ويسجل فيه المعلومات المطلوب تقييمها عن كل طالب، من حيث الصعوبات والأخطاء التي يقع فيها الطالب وجوانب القوة وجوانب الضعف في تعلمة ومستوى تحصيلة، ويمكن للمعلم أن يسجل هذه الصفات التي سيأخذها في الاعتبار عند اعداد التقرير مثل: مستوى التحصيل، مستوى أداء المهارات، درجة المشاركة الصفية، الأستعداد للتعلم، أنماط التفكير، الميول والاتجاهات، الجدية في العمل، التعاون مع الآخرين... .

6- قوائم التقرير: ويستخدم هذا النوع من التقويم عندما توجد خاصية أو سمة معينة لدى الطلاب يمكن تحليلها الى مكوناتها الرئيسية، ثم يؤشر المعلم بجانب كل منها بوضع إشارة (✓) لتدل على توفر الخاصية مثال على ذلك:

لرقم	السلوك	حدوث السلوك
	هل حدد الطالب معطيات المسألة	✓
	هل حدد المطلوب من المسالة	✓
	هـل قـام الطالـب بعمـل رسـمي توضـيحي للمسألة	
	هل ذكر الطالـب مفـاهيم تسـاعد عـلى حـل المسألة	✓
	هل ذكر الطالب نظريات تساعد على الحل	
	هل ذكر الطالب مميزاً للنتيجة العددية	✓
	....	
	... الخ....	

7- الاختبـارات: تعتـبر الاختبـارات أكـثر أدوات التقـويم شـيوعاً في قيـاس وتقويم تحصيل الطلاب، والاختبارات عملية منظمة يقوم بها المعلم لقيـاس تقـدم الطالـب في ناحية من نواحي التحصيل وخاصته في المجال المعرفي أو المجال المهاري بواسطة مجموعـة مـن الأسئلة أو المشكلات أو التمرينات، وتظهر نتائجها بعد ان تتم على شكل درجات أو تقـديرات، ويمكن أن تكون الاختبارات شفوية أو كتابية أو عملية.

التقويم التربوي الحديث

يسعى التقويم التربوي في عصرنا الحالي الى تحسين العمليـة التعليميـة التعلميـة وتعظـيم نـواتج التعلم وتعزيز عملية التعلم، حيث يسهم التقويم الفعّال في الكشف عن إسـتعدادات الطلاب وقـدراتهم وميولهم وحاجاتهم بحيث يؤدي الى اختيار أفضـل الأسـاليب والطرائـق والأنشـطة التـي تسـهم في زيـادة قدرتهم على التعلم.

ويرى التربويان "فان وفولك" (Van&Folk,2005) أن التعليم والتقويم ليسـا نشـاطين مختلفـين، بل إن إزالة الحدود بين التعليم والتقويم ينسجم ومعيار التعلم الذي يـرى في التقـويم فرصـة لمزيـد مـن التعلم، إذْ يستطيع المعلمون أن يُقّيموا أداء طلبتهم أثناء إتاحتهم الفرص لتعلمهم.

لذا يُدعى التقويم الذي يراعي هذه التوجهات ويقوم عليها ((بالتقويم الواقعي)) (Authentic Evaluation))، وهو التقويم الذي يعكس إنجازات الطلاب في مواقف حقيقي، حيث ينهمـك الطـلاب في مهمات وممارسات وأنشطة ذات معنى وقيمة بالنسبة لهم حيـث يمارسـون مـن خلالهـا مهـارات التفكـير العليا ويستغلون معارفهم ومعلومـاتهم ومهـاراتهم في بلـورة الأحكـام واتخـاذ القـرارات وحـل المشـكلات الفعلية

التي تواجههم في حياتهم، لذا فالتقويم الواقعي يوثق الصلة بين التعليم والتعلم ويقلل من أهمية وممارسة الاختبارات التقليدية لأنه يعمل على توجيه التعليم لمساعدة الطلاب على التعلم مدى الحياة.

وتقوم فكرة "التقويم الواقعي" على الاعتقاد بأن تعلم الطالب وتقدمه الدراسي يمكن تقييمه من خلال أعمال واساليب وأنشطة تتطلب إنشغالاً نشطاً مثل البحث والتقصي في المشلات الحياتية، والقيام بالأعمال والتجارب الميدانية، والأداء المرتفع للمهارات، وطرق التقويم الواقعي، تحتوي على مشاريع وأنشطة تتطلب من الطالب تحليل المعلومات وتركيبها في سياق جديد يظهر مهارة الطالب وقدرته على مواجهة المشكلات وحلها، أي أن يستخدم الطالب وقدرته على مواجهة المشكلات وحلها، أي أن يستخدم الطالب معلوماته ومهاراته وقدراته التي تعلمها في مواقف حياتية عملية مفيدة، وأن يكون قادراً على استخدامها في مواقف حياتية مستجدة أخرى عند الحاجة.

ويعتبر التقويم المستند الى الأداء أحد أنماط التقويم الواقعي والذي يقصد به، قدرة الطالب على توظيف معارفه ومهاراته ومعلوماته وقدراته في مواقف حياتية حقيقية أو مواقف تشابه المواقف الحياتية، أو قيامه بأعمال وأنشطة يظهر من خلالها مدى إتقانه لما اكتسبه من مهارات في ضوء الأهداف المرسومة.

نلاحظ مما سبق أن التقويم المستند الى الاداء يعمل على قياس قدرة الطالب على استخدام المعارف والمعلومات والمهارات في مواقف حياتية واقعية متنوعة بعكس الاختبارات التقليدية التي والتي تركز على حفظ واستظهار الحقائق والمعلومات والمهارات الدقيقة، وقد وجهت انتقادات حادة الى الاختبارات الموضوعية والمقالية بصيغتها التقليدية والتي لا تقيس سوى العمليات العقلية في ادنى مستوياتها، لذا فإن عدم وجود اختبارات مناسبة لقياس القدرات في أدنى مستوياتها، لذا فإن عدم وجود اختبارات مناسبة لقياس القدرات العقلية العليا للطلاب أدى الى صعوبة أصدار أحكام صادقة وموضوعية ودقيقة عن مدى امتلاك الطلاب لهذه القدرات ومدى تطورها لديهم، لذا جاءت الإختبارات المستندة الى الاداء والتي تعني بالأداء والمهارة في استخدام الادوات، أو السير الى الاداء والتي تعني بالاداء والمهارة في استخدام الادوات، أو السير وفق خطوات متسلسلة، مع إمكانية المعلم مشاهدة ما يقوم به الطالب من أداء وعمل، بالإضافة الى مشاهدة الناتج النهائي لأداء الطالب، وتعتبر اختبارات الأداء اختبارات فردية يتم من خلالها مشاهدة وملاحظة سلوك وأداء الطالب وقياسه بشكل دقيق وصادق، بعكس الاختبارات الكتابية والتي عادة ما تعطى لعدد كبير من الطلاب في وقت واحد.

إستراتيجيات التقويم المستند الى الأداء:

1- **الأداء العملي (Performance):** وهو قيام الطالب بأداء بعض المهمات المحددة عملياً لإظهار مدى إكتسابه للمعارف والمهارات والاتجاهات، كأن تطلب من الطالب عمل معداد لاستخدامه في عمليات الجمع والطرح، أو قيامه بصنع مجسم لبركان وتوظيفه، أو إظهار

القدرة والمهارة في إستخدام جهاز معين أو القدرة على تصميم برنامج محوسب.

2- **التقـديم (Presentation):** أي قيـام الطالب أو مجموعـة مـن الطلبـة بعرض موضوع ما في وقت محدد لإظهار مدى امتلاكهم لمهارات محددة، كأن يقـوم بشرح موضـوع معـين مـدعماً بالتكنولوجيـا الحديثـة كاسـتخدام الشرـائح الإلكترونيـة والتقنيـات التعليمية والتكنولوجيا الحديثة كالحاسوب والرسومات والصور والمجسمات.

3- **العرض التوضيحي (Demonstration):** يعتبر هذا الأسلوب في تدريس العلوم من أكثر طرائق التدريس شيوعاً وبخاصة مرحلة التدريس الأساسي، ويعود ذلك لعـدة أسباب أهمها:

أ.   الظروف الإقتصادية المحدودة في المدارس.

ب.   الإقتصاد في التكلفة.

ت.   مدى توافر المواد والأدوات اللازمة.

ث.   تجنب الخطورة في التنفيذ أو عند إجراء بعض التجارب العملية.

والمقصود بالعروض التوضيحية العملية <u>العمل الهادف المنظم الذي يقوم به الطالب</u> <u>مصحوباً بالشرح النظري اللفظي وبإشراف المعلم،</u> أو هو أي عرض عملي أو شـفوي يقـوم بـه (الطالب) على عرض ذلك بلغة واضحة وطريقة صحيحة، كأن يوضح مفهوماً من خلال تجربة عملية أو ربط بالواقع.

لذا تعتبر الاختبـارات المسـتندة الى الأداء دليلاً عـلى انجـاز الطالـب لأنهـا تـؤدي الى تحسـين ملمـوس وصـادق في العمليـة التعليميـة مـن خـلال افسـاح المجـال للطالب للقيـام بالتجارب والانشطة المختلفة واستخدام الأدوات والتكنولوجيا في تعلمه.

ويرى بعض علماء التربية انه يجب ان تتوافر في مهمات الأداء السمات التالية:

I. <u>الواقعية:</u> أي أن يكون الموقف المستخدم يحاكي ويشابه المواقف الحياتية في قياس معارف ومعلومات ومهارات الطالب.

II. <u>الحكمة والتجديد:</u> أي القدرة عـلى تطبيق المعـارف والمهارات بحكمـه وفاعلية في حل المشكلات التي تعترض الطالب في حياته وبيئته.

III. الأداء العملي: أي قدرة الطالب على القيام بالعمل وتوظيفه ميدانياً بدلاً من استرجاع الطالب لما تعلمه وتسميعه فقط.

IV. إتاحة الفرص للتدريب: أي إتاحة الوقت الكافي لممارسة الأداء المطلوب والحصول على التغذية الراجعة أثناء العمل والممارسة العملية للمهمة.

الفصل الحادي عشر

الاختبارات التحصيلية المدرسية

- الاختبارات
- خطوات بناء الاختبار
- انواع الاختبارات الصفية
- تصنيف الاسئلة

الاختبارات التحصيلية المدرسية

الإختبارات

تعتبر عملية القياس والتقويم من المهمات التعليمية التعلمية الأساسية المنوطة بالمعلم بوصفه منظماً للعملية التعليمية التعلمية، وباعتباره مسؤولاً عن توجيه خطى الطلاب باتجاه الأهداف التعليمية المنشودة، ورعاية تقدمهم نحوها بثقة وثبات.

ويواجه المعلمون المؤهلون منهم وغير المؤهلين صعوبات كثيرة تتصل بممارستهم لعملية القياس والتقويم المدرسية منها ما يتصل بمفاهيم القياس والتقويم وأنواعها، وطبيعة كل منها ودوره في العملية التربوية، ومنها ما يتصل ببناء الأسئلة والاختبارات المختلفة التي يحتاجها المعلم في أدائه بمهماته التعليمية والتربوية، وأخرى تتصل بالتطبيقات التربوية للإختبارات وتوظيف نتائجها في تطوير ممارساتهم وتحسين عمليتي التعليم والتعلم، ورفع مستوى التحصيل والتعلم ذي المعنى الذي يرجوه التلاميذ المتعلمون.

وحيث أن التقويم التربوي يعبر أحد عناصر المنهاج الأربعة الهامة والرئيسية (الأهداف، المحتوى، الأنشطة، الطرائق، الأساليب والتقويم)، ومؤشراً دقيقاً لمدى تحقيق الأهداف، كما أنه يعطي صورة واضحة للمتعلم وولي أمره وللمعلم وللمجتمع عن مدى تحقيق الأهداف المرجوة.

وتمثل الإختبارات جزءاً حرجاً للمعلمين والطلاب معاً، فالمعلم غير المُدَرّب لا يستطيع إتقان تصميم اختبار جيد، حيث نجد في ظل غياب أهداف واضحة للإختبار أو عدم تحديدها أو وضوحها، لذا فأن الإختبار غير الجيد قد يركز على تفاصيل تافهة وتعميمات هامشية أو جنوح الى التركيز على موضوعات يحبها المعلم، ويمكن في بعض الأحيان استخدام الإختبار كعقوبة.. **سوف أعطى شيئاً في الاختبار لا يستطيع طالب الإجابة عليه،** أو كمصيدة.. **كأن يأتي المعلم بأسئلة من مادة لم يركز عليها، أو لم يتطرق اليها في الصف.**

لذا فأن الإختبار قد يمثل أشياء مختلف لمختلف الناس، لذا يصعب تفهم المشكلة والشكاوى من الإختبارات، وأن بعض هذه الإختلافات في مشكلة الاختبارات والتقويم بين من يعملون في مجال التربية يمكن حله بتطبيق القواعد والأساليب المعترف بها على مدى واسع والتي تعتبر ناجحة لإعداد الاختبار وتطبيقه، لذا فكتابة فقرات جيدة للاختبار تعتبر عملية ابداعية فنية تطلب:-

1- سيطرة ممتازة على المحتوى.
2- استيعاباً شاملاً للسلوكيات الواجب تقويمها.
3- فهماً دقيقاً لخلفيات الطلاب وقدراتهم واهتماماتهم.
4- فهماً دقيقاً للغة.

ونظراً لأن الجانب الأكبر من تقويم أعمال الطلاب والوقوف على مدى تحصيلهم، يتم قياسه من خلال الاختبارات، وكثير من هذه الإختبارات تفشل في قياس

حقيقة مدى تحصيل الطلاب، بسبب فشل هذه الأسئلة وهذه الاختبارات في قياس مدى التحصيل الحقيقي، وذلك بسبب عدم توفر الصفات المطلوبة في هذه الأسئلة.

ومن الشائع أن كثير من المعلمين لا يولون اختبارات التحصيل التي ينظمونها عناية كافية تستحقها، لا من حيث الإعداد والصياغة ولا من حيث الالتفات لصدقها وشمولها ولا من حيث دراسة نتائجها وتحليلها، والإستفادة منها في دفع عجلة التعليم والتحصيل الى الامام، أو في إعادة النظر في بنية تلك الإختبارات ودورها، أو في ممارستهم المتصلة ببناء هذه الإختبارات وإدارتها وتفسير نتائجها وتطويرها لتصبح أداة حقيقية لتطوير وتحسين العملية التربوية.

وإذا كنا ننظر الى عمليات القياس والتقويم المتصلة بتحصيل الطلاب على أنها كفايات تعليمية ضرورية ومتطلبات ومنطلقات أساسية (لتقرير مدى تحقيق الأهداف التعليمية والتربوية المقررة في المنهاج)، أو من أجل اتخاذ القرارات السليمة بشأن الإبدال وتطوير التعليم أو في تقدير نمو المتعلمين وتقدمهم في سبيل تحقيق أفضل لاهداف المنهاج وما فيه من قيم، فيجب علينا معلمين ومربين أن نتخذ من الاختبارات التي ننظمها، لطلابنا موقفاً ييسر الإفادة منها وتوظيف نتائجها لتحقيق أهداف القياس والتقويم هذه جميها بشكل متكامل وفعال.

لذا فإن المعلم الكفي ينظر الى الاختبارات التي ينظمها لطلابه على أنها أداة ووسيلة أساسية تساعد وتعين المعلم على معرفة جوانب الخطأ والقصور فب تعلمه وعلى وعي أسباب ما يعانيه من ضعف في التحصيل، كما تحفزه للسعي لتصحيح أخطائه واستكمال ما ينقصه ومعالجة ضعفه لتحقيق الرضا ذاته وإشباع حاجاته التعليمية والمعرفية عن طريق النجاح في التعليم والتقدم فيه.

كما أنها (الأختبارات) تُعين المُعلم كذلك على الحُكم على مدى كفاية وفاعلية طرائقه وأساليبه في تنظيم التعلم، وبالتالي اتخاذ القرارات المناسبة لتطوير ممارساته التعليمية والتنظيمية وزيادة فاعليتها.

أن التلاميذ والمعلمين والإداريين والمشرفين الفنيين وأولياء الأمور وجميع الذين يبذلون قدراً من الجهد والمال لتوفير فرص النمو المتكامل والسوّي لشخصيات المتعلمين، أو لرؤية الأهداف التربوية تتحقق في المتعلمين... يريدون التعرف الى ما تحقق من هذه الأهداف... وقياس التحصيل وتقويمه، هو الطريق الصحيح لاتخاذ القرارات السليمة، والى تزويد جميع الأطراف بالتغذية الراجعة الهادية اللازمة لدفع العملية التربوية بجميع أبعادها وعناصرها نحو النجاح والفاعلية.

وتُنظم المدرسة الإختبارات التحصيلية وتوجهها في الأساس للتأكد من حدوث التعلم المنشود ولتحديد مداه، ولكي تُؤدي الاختبارات التحصيلية هذا الدور الأساسي والمهم في العملية التربوية ينبغي أن تنظر المدرسة والمعلم اليها نظرة تشخيصية فاحصة، أي أن تستمر نتائجها في التميز بين المستويات المختلفة من الأداء أو الإتقان، وفي وصف وتحديد نواحي القوة ونواحي الضعف في عمليات الأداء ونتائجه، فبذلك فقط يمكننا أن نتبين انتقال أثر التعلم ومداه... كما نتبين جدوى وفاعلية

الأساليب والمواد التعليمية وطرائق وأدوات القياس والتقويم المستخدمة، ونتمكن بالتالي من اتخاذ القرارات المناسبة لتعديل كل ذلك وتطويره وزيادة أثره وفاعليته.

أن تحليل ودراسة كمية كبيرة من الاختبارات بعد أن صححها الذين يُدَرِّسون المادة والذين قاموا بوضع الأسئلة، أظهرت أن المعلمين قاموا بالإطلاع على كل ورقة من أوراق الإجابات وصححوها بوضع إشارة X بالقلم الأحمر على الإجابات الخاطئة، وكثيراً ما كانت هذه الإشارات كبيرة وعشوائية، وأحياناً بعيدة عن الإجابة الخطأ، وأقرب الى الإجابة الصحيحة، كما خَلَتْ ورقة الإجابة من أي تعليق أو تدقيق... وبعد ذلك قام المعلمون بتقدير علامة للسؤال وكتابتها في مكان ما قرب الإجابة على ورقة الإجابات.

وهنا تتبادر الى الأذهان الأسئلة التالية:-

- هل دَرَسَ المعُلم بعد تصحيح الأوراق، نتائج الإختبار؟

- هل حَصَرَ أخطاء التلاميذ؟ هل درسها؟ هل حَلَّلها؟

- هل حاول المعلم التعّرف الى طبيعة الأخطاء التي وقع فيها التلاميذ؟ والى الأسباب المحتملة الكامنة وراء تلك الأخطاء؟ الأسباب الداخلية؟ والأسباب الخارجية؟

- هل قام المعلم بمناقشة أخطاء التلاميذ والصعوبات التي واجهوها في التعامل مع ورقة الإمتحان؟

- هل فكر المُعلم في إحداث تغير أو تطوير في الأسئلة؟ في الوقت؟ في طريقة التعليم؟ في فرص التعلم؟ في المادة التعليمية؟ في الكتاب...؟

- هل فكر المعلم بإثراء المادة العلمية؟

- هل صَنَفَ المعلم أخطاء التلاميذ وصعوبات التعلم في ضوء تحليله لنتائج الاختبار التحصيلي، وفي ضوء أداء التلاميذ فيه؟

- هل نتج عن ذلك كله خطة أو خطط علاجية تناسب كل صنف أو منظومة من الأخطاء، ونقاط الضعف التي كشف عنها الاختبار؟

إن محاولة المعلم الإجابة عن هذه الأسئلة وغيرها تشير إلى ما ينبغي أن يقوم به المعلم الكفي الواعي إذا ما أراد أن يقف من الاختبارات المدرسية التحصيلية الموقف الإيجابي والواعي الذي يجعل منها ومن دراسة نتائجها منطقياً سليماً للتشخيص والعلاج وتحقيق أهداف ووظائف القياس والتقويم التي أشرنا إليها سابقاً، وتشكل هذه الأسئلة منفرداً أو مجتمعة دعوة صريحة الى كل معلم ومعلمة، ان لا تكون إشارة التصحيح على ورقة إجابة الطالب بالقلم الأحمر، ولا العلامة التي يقدرها ويعطيها لكل إجابة، نهاية المطاف أو فاتحة عملية التقويم... بل ينبغي أن يكون الحدث التصحيحي هذا، هو بداية العمل الفني والمسلكي الذي ينتقل المعلم عبره من دور المعلم التقليدي، الشكلي الى المعلم المنظم للتعلم، والمعلم المُقَوِّم والموجِّه والمعِّزز للتعلم بالفِعل والمُمارسة.

ومهما يكن من أمر الأخطاء المختلفة والمتنوعة الأشكال والعوامل والأسباب التي يُصادفها المعلم في أوراق إجابات التلاميذ عن الاختبارات التحصيلية فجميعها يشير الى ضرورة أن يتخذ المعلم منها موقفاً، واعياً وباحثاً عن الأسباب الذاتية

والموضوعية الداخلية منها والخارجية التي أدت اليها، وعدم الإكتفاء بالإشارة بقلمه الأحمر الى وجودها على ورقة الطالب، بل ينبغي أن تتعدى مسؤولية المعلم ذلك الى البحث في العوامل والأسباب.
فالأخطاء التي يقع فيها التلاميذ في إجاباتهم عن الاختبارات التحصيلية قد تكون واحدة في شكلها ومظاهرها، إلا انها تختلف في أسبابها حتماً، والأساب المؤدية الى تلك الأخطاء كثيرة ومتنوعة المصادر، في هذه المصادر التي ينشأ عنها الوقوع في الخطأ كما يظهر في إجابات التلاميذ؟

فهل الطالب هو المصدر دائماً؟ أم أنها الأسئلة والإمتحانات؟ أم هي الأسباب الإنفعالية العامة التي ترتبط بالقلق من الامتحانات؟ أم هو المناخ المادي الذي يجري فيه الاختبار؟ أم ماذا.....؟

وحيث أن الأختبار هو طريقة منظمة لقياس عينة السلوك، كما انه عنصر هام من عناصر تقويم أعمال وسلوكيات ومهارات ومعلومات الطلاب وتحصيلهم، لذا وجب التعرف على صفات الأسئلة الجيدة ليكون بمقدور مدير المدرسة أو المعلم توخي هذه الصفات وهذه الشروط عندما يتم التخطيط لصياغة اسئلة أو أختبار، حتى تتمكن هذه الاختبارات من القياس الحقيقي لتحصيل الطلاب بشكل يرضى عنه جميع المعنيين.

ومن الصفات التي يجب أن تتصف بها هذه الأسئلة ما يلي:

1- أن يكون السؤال واضح لا غموض فيه، ويمكن قياسه بسهولة.

2- أن يكون السؤال مُحدد، بحيث لا تَحتمل الإجابة عليه أكثر من احتمال واحد لكل من الطالب والمعلم.

3- أن يكون السؤال شامل، أي أن يُراعى شمول الأسئلة وتنوعها.

4- أن تراعي الأسئلة الفروق الفردية ومستويات الطلاب المختلفة.

5- أن تتناسب الأسئلة حجماً ونوعاً مع الزمن المحدد لها، أي تقدير الزمن اللازم الذي يحتاجه الطالب للإجابة على كل سؤال.

6- أن تُصاغ الأسئلة بطريقة لغوية واضحة يفهمها الطالب بشكل لا لبس فيه ولا غموض، وان تكتب بخط واضح ومقروء.

7- أن يُحقق السؤال المحتوى والأهداف بشكل متوازن.

8- أن يحقق السؤال الهدف المطلوب قياسه.

9- ان يمتلك المعلم مهارة إعداد الاختبار بناء على جدول المواصفات.

10- وضع إجابة نموذجية (خاصة بالمعلم) للسؤال، من اجل مراعاة العدالة في توزيع العلامات على الأسئلة حسب أهميتها.

11- تجنب الأسئلة الإختيارية، لأن ذلك يؤدي الى وجود أكثر من مقياس للسؤال الواحد.

12- تجنب العبارات الغامضة والمعقدة في السؤال.

إن المعلم الكفي هو الذي يحرص على معرفة الأسباب الحقيقية الكامنة وراء الأخطاء من خلال بحثه فيها وتحليله لها بوعي وبصيرة، سواء أكانت أسباب ناشئة عن اللغة التي صيغت بها الأسئلة، أن غياب صفات الصدق والشمول عنها، ام الاسباب تعود الى طرائق التعليم التي كانت تركز على الحفظ غيباً دون إفساح المجال للتفاعل مع موضوعات التعلم والتفكير فيها واستيعابها بشكل عميق ذي معنى.

أهمية الاختبارات المدرسية في العمل الاشرافي لمدير المدرسة:-

يُشرف مدير المدرسة والمدير الفني على العملية التعليمية في مدرسته، حيث تُشكل الاختبارات المدرسة إحدى المكونات الرئيسة لهذه العملية، والاهتمام بها له صَداه وأثره المباشر على المكونات الاخرى (الاهداف- المحتوى- الاساليب والانشطة- التقويم)، وبالتالي التأثير الكبير على الطالب محور العملية التعليمية وهدفها الأساسي.

لذا فإن الاهتمام بالاختبارات التحصيلية المدرسية وتحسينها يعمل على:

- ✓ حفز المعلمين على التخطيط الجيد لدروسهم.
- ✓ تنمية مهارات المعلمين في صياغة الأهداف، صياغة سلوكية والتعرف الى مستوياتها المختلفة.
- ✓ تحليل المحتولى بما فيه من معارف ومعلومات وقيم واتجاهات ومهارات وسلوكات.
- ✓ تنمية مهارة المعلمين في اختبار أنسب الطرق والأساليب في التدريس.
- ✓ تُساعد عَمل مدير المدرسة في تقويم عمل المعلم من خلال تحديد مسؤوليته في تحصيل طلابه، كما تساعد المعلم والمدير في معرفة جوانب القوة أو الضعف في أدائه.
- ✓ التعرف الى الطلبة الذين يعانون من صعوبات في التعلم وبالتالي وضع الخطط العلاجية اللازمة لهم.
- ✓ تساعد مدير المدرسة في الكشف عن نقاط القوة والضعف في المنهاج المدرسي وذلك لوضع الخطط اللازمة لإثراء وإغناء المنهاج.

✓ تساعد المعلم والإدارة المدرسية في التعرف على مدى تقدم الطلبة في موضوع معين.

✓ بِناء برنامج للإرشاد الأكاديمي، إذْ تكون الاختبارات هي إحدى الأدوات التي تساعدنا في تشخيص وَفرز عادات وسُلوكات الدراسة عند الطلبة.

خطوات بناء الإختبار

لابد من إتباع الخطوات الإجرائية التالية كي تتحقق الأهداف المرجوة من الاختبارات التحصيلية، وهي:

1- تحليل المنهاج وهذا يتطلب من المعلم على ان يكون على علم بما يلي:

أ. معرفة بأهداف المنهاج المقرر، والأهداف الفرعية لكل وحدة دراسية .

ب. تفصيلات المادة الدراسية كما وردت في المقرر.

ت. معرفة بأساليب تدريس المادة الدراسية وما تتضمنه من أنشطة وطرائق.

2- صياغة الأهداف: أن يكون المعلم قادراً على صياغة الأسئلة على شكل نتاجات تعلمية وتصنيفها الى مستويات الأهداف السلوكية (المعرفة، الفهم، التطبيق، عمليات عقلية عليا) وفق مستوى الطلاب ومضمون المنهج الدراسي.

3- بناء جول مواصفات: أن يكون المعلم قادراً على بناء جدول مواصفات يشمل جزيئات الموضوعات الدراسية المختارة في المحتوى والأهداف وتقدير أوزانها النسبية بحسب أهميتها، ثم تحديد عدد البنود الإختبارية في جدول المواصفات المقترح.

4- تحديد نوع البنود الإختبارية المناسب للنتاج التعليمي المطلوب قياسه: مثل (مقالي، إختيارمن متعدد، إكمال، صواب أو خطأ، مزاوجة...الخ).

5- بناء البنود الاختبارية وتجميعها في اختبار.

ويشترط في البنود الاختبارية ما يلي:

أ- **الوضوح:** أن يكون نَصّ الرسالة واضح بعيد عن الإبهام أو الغموض، ولا يختلف إثنان في تفسيرها.

ب- **الشمول:** أن يضم الاختبار الجيد عينة ممثلة لأجزاء المادة الدراسية.

ت- **الترتيب:** ترتيب الأسئلة من السهل الى الصعب.

ث- **التنوع:** تنوع الأسئلة بناء على تنوع الأهداف السلوكية.

ج- **المستوى:** أن تتناسب الأسئلة مع مستوى الغالبية من الطلاب.

أنواع الإختبارات الصفية

تقسم الإختبارات الصفية الى الأقسام التالية:

1- الإختبارات الشفوية.

2- الإختبارات المقالية/أسئلة المقال.

3- الإختبارات الموضوعية.

4- الإختبارات الأدائية.

أولاً: الأختبارات الشفوية:

يستخدم هذا النوع من (الإختبارات) لبلوغ أهداف معينة أهمها:

1. الحكم على مدى فهم الطلاب للحقائق ومدى قدرتهم على معالجة المواقف المستجدة.
2. تقويم المهارات الشفوية لدى الطالب، كالقدرة على التعبير، والقدرة على المحادثة والتعبير عن الذات والقدرة على الإقناع والدفاع عن الرأي والمواقف المختلفة.
3. التعرف الى سمات معينة تتعلق بالعنصر الشخصي للطالب كالتحلي بالجرأة في توجيه الأسئلة وإعطاء الإجابات المقنعة ولدراسة شخصيات الطلاب.
4. كما تستخدم هذه الاختبارات كاختبارات مكملة لأنواع الاختبارات الأخرى.

مزايا الاختبارات الشفوية

1. تساعد على قياس قدرة الطالب على التعبير والمناقشة والحوار والنطق السليم.
2. تساعد في الحكم على سرعة التفكير والفهم لدى الطلاب، وعلى قدرته على ربط المعلومات واستخلاص النتائج منها وإصدار الأحكام عليها.
3. تتيح الفرص للطلاب للإستفادة من إجابات زملائهم.

4. تساعد في الكشف عن أخطاء الطلاب وتصويبها، كما تساعد على تجنب الطالب الأخطاء التي وقع بها زملائه عندما يأتيه الدور في الحديث.

5. تساعد على ربط أجزاء المادة الدراسية بعضها ببعض.

6. تعتبر أكثر أنواع الأختبارات ملائمة لطلاب المرحلة الأساسية الدنيا والذين لم يمتلكوا مهارة الكتابة السليمة بعد.

7. تساعد المعلم على التأكد من صحة نتائج الاختبارات الكتابية والتي قد يشك في صحتها أو نتائجها.

ثانياً: الإختبارات المقالية/أسئلة المقال:

وقد نشأت هذه الإختبارات كامتداد للاختبارات الشفوية الفردية، وكان مبرر ظهورها كونها أقل تحيزاً وأكثر ثباتاً من الأختبارات الشفوية وقد سمي هذا النوع باختبارات المقال لان الطالب يكتب فيه مقالاً كاستجابة للموضوع أو المشكلة التي يطرحها السؤال، واختيارات المقال اختيارات تقليدية وتعتبر من أقدم أنواع الإختبارات التي استخدمت في المدارس منذ زمن بعيد وما زالت تستخدم حتى وقتنا الحاضر، وهذه الأسئلة تحتاج الى وقت قصير في الإجابة عنها (زمن محدد)، ولكنها تحتاج الى وقت طويل في تصحيحها من قبل المعلم.

والإختبار المقالي عبارة عن سؤال أو عدة أسئلة تعطى للطلاب للإجابة عليها، وفي هذه الحالة فإن دور الطالب أن يستدعي المعلومات التي درسها سابقاً، ويكتب منها ما يتناسب والسؤال المطروح، ويكثر إستعمال هذه الأسئلة في المرحلة الإلزامية والثانوية وكليات المجتمع والجامعات، بحيث يقوم الطالب بترتيب وتنظيم إجابته بكل حرية ضمن زمن محدد.

وهنالك نوعان من الإختبارات المقالية هي:

1- الإختبار ذو الإجابة المقيدة: وهذا النوع يفرض على الطالب أن لا يسترسل في إجابته، بل يتحدد له سلفاً عدد الأسطر المطلوبة أو كمية المعرفة المعتمدة، وذلك عن طريق تقييد الطالب بذكر سبب أو سببين أو ثلاثة، حسب ما هو مطلوب، وبالتالي فإن الطالب لا يستطيع الإسترسال في التفاصيل.

2- الإختبار ذو الإجابة المفتوحة: وفي هذا النوع من الإختبار تعطى الحرية للطالب ان يسترسل في اجابته دون تقييد له بعدد الأسطر أو كمية الإجابة المطلوبة ولكن ضمن زمن محدد.

أمثلة على الإجابة المقيدة:

س: عدد أجزاء الجهاز الهضمي للإنسان؟

س: أذكر ثلاثاً من الفوائد التي حققها الأردن من شق قناة الغور الشرقية؟

س: أذكر ثلاث مقومات يجب أن تتوفر في القيادة الجيدة؟

أمثلة على الإجابة المفتوحة:

س: وضع الدور الذي تلعبه الساعة في حياة الإنسان؟

س: بين التغيرات الإجتماعية التي حدثت في حياة الإنسان نتيجة اكتشاف الكهرباء؟

س: أكتب في موضوع: ....

س: أكتب ما تعرفه عن: ..... .

ثالثاً: الإختبارات الموضوعية:

سميت هذه الإختبارات بهذا الأسم لأنها تخرج عن ذاتية المعلم (المصحح)، فلا تتأثر برأية عند وضع علامة، كما يمكن لاي إنسان أن يقوم بعملية التصحيح إذا استطاع أن يفهم مفتاح الإجابة.

وقد انتشر استخدام هذا النوع من الأسئلة في عصرنا الحاضر حتى أصبحت أكثر انواع الاسئلة شيوعاً واستخداماً.

ومن حسنات هذه الأسئلة أنها تتميز بما يلي:

أ- الصدق: أي ان هذا الأختبار يقيس وضع أو صُمم من أجله بدقة، ولأن الإجابة عن السؤال الموضوعي تكون أجابة محددة ودقيقة، ولا تقبل التأويل أو الإلتواء، كما انها عينة ممثلة لجميع مناطق السلوك المراد قياسه، كما أنها تغطي جزءاً كبيراً من محتوى المادة الدراسية، بالإضافة الى مراعاتها للفروق الفردية بين الطلاب، بالإضافة الى أن ذاتية المعلم لا يظهر لها أثراً في هذه الإختبارات.

ب- الثبات: أي أن نتائج الطلاب تبقى حول معدلها فيما إذا أجرى الاختبار من أخرى للطلاب أنفسهم.

ت- وضوح إجراءات التطبيق والتصحيح: أي ان مدة الإجابة عن الأسئلة قصيرة مقارنة مع الأسئلة المقالية، ويستطيع أي شخص تصحيح أوراق هذا الإمتحان أذا اعطى له مفتاح الإجابة، وكذلك لا تتدخل جودة الخط أو تنظيم الأافكار في العلامة التي يستحقها الطالب، وأن تقدير العلامة يكون عادلاً ومنصفاً لجميع الطلاب لأنه لا أثر لذاتية المعلم أو المصحح فيها.

أشكال الإختبارات الموضوعية:

والأسئلة الموضوعية أنواع وأشكال كثيرة نذكر بعضاً من أشكالها الشائعة وهي:

1. أسئلة الصواب والخطأ.
2. أسئلة التكميل.
3. أسئلة المزاوجة/ المقابلة.
4. أسئلة الإختيار من متعدد.

5. اختبارات الترتيب.
6. الإختبارات التي تعتمد على الرسومات والصور والمخطوطات.
7. الأسئلة ذات الإجابة القصيرة (إستفهامي).

1- أسئلة الصواب والخطأ:

ويتألف هذا النوع من الإختبارات من عدد من العبارات الصحيحة التركيب، وهي إما أن تكون صحيحة في معناها أو قد تكون خطأ، ولا يجوز ان تحتمل التأويل.

وتكون الإجابة على مثل هذه الأسئلة أما بوضع كلمة نعم أو لا ، أو كلمة (صح) أو (خطأ) أو الإشارة (✓) أو (X).

كما قد نضع امام العبارة كلمتين هما (صح ، خطأ)، وعلى الطالب في هذه الحالة وضع دائرة حول إحدى هاتين الكلمتين.

ويغلب إستعمال هذا النوع من الأسئلة في إختبار معرفة حقائق ثانوية وتعاريف ومعاني ومصطلحات يصعب قياس الفهم والإستنتاج والتطبيق بواسطتها.

أمثلة على أسئلة الصواب والخطأ:

- يقع خليج العقبة في جنوب الأردن: صح ، خطأ.
- مجموع زوايا المثلث تساوي 180°: صح ، خطأ.
- ليست جميع زوايا المربع قائمة: صح ، خطأ.
- لا يوجد نظير ضربي للصفر: صح ، خطأ.

اللفظ الإغريقي بيتا (Peta) يعادل ألف مليون مليون (30): صح ام خطأ.

أسئلة الصواب والخطأ

س: ضع إشارة (✓) امام العبارة الصحيحة وإشارة (X) امام العبارة الخاطئة في ما يلي:

1. تختلف كتلة المادة باختلاف حجمها ☐

2. تختلف كتلة المادة باختلاف شكلها ☐

3. تختلف كتلة المادة باختلاف نوعها ☐

4. الجسم الساكن يبقى ساكناً ما لم تؤثر فيه قوة (دفع) أو (سحب) تحركه ☐

س: أجب بـ (نعم) او (لا) أمام كل عبارة مما يأتي:

1. يجف الغسيل بسرعة أكبر في اليوم المشمس ( )
2. فصل تساقط الأمطار هو فصل الشتاء ( )
3. أفضل فصول السنة لعمل الرحلات فصل الخريف ( )
4. الفعل و رد الفعل قوتان تؤثران دائماً في اتجاهين متعاكسين ( )
5. لا تضاف الأسمدة النيتروجينية للأراضي التي تزرع بالبقوليات غالباً ( )
6. تعتبر الشمس مصدر الطاقة الأساسي على سطح الأرض ( )
7. لا يحتوي فحم الانثراسايت على نسبة عالية من الكربون ( )

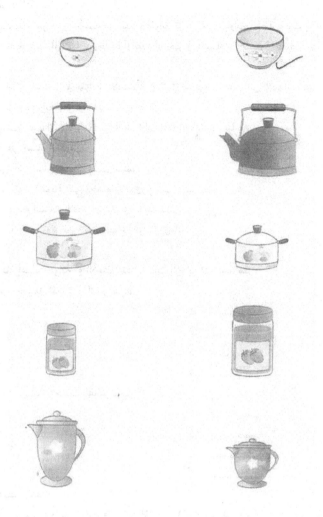

مثال على أسئلة الصواب والخطأ

أُقَدِّر الوعار الذي سعته أكبر وأضع √ كما في المثال:

2- أسئلة التكميل

ويتألف هذا النوع من الأسئلة من عدد الفقرات تكون على عبارات ناقصة بحيث يطلب الطالب إكمال النقص يوضح كلمة أو كلمات محددة أو عدد أو رمز في المسافة الخالية المخصصة لـذلك في كـل عبارة.

وتكثر أسئلة التكميل في المراحل الإبتدائية، وتقيس مستويات دينار من الأهداف، فهي تتنـاول في قياسها معرفة التواريخ والحقائق والأحداث.

كما وتعتبر هذه الأسئلة وسط بين الإختبارات المقالية والموضوعية.

أمثلة على أسئلة التكميل:

س: المتر يساوي ــــــــ ــــــــ سنتمر.

س: نوع الشحنة التي يحملها الالكترون ــــــــ

س: يقع المسجد الاقصى المبارك في مدينة ــــــــ

كما يتبع هذا النوع من الاسئلة أنواع أخرى أبرزها:

أ- أسئلة إعداد القوائم أو الأسئلة المقالية ذات الإجابة المحددة، مثل:

س: العوامل المؤثرة في النمو هي :

1. ....
2. ....
3. ....
4. ....

س: من أبرز مجالات القياس ما يلي:

1. ....
2. ....
3. ....
4. ....

ب- أسئلة التعرف:

ويكون السؤال فيها على شكل قائمة من المؤلفات (مـثلاً)، ويطلـب مـن الطالـب أن يكتـب اسـم مؤلف كل كتاب منها في المسافة المخصصة لذلك.

س: أكتب اسم مؤلف كل كتاب من الكتب التالية في المسافة المخصصة لذلك أمامه:

الرقم	إسم الكتاب	إسم المؤلف
	الأيام	
	كليلة ودمنه	
	الأغاني	
	الحيوان	
	أصل الأنواع	
	رسالة الغفران	

3- إختبارات المزاوجة (المقابلة):

يتكون هذا النوع من الإختبارات من قائمتين من الكلمات أو العبارات، تمل أحداهما المثيرات (المقدمات)، وتمثل الثانية الإستجابات، بحيث يراعى أن يكون عدد الإستجابات أكثر من المثيرات (المقدمات)، بحيث يطلب من الطالب التوفيق بين ما جاء في القائمة الأولى وما جاء في القائمة الثانية، وذلك إما عن طريق التوصيل بين كل واحد من القائمة الاولى وما يناسبها من القائمة الثانية، أو ترك القائمة الثانية بدون ترقيم ووضع رقم كل بند من القائمة الأولى لكل بند يلائمه في القائمة الثانية.

وتكثر أسئلة المطابق (المقابلة) في المدارس الإبتدائية، كما يمكن إستعمالها في المدارس الإعدادية (الأساسية العليا) أيضاً، وتستعمل هذه الأسئلة لقياس العلاقة بين الحقائق والأفكار والمبادئ.

امثلة على اختبارات المزاوجة (المقابلة):

س: صِل بقلم الرصاص بين كل دولة من الدول الواردة في العمود الأول وعاصمتها في العمود الثاني:

الدولة	العاصمة
الأردن	بغداد
سوريا	بيروت
لبنان	الخرطوم
مصر	دمشق
السعودية	عمّان
العراق	القاهرة
اليمن	الرياض
قطر	الرباط
	صنعاء
	الدوحة

س: أكتب بين القوسين في المجموعة الأولى رقم الكلمة المناسبة من المجموعة الثانية:

المجموعة الأولى	المجموعة الثانية
- عملية تحول المادة من الحالة الصلبة الى الحالة السائلة تسمى ( )	1. التكثيف
- عملية تحول المادة من الحالة السائلة الى الحالة الصلبة تسمى ( )	2. التبخر
- عملية تحول المادة من الحالة السائلة الى الغازية تسمى ( )	3. الإنصهار
	4. التجمد
	5. التسامي

أسئلة المزاوجة/ المقابلة

س: صل بخط بين الضمائر في العمود (أ) والأفعال المستندة اليها في العمود (ب) فيما يلي :

أ	ب
تاءالمخاطبة	شَدَدْنا أَزْرَ جَيشِنا
تُمْ (المخاطبين)	سَعَيْتَ نحو المعالي
نا (المتكلّمين)	مضيتِ في طريق الخيرِ
تاء المخاطب	أثَرْتُم اللمَ على المالِ
تاء المتّكلم	أثَرْتُ العِلْمَ على المالِ
	مَضَيْنَ في طريقِ الخيرِ

س: صل الفعل في العمود الأول بما يناسبه في العمود الثاني:

العمود الأول	العمود الثاني
فَهِمْتُ	للمخاطبة المؤنثة
فَهِمْتَ	للمخاطب المذكر
فَهِمْتِ	للمتكلم والمتكلمة

4- أسئلة الإختيار من متعدد:

يعتبر هذا النوع من الأسئلة من أكثر أنواع الأسئلة الموضوعية أهمية وجودة واستعمالاً، لأنها تقيس أهدافاً عقلية عليا، كما أنها تقيس جوانب متعددة لا يتسنى للاختبارات الموضوعية الأخرى قياسها.

ويتألف كل سؤال من أسئلته من جزئين:

الجزء الأول: يتكون من سؤال كامل او عبارة ناقصة، ويسمى (نص السؤال) او (المتن).

الجزء الثاني: وهو الإجابة ويسمى البدائل أو (المموهات)، وهي أجوبة محتملة للسؤال تتراوح في العادة بين أربع أو خمس إجابات وتكون إحدى المموهات (البدائل) صحيحة والباقي خطأ، والعكس صحيح، ويطلب من الطالب اختيار الجواب الصحيح من بين هذه البدائل.

أمثلة على أسئلة الإختيار من متعدد:

س: ضع دائرة حول رمز الجواب الصحيح فيما يلي:

يُعد البترول أحد الصادرات الرئيسية لِـ:

أ. الأردن

ب. السعودية

ت. المغرب

ث. الصومال

س: أي من الجمل التالية تشتمل على تمييز نسبة؟:

أ. طالب المكان هواءً.

ب. عندي مترٌ جوخاً.

ت. بعت صاعاً قمعاً.

ث. خذ رطلاً زيتاً.

س: أي من الجمل التالية هي الخطأ؟

أ- كان في البيت هرَّةٌ.

ب- كان فوق الغصن عصفورٌ.

ج- كان كتابٌ تحت المجلة.

د- كان خالدٌ في المدرسة

في هذا المثال يتم إختيار الإجابة الخطأ من بين الإجابات الأخرى الصحيحة.

س: إختر الاجابة الصحيحة فيما يلي:

أ:

(فَوَسَمْتَني شَرَفاً) تعني:

1- سَمَّيْتني إسماً شريفاً.

2- قلَّدتني وسام شرف.

3- شَرّفتني بزيارتك.

ب:

(ليس مُداهناً معسولاً) تعني:

1- لا يقول كلامه مداجاة ونفاقاً.

2- كلامه كالعسل في مذاقه.

3- يلون كلامه ويحليه.

ج:

(ليست تبارح ربعك المأهولا) تعني:

1- لا تغادرُ وطنك ولا تتركه.

2- لا يغادرك أهلك ولا يفارقونك.

3- سِمَة أصيلة في وطنك وليست مصنعة.

إختبارات الترتيب:

يطلب في هذا النوع من الأسئلة ترتيب مجموعة من الكلمات أو العبارات أو الأحداث أو الأعداد غير المرتبة، ويطلب من الطالب أن يقوم بترتيبها حسب ما هو مطلوب منه في السؤال حسب الحجم، أو العمر الزمني أو التتابع أو الأهمية أو درجة اللون... او غيرها من الأسس

وقد يطلب الطالب ترتيب الكلمات أو العبارات وفقاً لنظام معين يحدده السؤال، والمثال الآتي يبين هذا:

س: تمثل كل من العبارات الآتية حدثاً هاماً في التاريخ الأسلامي، رتب هذه العبارات ترتيباً زمنياً مبتدئاً بأقدمها وذلك بوضع الرقم الذي يناسب هذا التسلسل الزمني أمام كل عبارة:

- فتح مكة
- غزوة بدر الكبرى
- موقعة (ذي قار)
- غزوة أُحُد
- غزوة تبوك
- غزوة خيبر
- غزوة الخندق
- غزوة مؤتة

س: رتب وحدات الزمن التالية ترتيباً تنازلياً:

يوم ، شهر ، ثانية ، ساعة ، دقيقة ، أسبوع .

س: رَتّب الحيوانات التالية ترتيباً تصاعدياً حسب الحجم:

حصان ، فيل ، غزال ، أرنب ، فأر.

س: رتب الأعداد التالية تصاعدياً:

412 ، 429 ، 413 ، 490 .

س: رتب الأعداد التالية تنازلياً:

652 ، 635 ، 679 ، 670 .

ويستخدم هذا النوع من الأسئلة في قياس قدرة الطالب على التفكير وربط المعلومات، ويكثر استعمال هذا النوع من الأسئلة في اللغات والمواد الإجتماعية والحساب والعلوم.

الأختبارات التي تعتمد على الصور والرسومات والمخططات:

وهذا النوع من الإختبارات الموضوعية يطلب فيه من الطالب أن يرسم بعض الأشكال التوضيحية أو الخرائط أو الرسومات البيانية، أو يطلب منه تكملة أجزاء من الرسم، أو التعرف على بعض الرسوم أو أجزاؤها، أو الإجابة عن أسئلة تعتمد على هذه الرسوم.

أمثلة على الإختبارات التي تعتمد على الصور والرسومات والمخططات والجداول:

س: إملأ الفراغ في الجدول الآتي بالفعل المناسب:

الفعل الماضي	الفعل المضارع	فعل الأمر
عاهَدَ	يُعاهِدُ	عاهِدْ
نَهَضَ	---------	---------
غَسَلَ	---------	---------
---------	يُرَتِّبُ	---------
---------	يَتَبادَلُ	---------
---------	---------	إذْهَبْ
---------	---------	أدْخُلْ
استَقْبَلَ	---------	---------

س: أنظر الى الجدول الآتي ثم أملأ الفراغ بما يناسبه.

الجملة	المنعوت	النعت	تبع ما قبله	الإعراب	الفائدة
قَرأتُ قصّةً مفيدةً	قصّةً	مفيدةً	الإفراد والتأنيث والتنكير	النصّر	التَّخصيص
قرأت قصّتينِ مفيدتينِ	قصّتَين	-------	التثنية والتأنيث والتنكير	--------	التخصيص
قرأتُ كتاباً مفيداً	--------	مفيداً	الافراد والتذكير والتنكير	النصّب	التخصيص
قرأت كتابينِ مفيدينِ	كتابين	مفيدين	التثنية والتذكير والتنكير	النصّب	---------
حصد الفلاحون المُجدّون المحصول	الفلّاحون	المجدوّن	الجمع و---- والتّعريف	الرّضفع	التوضيح
إلتقت مسؤولة المصنع بالعاملات النشيطات	العاملات	النشيطات	الجمع والتأنيث و- --------	الجّر	التوضيح

س: حدد في الجدول الآتي كلاً من فعل الشرط، وجوابه، وسبب اقتران الجواب بالفاء:

1- إن عصيت أمري فكيف تنال خيري؟

2- من شابه أباه فما ظلم.

3- من دلَّ على خير فلهمثل أجر فاعله.

4- قال الشاعر محمود سامي البارودي:

وَمَنْ تَكُن العلياءُ هِمَّة نَفْسِهِ   فَكُلُّ الذي يَلقاهُ فيها مُحبَّب

	جملة جواب الشّرط المقترنة بالفاء وجوباً	فعل الشرّط	سبب اقتران الجواب بالفاء
1			
2			
3			
4			

س: أكتب اسم الحيوان أمام كل صورة من الصور التالية:

صورة الحيوان	اسم الحيوان	صورة الحيوان	اسم الحيوان
	....		....
	....		....
	....		....
			....
	....		....

س: أنظر الى الشكل التالي وأجب عما يليه:

1-   ألون الأحافير باللون <u>الأحمر</u>.

2-   ألون الكائنات الحية باللون <u>الأخضر</u>.

3-   كم عدد الأحافير في هذا الشكل.

س: ادرس الشكل التالي واكتبْ أهم استخدامات النفط الأخرى.

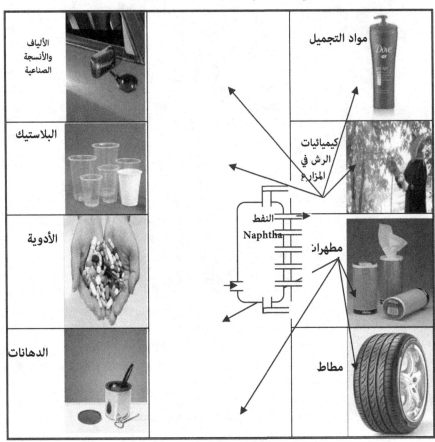

من أشهر إستخدامات النفط

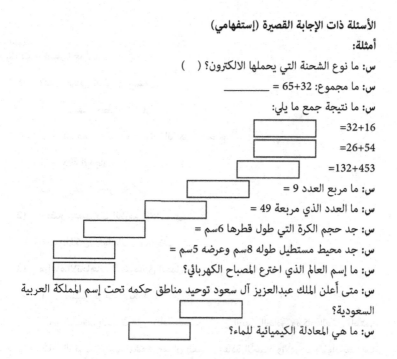

الأسئلة ذات الإجابة القصيرة (إستفهامي)

أمثلة:

س: ما نوع الشحنة التي يحملها الالكترون؟ (   )

س: ما مجموع: 32+65 = ________

س: ما نتيجة جمع ما يلي:

=32+16 [   ]

=26+54 [   ]

=132+453 [   ]

س: ما مربع العدد 9 = [   ]

س: ما العدد الذي مربعة 49 = [   ]

س: جد حجم الكرة التي طول قطرها 6سم = [   ]

س: جد محيط مستطيل طوله 8سم وعرضه 5سم = [   ]

س: ما إسم العالم الذي اخترع المصباح الكهربائي؟ [   ]

س: متى أعلن الملك عبدالعزيز آل سعود توحيد مناطق حكمه تحت إسم المملكة العربية السعودية؟ [   ]

س: ما هي المعادلة الكيميائية للماء؟ [   ]

رابعاً: الإختبارات الأدائية:

وهي نوع من الإختبارات ذو طابع عملي يهتم بمتطلبات المهارة، أي يهدف الى قياس قدرة الطالب على أداء عمل معين وما فيه من فعل وانتاج، مثل الكتابة على الآلة الكاتبة أو الحاسوب، أو العزف على آلة موسيقية، أو تشغيل جهاز، أو القيام بتجربة عملية، او ترجمة نص الى لغة أخرى أو قياس ضغط شخص ما، .... وغر ذلك، أي أن هذا النوع من الإختبارات يستخدم لقياس مدى تحقق الأهداف المجال النفسحركي، أي الأهداف التي تتعلق بالمهارات الآتية واليدوية، كالطباعة والكتابة، والخياطة والعزف والرسم وأشغال المختبر، وأشغال التربية المهنية وأشغال التدبير المنزلي... ونحو ذلك من أنواع الأداء التي تتطلب التناسق الحركي النفسي والعصبي.

اي ان الاختبار العملي يعني قيام الطالب بتنفيذ أداء عملي معّين للتأكد من مدى إتقانه للمهارات التي يتضمنها الأداء، ويتم الحكم على درجة الإتقان من خلال المعايير التالية:

1. نمو الطالب الحركي ومرونة أصابعة.
2. قدرة الطالب على التطبيق العملي لما درسه نظرياً.
3. دقة في العمل وقوة ملاحظته.
4. اتجاهاته وسرعة إنجازه.

مرتكزات الاختبار العملي:

1) إعداد معايير التقويم وتشمل:

أ- تسلسل خطوات المهارة.

ب- استعمال الأدوات والمواد بالشكل الصحيح.

ت- دقة الإنجاز.

ث- سرعة الإنجاز.

2) تحضير التسهيلات اللازمة للأداء مثل:

تجهيز المكان، المواد،ألأدوات، الأجهزة...

3) مراعاة الإتجاهات السليمة في العمل مثل:

أ- تطبيق قواعد السلامة المهنية.

ب- النظافة: الحفاظ على نظافة الجسم ولباس العمل الخاص ومكان العمل باستمرار.

ت- الترتيب: ترتيب المشغل ومكان العمل وإعادة الأجهزة والأدوات والمواد بعد إستعمالها.

ث- النظرة الإيجابية: مثل (الإستغراق في الأداء)، الصبر، الثقة في النفس، الدقة في العمل.

4) إعداد التعليمات بدقة مثل:

تجهيز السجلات والبطاقات اللازمة.

أدوات التقويم

لعل من أنسب أدوات التقويم لهذا النوع من الاختبارات هو ما يطلق عليه (سلّم التقدير) والذي سنشير إليه في نهاية هذا الموضوع، حيث سنعرض خطة تمرين عملي، حيث تضمن العرض نموذجاً لسـلم التقديـر وتوضيحاً لكيفيه وضع العلامات للخطوات التي يشتمل عليها.

وفيما يلي نموذج لخطة تمرين عملي بالإسترشاد بالعناصر المذكورة:

نموذج لخطة تمرين عملي

1- **عنوان التمرين:** تطعيم غرسة لوز ببرعم مأخوذ من شجرة مشمش.

2- **موعد التنفيذ:**

3- **الأهداف:**

مستوى الأداء	شروط الأداء	محتوى الأداء
	يتوفر للطالب ما يلي:	بعد الإنتهاء من تنفيذ التمرين سيكون الطالب قادراً على أن:
	غرسة لوز (أصل)	1- يختار المغزل
	شجرة مشمش	مجهّز المغزل
	مقص تقليم	يفصل البرعم عن المغزل
بطريقة صحيحة الى الدرجة التي يرضى عنها المعلم	سكين تطعيم	يختار مكان الشق على الأصل
	رافيا مبللة	يعمـل شـقاً عـلى شـكل T في قلف الأصل
	خيش مبلل	يثبت البرعم في الشق
	مادة طلاء الجروح	يربط مكان التطعيم

4- **مكان إجراء التمرين:** أ- التهيئة: غرفة الصف

ب- تعليم المهارات: حديقة المدرسة

5- **المواد التعليمية:** - رسم توضيحي لخطوات التطعيم بالبرعم

- مغزل جاهز من شجرة مشمش

- بطاقات عمل/بعدد الطلبة.

- بطاقات تقويم (سلّم تقدير)/ بعدد الطلبة.

6- **الادوات والمواد والتسهيلات:**

- أصول لوز/الموجودة في السطر رقم (1) في منبت الحديقة.

- أشجار مشمش/ شجرة رقم 3 سطر 2 وشجرة رقم 4 سطر 5 من بستان الفاكهة بحديقة المدرسة.

- مقصات تقليم/ بعدد الطلبة.

- سكاكين تطعيم/ بعدد الطلبة.

- خيش مبلل.

- رافيا مبللة

- مادة طلاء الجروح.

7-محتوى التمرين

العناصر	النقاط المهمة والحاكمة	الاساليب والوسائل	التقويم
1)المقدمة -فكرة عن مضمون التمرين 2) الخطوات:	- أهمية	- أسئلة* ومناقشة - توضيح بطاقة العمل	1- التقويم البنائي: أسئلة* وملاحظات وتعديل سلوك أثناء أداء الطلبة.
- أختيار المغزل	- مواصفات المصدر	- شرح ومناقشة	
	مواصفات المغزل (النضج، السمك، المقطع)	عرض واقعي	2- التقويم الشامل: استخدام سلّم التقدير بعد انتهاء الأداء ويخصص لذلك حصة لاحقة
- تجهيز المغزل	- طريقة القصّ	عرض واقعي	
	- التجهيز	عرض واقعي	
	- الحفظ	عرض واقعي	
- فصل البرعم عن المغزل	- طريقة الفصل	عرض واقعي	
	- المواصفات	شرح	
	- النظافة	إيضاح	
	- إحتياطات السلامة	إيضاح	
	- عدم التعرض للجفاف	شرح الإحتياطات	
- اختيار مكان الشق	- مواصفات فرع الأصل	مشاهدة واقعية	
	- موقع الشق	مشاهدة واقعية	
	- شكل الشق	عرض واقعي	
- عمل الشق	- طريقة العمل	عرض واقعي	
- تثبيت البرعم	- عدم إحداث جروح	شرح الإحتياطات والاجراءات	
	- احتياطات السلامة	إيضاح واقعي	
- ربط مكان التطعيم	- الاستقرار في الشق	إيضاح واقعي	
	- المحافظة على اتجاه البرعم الأصلي	إيضاح واقعي	

	- التثبيت بعد الفصل بمدة يسيرة	شرح	
	- الربط المحكم بالرافيا	عرض واقعي	
	- عدم مرور الرباط فوق البرعم.	عرض واقعي	
	<u>* تكون الأسئلة معدّة مسبقاً ومكتوبة</u>		

8- **الزمن:** 90 دقيقة (حصتان)/ 15 دقيقة للمقدمة (التهيئة)، 75 دقيقة لعرض التمرين.

ويبين الملحق رقم (1) بطاقة عمل للتمرين المذكور، كما يبين الملحق رقم (2) نموذج بطاقة تقويمية (سلم تقدير).

ملحق رقم (١)
بطاقـة عمـل

		الوقت بالدقيقة
عنوان التمرين:	تطعيم غرسة لوز ببرعم مأخوذ من شجرة مشمش .	
ملاحظات:	١ – تأكد من توفر الأدوات والمواد التالية وصلاحيتها قبل البدء بالتمرين: مقص تقليم، سكّين تطعيم، قطعة خيش، رافيا، مصدر ماء، مادة طلاء الجروح، وستعين لك غرسة لوز وشجرة مشمش. ٢ – الحد الأقصى من الوقت لإنجاز التمرين : ١٥ دقيقة.	
الخطوات :		
١. اختيار المغزل:	– من شجرة المشمش المعيّنة لك اختر فرعاً ناضجاً متوسط السمك ودائري المقطع.	١
٢. تجهيز المغزل:	– امسك مقص التقليم بالوضع المناسب ثم قص الفرع من منطقة اصاله (احذر). – ازل الأجزاء القاعديّة والطرفيّة من الفرع (احذر) . – ازل من الجزء الباقي انصال الأوراق وجزءاً من كل عنق (احذر). – قسّم هذا الجزء الى قطع بطول ١٥ – ٢٠ سم (احذر).. – لا تجعل الغبار يصل الى السطوح الناتجة عن القطع. – لف القطع بخيش مبلّل ثم انتقل فوراً إلى غرسة اللوز المعيّنة لك.	٣
٣. فصل البرعم:	– جهّز سكين التطعيم وامسكه بالوضع المناسب (احذر) . – خذ قطعة مغزل من الخيش وافصل منها برعماً مع جزء من القلف على شكل درع بواسطة نصل السكين (احذر). إذا فشلت المحاولة فافصل برعماً من مكان اخر من القطعة او من قطعة اخرى. حذار من اتساخ البرعم أو جفافه. – لمنع جفاف البرعم ضعه في وسط رطب ، ونفّذ الخطوتين التاليتين بأسرع ما يمكن .	٣
٤. اختيار مكان الشق:	– اختر فرعاً مناسباً على غرسة اللوز.	١
٥. عمل الشق:	– في وسط إحدى سلاميات هذا الفرع اعمل بالسكين شقاً على شكل T (احذر) . – مرّر عظمة سكين التطعيم تحت القلف المحيط بالشق من جميع جهاته. حذار من إحداث جرح بالخشب. إذا حدث جرح استعمل مادة طلاء الجروح.	٣
٦. تثبيت البرعم:	– ثبّت البرعم المفصول داخل الشق حتى يستقر. تأكد من إدخال جميع الدرع تحت لحاء الأصل مع المحافظة على اتجاهه الأصلي.	
٧. ربط مكان التطعيم:	– اربط مكان التطعيم جيداً بإمرار رافيا مبلّلة حوله. لا تمرّر الرّباط فوق البرعم نفسه.	٢
		٢
	ملاحظة هامة : نظف امكنة العمل بعد الإنتهاء من الأداء، ضع البقايا في برميل النفايات. نظف الأدوات واعدها إلى مكانها، ثم نظف يديك.	١٥

ملحق رقم (2)

البطاقة التقويمية (سلم التقدير)

عنوان التمرين: تطعيم غرسة لوز ببرعم مأخوذ من شجرة مشمش

اسم الطالب:------------ --------- الصف:----------- ----- التاريخ:- ---

التقدير / المهارة/ الخطوة	ممتاز 10-9	جيدجداً 8.9-8	جيد 7.9-6	مقبول 5.9-5	ضعيف 4.9-0
اختيار المغزل					
تجهيز المغزل					
فصل البرعم					
اختيار مكان الشق					
عمل الشق					
تثبيت البرعم					
ربط مكان التطعيم					

التقدير النهائي: مجموع التقديرات / 7

ولتوضيح كيفيّة وضع درجة أو علامة لكل مهارات/خطوات التمرين يمكن الإستعانة بالمفاتيح التالية:

القدرة	المستوى	العلامة
- يؤدي العمل بدرجة عالية من المهارة والفاعلية	ممتاز	10-9
- يؤدي العمل بدون صعوبة ولكن ليس بمهارة عالية	جيدجداً	8.9-8
- يؤدي العمل بصعوبة غير كبيرة	جيد	7.9-6
- يؤدي العمل بصعوبة كبيرة	مقبول	5.9-5
- لا يستطيع أداء العمل	ضعيف	4.9-0

تصنيف الأسئلة

تصنيف ساندرس المعتمد على آراء العالم بلوم:

1. أسئلة التذكر: أي تَعرف المعلومات.
2. الترجمة: تغيير المعلومات الى شكل آخر أو لغة أخرى.
3. التفسير: لاكتشاف العلاقة بين الحقائق والتعميمات والقيم والمهارات.
4. التطبيق: لاستخدام ما تعلمه الطالب لحل مشكلات مشابهة.

5. التحليل: قدرة الطالب على حل مشكلة في ضوء معرفة واعية باقسام التفكير.

6. التركيب: يحل الطالب مشكلة تتطلب تفكيراً أصيلاً.

7. التقويم: يصدر الطالب حمكاً عن الحسن والسوء، أو الصواب والخطأ، وذلك وفق معايير محددة.

ملاحظات هامة لضبط إجراء الإختبارات:

1) ينبغي أن يوجه المعلم طلابه الى موعد الاختبار قبل ذلك ببضعة أيام، موضحاً الغرض من الأختبار، وما سوف يتناوله من موضوعات دراسية، والزمن المحدد للإختبار.

2) أن يوضح المعلم أهداف الإمتحان، بحيث تكون إراشادته واضحة حول كيفية تسجيل الإجابة والعلامات الجزئية والكلي لكل سؤال.

3) أن يضع المعلم قبل إجراء الاختبار نموذجاً واضحاً ومحدداً للاجابات النموذجية وفيه العلامات الجزئية والكلية.

4) أن تكون القاعة أو الغرفة المراد إجراء الاختبار فيها، هادئة جيدة الإضاءة والتهوية بعيداً عن الضجيج، ووجود فراغات وأبعاد مناسبة بين مقاعد الطلاب.

5) التعامل مع الطلاب بأسلوب إنساني حضاري، بعيداً عن الترهيب أو الإستفزاز، وتهيئة الظروف النفسية المناسبة للطلاب.

وفي ختام الدراسة لا يسعني إلا أن أوجه الدعوة الى الزملاء المعلمين والمعلمات، أن ينظروا الى الاختبارات التحصيلية التي ينظموها لطابهم على انها أداة ممتازة للتشخيص والعلاج، هذا إذا ما حرص كل منهم على مراعاة شروط ومبادئ الاختبار الجيد إعداداً وصياغة وإدارة وتصحيحاً وتحليلاً، واذا ما حرص على ان يؤدي كل أختبار تحصيلي الى خطة علاجية يبنيها على نتائج تحليليه الواعي لأداء الطلاب وأخطائهم والعوامل والأسباب المرتبطة بها.

المراجع

الاختبارات التحصيلية

- الأستاذ محمد عواد الحموز: تصميم التدريس، ط1 دار وائل للنشر التوزيع سنة 2004.

- د. نادر فهمي الزيود، و هشام عامر عليان: التعلم والتعليم الصفي، دار الفكر للنشر والتوزيع، ط1، عمان-الأردن. 1990.

- د. أحمد عودة، القياس والتقويم في العملية التدريسية، دار الامل للنشر والوزيع، 2005 أربد-الاردن.

- د. محمد مصطفى زيدان، دراسة سيكولوجية لتلميذ التعليم العام، ط2-دار الشروق للنشر- جدة السعودة. 1983.

- الطرائق والأساليب التعليمية الملائمة للمرحلة الاساسية في التعليم الريفي، دليل المعلم 1995 .

- علي أحمد لبن، زاد المعلم في مبادئ التدريس واعداد الدروس للمعلمين، دار الوفاء للطباعة والنشر، المنصورة- مصر، 1986.

- د. سليمان أحمد عبيدات، تدريس الاجتماعيات وتطبيقاتها العملية، جمعية عمال المطابع التعاونية- عمان- الاردن 1985.

- كتاب علوم الارض والبيئة- المرحلة الثانوية/ الفرع العلمي-المستوى الثالث، وزارة التربية والتعليم الاردنية.

- كتاب اللغة العربية (القواعد والتطبيقات اللغوية) للصف التاسع الاساسي، تأليف د.فايز على العتوم، د.فايزة عبدالرحمن خطاطبة وآخرون. - الناشر: وزارة التربية والتعليم الاردنية 2006-2007م.

- اللغة العربية (القواعد والتطبيقات اللغوية) للصف الثامن الاساسي، تأليف د. آمنة بدوي وأسامة جرادات وآخرون- الناشر وزارة التربية والتعليم الاردنية 2006/2005.

الفهرس